KB116152

사악한 본능
어디에서 오는가

이수정 · 공은경 · 김경옥
남궁혜정 · 이은주 · 정혜정 공저

범죄심리학자 6인이 기록한 이십 년간의 사건 회고록

학지사

손가락을 하나씩 접어 가며 올해가 25년째란 사실을 깨닫고는 다시금 놀란다. 심리측정을 전공했을 당시에는 이십여 년 후 범죄심리학 분야의 여러 가지 어려운 일을 감당해 내야 할 것이라고는 상상도 하지 못했었다. 당시로서는 통계를 잘 배워 두면 어쩐지 나중에 먹고사는 데 큰 도움이 될 것이라는 직관 정도는 가지고 있었지만, 그것이 범죄자들의 재범 가능성을 관리·감독하는 데 유용하게 사용될 것이라고는 전혀 예상하지 못했었다. 그사이 빠른 속도로 바뀐 세상을 생각하자면 이십여 년 전 나의 무지는 시작에 불과하였다. 특히 조두순 사건은 성범죄의 친고죄 폐지로 이어졌고, 시민사회는 아동성범죄야말로 제대로 된 공동체라면 절대 용인해서는 안 되는 범죄라는 사실에 동감하여 주었다. 이후 연이어 벌어진 연쇄성폭행

범죄들은 상습성이라는 것이 실존하며 국가가 나서서 그것을 관리해 주지 않으면 너무나 많은 무고한 사람의 희생이 뒤따른다는 사실을 깨우쳐 주기에 이르렀다. 보안 처분의 도입은 고위험 범죄자들의 재범 위험성을 통제하기 위한 방안으로서 위헌의 논쟁에도 불구하고 수용되었고, 이제는 더 나아가 이들의 예비적 행위, 즉 피해자를 죽이기 전 스토킹하는 행동이나 사소하지만 상습적인 폭행에 대하여 사법권이 의무적으로 개입하는 제도를 도입하게 되었다. 결과적으로 현재 우리나라는 경찰의 임시조치 등 조기개입 임무가 과거 그 어느 때보다도 커졌으며, 그에 따라 2020년 이후 여성이 피해자가 되는 살인사건은 마침내 현저히 줄어들기 시작하였다.

이 책의 제목인 '사악한 본능 어디에서 오는가'는 범죄심리학을 전공하고 사법제도 내에서 일을 하고 있는 필자들 나름대로의 심오한 사유에서 유래한 것이다. 경기대학교 일반대학원 범죄심리학과가 신설된 지 이제 만 이십 년이 넘었고, 범죄심리학에 대한 사회적인 수요도 늘었다. 이 책은 지난 이십여 년을 정리하는 의미에서 여섯 명의 범죄심리학자가 직접 마주하였던 사건들을 중심으로 구성하였다. 물론 구체적인 사실들은 모두 가공된 것이고 범죄사건과 관련된 이론적 내용이라서 실제 사건들을 직접 다루고 있는 것은 아니지만, 저자 모두는 현장 경험을 통하여 습득한 전문지식을 독자가 이해하기 쉽게 설명하려고 노력하였다. 경찰과 검찰에서 범죄분석 및 진술분석 전문가로 근무한 경험이 있는 김경옥, 공은경 박사, 법원에서 전문가로 활동하고 있는 정혜정, 이은주, 남궁혜정 박사는 다양한 범죄사건에 대한 분석 및 자문을 통해 얻은 지식을 사례에 견주어 가공하였다. 필자들은 범죄자의 심리적 특이성이 범죄사건의 발생에 어떤 인과적 영향력을 행사하는지를 설명하기도 하고, 유사사건을 분석함에 있어 꼭 필요한 전문적인 지식을 제공하기도 하였다. 이 책은 그것이 사례분석이든 이론적인 내용이든 무엇보다도 범죄심리학적인 사유를 통해 인간 본성에 대한 이해를 도우려 한다.

지난 6개월간 격무에 시달리면서도 제때제때 원고의 작성과 윤문을 해 준 저자들에게 감사와 존경을 전하며, 연구자의 입장에서 분석하고 서술한 딱딱한 내용을 독자를 위하여 아름다운 글로 손질하여 주신 학지사 김진환 대표님과 유가현 과장님께 감사드린다.

저자 대표 이수정

차례

사악한 본능
어디에서 오는가

Chapter
하나
.

이수정

01
살인범죄,
피학대 여성의 배우자 살인

해피엔딩이면서 피해자의 유가족에게는 가장 원치 않던 결말이었다. 17년 동안 성적으로 학대를 받던 한 여성이 배우자를 살해하고도 결국 집행유예로 풀려나 세 명의 자녀에게로 돌아갔다. 얼마 전 A지법에서 있었던 일이다.

'살인범에게 4년 집행유예라니 너무 관대한 처분 아닌가? 3년 징역형이 무슨 의미가 있나?'라고 충분히 이의를 제기할 만한 판결이다. 아마도 배심원 중 일부도 이런 문제를 평의 과정 중에 지적했었을 것이다. 그러나 판결은 배심원 만장일치, 그리고 재판부 3인의 판사들도 모두 같은 의견이었다고 한다. "남편을 죽인 피학대 여성을 석방시켜 세 명의 아이에게 돌려보내라." 하지만 이번에도 피학대 여성에 대한 정당방위 주장은 불발되었다. 오랫동안 폭행과 성폭행에 노출되었던 피해여성이 그래도 마지막 순간 가해자였던 자를 죽음으로 몰아넣은 것은 살인의 고의에 해당한다는 것이다.

이렇게 가정폭력의 피해자와 가해자가 뒤바뀐 살인사건들에서 외국의 재판부는 정당방위를 종종 선고하여 피학대 여성 살인범을 면책하여 왔다. 미국의 경우에도 이러한 판례는 1980년대 즈음부터 찾아볼 수 있다. '매 맞는 아내 증후군'이라고도 불리는 외상후 스트레스 장애(Post Traumatic Stress Disorder: 이하 PTSD) 변론은 피고인의 죽음에 대한 공포와 본능적인 자기방어의 불가피성을 범행의 동기로 인정하는 것이다. 뉴욕주의 경우 입법까지 하여 피학대 여성의 학대가해자에 대한 공격의 감형사유를 널리 인정하고 있다. 「Domestic Violence Survivors Justice Act」가 바로 그것인데, 이런 법률의 관련 조항들을 적용해 보자면 A지법 사건은 충분히 형사책임 면제를 받을 수 있는 해당요건이 있었다. 그러나 국내법에서는 살인사건의 범행 당시의 정신 상태에 대하여서는 극도의 합리론에 근거하여 보수적으로 판단한다. 즉, 피학대 여성의 방어본능조차 쉽게 인정되지 않는다. '고의'의 과대 적용, 마지막 순간에도 배우자를 죽이는 일은 합리적 테두리 내에서 억제해야 한다는 것이다. 만일 그러지 못하는 경우에는 살인의 고의를 인정할 수밖에 없는데, 이 사건 역시 피해자인 학대가해자는 잠이 든 중에 살해되었다. 이런 무방비 상태에서는 객관적으로 볼 때 방위의 절박

함이 발생하지 않는다는 것이다. 즉, 정당방위의 '현재성' 원칙
에의 위배이다.

외상후 스트레스 장애(PTSD) 진단기준

외상후 스트레스 장애(PTSD)란, 충격적인 외상 사건을 경험하고 난 후 불안
증가, 외상과 관련된 자극 회피, 정서 반응의 둔감과 같은 다양한 심리적 부
적응 증상을 나타내는 장애이다. PTSD는 DSM-4에서는 불안장애의 한 유
형으로 소개되었지만, DSM-5에서는 외상 및 스트레스 관련 장애에 포함되
었다.

외상 및 스트레스 관련 장애: 외상 후 스트레스 장애(PTSD)

(1) 진단기준

① 실제 죽음이나 죽음에 대한 위협, 심각한 상해 또는 성폭력에 다음 중 한
   가지 이상의 방식으로 노출된다.

   • 외상 사건을 직접 경험
   • 외상 사건이 다른 사람에게서 일어나는 것을 목격
   • 외상 사건이 가까운 가족성원이나 친구에게 일어나는 것을 알게 됨(실
     제 죽음이나 죽음에 대한 위협에 노출된 경우, 그 외상 사건은 반드시
     폭력적이거나 불의의 사고여야 함)
   • 외상 사건의 혐오스러운 세부 내용에 반복적 혹은 극단적 노출

② 외상 사건이 일어난 후 외상 사건과 관련된 침투 증상이 다음 중 한 가지
   이상 나타난다.

   • 외상 사건의 고통스러운 기억을 자기 의지와 상관없이 반복적 · 침투적
     경험
   • 외상 사건과 관련된 내용 또는 정서가 포함된 고통스러운 꿈의 반복적
     경험

- 외상 사건이 마치 되살아나는 듯한 행동이나 느낌이 포함된 해리 반응 경험
- 외상 사건과 유사하거나 이를 상징화한 내적 · 외적 단서에 노출되는 경우 강렬한 혹은 장기적인 심리적 고통 경험
- 외상 사건의 특징과 유사하거나 이를 상징화한 내적 · 외적 단서에 대해 현저한 생리적 반응

③ 외상 사건이 일어난 후 외상 사건과 관련된 지속적인 자극 회피가 다음 중 한 가지 이상의 방식으로 나타난다.
- 외상 사건 또는 그것과 밀접하게 연관된 고통스러운 기억, 생각, 감정을 회피하거나 회피하려는 노력
- 외상 사건 또는 그것만 밀접하게 연관된 고통스러운 기억, 생각, 감정을 유발하는 외적인 단서들을 회피하거나 회피하려는 노력

④ 외상 사건이 일어난 후 혹은 악화된 이후 외상 사건과 관련된 인지와 기분의 부정적인 변화가 다음 중 두 가지 이상 나타난다.
- 외상 사건의 중요한 측면을 기억하지 못함
- 자기 자신, 타인 혹은 세상에 대한 과장되거나 부정적인 신념 · 기대를 지속적으로 나타냄
- 외상 사건의 원인이나 결과에 대한 왜곡된 인지를 지속적으로 나타내며, 이러한 인지가 그 자신이나 타인을 책망함
- 부정적인 정서 상태를 지속적으로 나타냄
- 중요한 활동에 대한 관심이나 참여가 현저히 감소
- 다른 사람으로부터 거리감 혹은 소외감을 느낌
- 긍정적인 감정을 지속적으로 느끼지 못함

⑤ 외상 사건이 일어난 이후 혹은 악화된 이후 외상 사건과 관련된 각성 및 반응성에서 현저한 변화가 다음 중 두 가지 이상 나타난다.

- 사람이나 사물에의 언어적 또는 물리적 공격으로 나타나는 짜증스러운 행동과 분노 폭발
- 무모한 행동 혹은 자기파괴적 행동
- 과도한 경계
- 과도한 놀람 반응
- 주의집중 곤란
- 수면 장해

⑥ 앞에 제시된 ②∼⑤ 장애 증상이 1개월 이상 나타난다.

⑦ 장애가 사회적·직업적 기능 또는 다른 중요한 기능 영역에서 임상적으로 유의미한 고통이나 손실을 초래한다.

⑧ 이 진단기준은 성인, 청소년, 만 6세 이상 아동에게 적용된다. 만 6세 미만 아동에 대해서는 별도의 진단기준을 적용한다.

⑨ 이인증, 비현실감 같은 해리 증상을 동반할 수 있다.

가정폭력을 오래 연구해 온 심리학자 Walker 박사는, 그러나 배우자를 살해하는 피학대 여성은 anger, 즉 앙심 때문에 학대가해자를 죽이는 것이 아니라 fear, 즉 공포 때문에 가해자를 살해하는 것이라고 지적하였다. 따라서 방위의 필요성은 합리적인 인간의 심적 상태에서 객관적으로 판단을 해서는 안 되는 것이고, 대신 십수 년을 도주하지도 못하고 감금당하다시피 하면서 폭행과 성폭행의 피해를 반복적으로 당한 피해 당사자의 주관적 세계관을 중심으로 판단을 해야 한다고 주장하였다.

Lenore Walker의 피학대 여성 증후군(BWS)

피학대 여성 증후군(Battered Women Syndrome: BWS)이란, 친밀한 관계에서 정신적 · 신체적으로 가혹한 학대를 당한 여성에게 나타나는 행동이나 심리적 증상을 의미한다(Walker, 1984). 피학대 여성은 폭력적인 파트너에 의해 신체적 · 정서적 · 심리적 · 재정적 · 성적 학대를 당하며, 그 학대 피해의 유형이 다양하고, 피해 범위와 기간의 정도가 심각하다. 남편 살해의 주된 동기가 '피학대'라고 응답한 여성들을 대상으로 한 국내 연구에서, 피학대 여성들은 학대로 인해 높은 수준의 건강 염려, 불안, 우울증 및 자살 관념과 함께 PTSD를 경험하고 있는 것으로 나타났다(이수정, 2006). 이러한 BWS는 PTSD의 하위 범주로 간주된다(Walker, 2016). 또한 피학대 여성은 학대를 반복적으로 경험하기 때문에 학습된 무기력으로 학대 관계를 벗어날 수 있는 상황에 처해도 떠나지 않고 고립된다.

피학대 여성은 폭력적인 파트너와의 관계에서 폭력의 사이클(the cycle of violence)이라는 학대의 악순환 과정을 경험한다. 그 과정으로, ① 긴장-수립(tension-building) 단계, ② 극심한 학대(acute violence) 단계, ③ 애정 어린 회개(loving contrition) 단계가 있다(Walker, 1984). 그러나 2006년에 Walker 박사는 애정 어린 회개의 단계 없이, 단순히 폭력의 감소나 일시적인 휴지 및 화해(calm loving respite) 단계의 양상으로도 나타날 수 있다고 수정하였다. 긴장 수립 단계에서는 사소한 구타나 언어폭력 등 비교적 낮은 수준의 폭력 상황이 전개되어, 피학대 여성은 위험을 지각하고 그 상황을 피하려고 한다. 또한 학대받는 여성은 심각한 폭력이 발생하기 전에 그들의 파트너를 기쁘게 하기 위해 행동한다(김지영, 강우예, 2013). 극심한 학대 단계는 폭력적인 파트너가 피학대 여성을 신체적 · 정신적으로 학대하는 단계로, 가장 짧은 시간을 차지하지만 치명적인 위험을 초래할 수 있다. 이때 피학대 여성이 이전 단계에서 경험한 좌절감이 최고 정점에 이르게 된다. 휴지 및 화해 단계에서는 폭력을 행사한 남성은 언제 그랬냐는 듯, 여성에게 사죄하고 친절하고 다정한 사람으로 변신하며, 앞으로는 이런 일이 없을 것이라는 약속을 하는 단계이다.

　피학대 여성은 이러한 반복적인 폭력 사이클 상황에서 겪는 문제에 대해 부인하는 단계부터, 관계를 떠나기 위해 조치를 취하는 단계까지 모두 네 단계를 경험한다. ① 부인(denying) 단계에서 피학대 여성은 폭력적인 파트너와 자신의 관계에서 겪는 문제를 부인하고, 폭력이 고립된 사건이라고 믿는다. ② 죄책감(guilt) 단계에서 피학대 여성은 학대 피해를 인정하면서도 자기 자신에게도 책임이 있다고 느끼며 자책한다. ③ 깨달음(enlightenment) 단계에서 피학대 여성은 이전 단계에서의 자책을 멈추고 폭력적인 파트너의 잘못을 인식하기 시작하지만, 관계를 떠나진 않고 파트너를 위해 도움을 구하고 변화를 희망한다. ④ 책임(responsibility) 단계에서 피학대 여성은 폭력적인 파트너와 타협하는 문제가 자신의 의지와 통제만으로는 부족하다고 깨달으며, 그 관계를 떠나기 위해 조치를 시작한다.

　A지법 국민배심원단 앞에서 필자는 전문증인으로서 이 같은 쟁점을 설명하기 위해 최선의 노력을 기울였다. 그러나 결국에는 실패하였고, 이번에도 정당방위는 인정되지 않았다. 그러나 부분적인 성공이라고 할 수 있었던 점은 피고인이 자녀들에게로 돌아갈 수 있었기 때문이다. 가장 보수적이지만 진보적이기도 했던 솔로몬의 의사결정이었다. 그런데 이 재판에서 아쉬웠던 점은 사실 정당방위 변론의 기각이 아니다. 그보다는 결국은 죽음으로 끝나게 되는 가정폭력에 대하여 왜 우리나라 형사정책 시스템은 오늘날조차도 미리 막지 못하느냐는 문제이다. 17년 동안의 학대 기간 동안 피고인은 단 한 번도 112에 신고하

지 못하였다. 피고인은 피해자가 보복을 할 것이 두려워 이혼하자는 이야기조차 꺼내지 못하였다. 그녀에게는 아이들과 친정 식구들의 안전에 대한 두려움이 홀로 폭력을 참아 내야 하는 고통보다 훨씬 컸던 것으로 보인다.

가정폭력사건은 여전히 반의사불벌죄로서 동거인을 대상으로 고소를 유지할 수 있어야만 사건화될 수 있다. 처벌불원의 의지를 피력하기만 하면 수사절차와 사법절차는 언제라도 중단된다. 이러다 보니 피해자와 가해자 분리가 제대로 안 된 상태에서 가해자의 회유와 협박을 불사하며 피해자가 고소의 의지를 유지하기는 쉽지 않다. 더욱이 피해자와 그 자녀의 신변 안전을 쉽게 도모하기 어렵다. 가정폭력으로 감히 경찰에 신고조차 하지 못했던 A지법 사건의 피고인은 남편을 살해한 직후 경찰에 자수조차 하지 못하여 피해자의 가족인 시누이의 도움을 받았다. 세상으로부터 고립되어 폭행과 성폭행이라는 쏟아지는 폭풍우 속에서 그나마 아이들을 지켜 내려고 매달렸던 피해자에게 있어 정당방위의 '현재성' 원칙은 너무나 가혹하다. 필요할 때는 '짠' 하고 나타나 구해 주지 않다가 사법판단만을 소위 '정의'라고 들이대는 현재의 형사사법체제는 피해자의 생명권 보호를 위하여 대폭 개선되어야 할 필요가 있다.

02
소아성기호증,
비틀어진 성적 욕망

지난 15년, 그리고 작년 법무부의 잔꾀로 늘어난 1년을 보태면 16년, 참 길고도 지리한 시간이었다. 2006년도 사건들로 선고받은 15년도 감방에서 겨우 버텼는데, 사동의 거실에서 저질렀던 몸싸움 정도로 또 재판을 받게 하다니, 교도소 보안과장도 검사도 모두 한통속으로 정말 진상이다. 더군다나 16년 전 까뒤집혔던 사건들 말고도 또 다른 피해자가 갑자기 등장하다니……. 2006년에 초등학생이었던 그년(성추행 피해자)의 상판을 이번 재판 중에는 꼭 외워 두리라. 바깥의 땅 한 번 밟아 보지도 못하고 다시 구속되게 하다니, 세상이 나를 암매장 시키는구나.

출소 직전 다시 구속된 아동 연쇄 성폭행범 K는 자유의 땅을 밟아 보지도 못한 채 현재 구속 수감 중이다. 출소 하루를 앞두고 추가 혐의로 재구속된 '미성년자 연쇄 성폭행범' K는 2022년 11월 18일 법원에 '구속적부심'을 신청하였으나 그마저도 기각되었다. 수원지검 B지청이 K를 상대로 2006년 당시 13세 미만 성폭력 미제사건의 증거물에서 K의 DNA를 찾아냈기 때문이다. 법원은 이에 11월 16일 "범죄가 소명되고 도주 및 증거인멸의 우려가 있다."라며 구속영장을 발부했다.

아동 연쇄 성폭행범 K가 다시 구속되며 출소를 미루게 되어 의정부시에서 이루어지던 그의 출소 반대 시위는 일단락되었지만, 화성시 수원대학교 인근 원룸촌에서도 오늘도 계속 시위가 벌어지고 있다. 이는 연쇄 성폭행범 P 때문인데, 그는 2002년 12월에서 2007년 10월까지 수원시 권선구, 영통구 등지의 빌라에 침입해 20대 여성 10명을 성폭행한 혐의로 구속돼 15년 형을 선고받고 11월 31일 이 지역으로 만기 출소하였기 때문이다. 그는 수원 대신 화성시 봉담읍을 선택하여 한 원룸에 입주했다. 이에 경기 화성시 시장과 인근 주민들은 그의 거주를 저지하겠다며 강력히 반발하고 나섰다. 화성시는 부시장을 팀장으로 하는 TF를 구성해 P의 강제 퇴거를 위한 방안을 찾고 있다. "아무리 거주의 자유가 보장되어야 하더라도 연쇄 성폭행범과 이웃으로 지내야 하는 끔찍한 현실을 있는 그대로 받아들일 국민은 어디에도 없을 것"이라며 "성범죄자 출소 때마다 지속해서 제기되어 온 문제인 만큼 법무부는 성범죄자 출소 후 거주 지역에 대한 기준을 만들어 근본적인 해결책을 마련해야 할

사악한 본능 어디에서 오는가 _ Chapter 하나

것"이라며 연일 시위를 이어 가고 있다.

　안산시 역시 시끌벅적하다. 다름 아닌 C의 이사 때문인데, 2020년 12월 출소하여 안산시에 머물던 C가 살던 주거지의 계약이 만료되어 다른 곳으로 이사를 가야 하기 때문이다. 2008년 12월, C는 경기 안산시 단원구 한 교회 앞에서 초등학교 1학년이던 D 양을 교회 안 화장실로 납치해 목 졸라 기절시킨 뒤 강간 상해했다. 아이는 항문과 대장, 생식기의 80%에 영구 장애를 가지게 됐다. 12년 형을 선고받고 복역한 C는 2020년 출소하였는데, 그는 2027년 12월 11일까지 위치추적 전자장치(전자발찌)를 착용하며 지역사회에서 생활하며 보호관찰을 받아야 한다. 물론 경찰 포함 사법기관은 그의 재범을 막기 위해 자체적으로 특별대응팀을 꾸려 지금까지는 잘 관리하여 왔으나, 이제 인근 지역으로 이사를 가려 하니 이주할 지역의 주민들이 극도의 불안을 호소하고 있다. 그러다 보니 그의 아내가 계약한 주거지의 집주인이 뒤늦게 세입자가 C란 것을 알고는 계약을 해지한 것이다. 새롭게 월세 계약을 맺었던 선부동의 한 다가구주택 집주인은 결국 보증금으로 납부했던 1,000만 원에 계약 파기에 따른 위약금 100만 원을 얹어 계약을 해지하였다. 이후 그들은 아직까지 이사 갈 곳을 정하지 못하고 있다.

그야말로 폭탄 돌리기다. 초등학생들을 열 명 이상 참혹하게 성폭행했던 K는 치료감호를 2년씩 부가하는 방식을 도입하여 사회로 돌아오지 못하도록 하는 것으로 당분간 문제를 해결하였으나, C나 P의 성범죄 위험성에 대한 두려움은 현재 진행형으로 지역사회를 달구고 있다. 물론 앞으로도 출소하게 될 고위험 성범죄자들은 이들뿐만이 아닐 것이기에 구체적 대안이 없는 현재의 상태가 여간 답답한 것이 아니다.

돌이켜보자면, 2004년도 만기출소자들을 대상으로 추가적으로 수용하던 「사회보호법」에 대한 폐지 논의를 할 때가 있었다. 「사회보호법」은 1980년 12월 18일 법률 제3286호로 제정된 법률로서 "수 개의 형을 받거나 수 개의 죄를 범한 자, 심신장애자 또는 마약류·알코올·기타 약물중독자로서 죄를 범한 자"를 형기 만료 이후에도 보호대상자로 지정하여 보호처분을 하도록 하였다. 보호처분의 종류는 당시 보호감호, 치료감호, 보호관찰로 하였는데, 이 중 보호감호시설에는 7년 이상을 초과하여 수용할 수는 없었다. 물론 법원이 정한 징역 기간을 넘어서 추가로 수용한다는 것은 매우 인권침해적이기는 하다. 그리하여 결국 보호감호제도는 2005년에 폐지되기에 이르렀으나 폐지를 논하던 시절에도 이 제도를 아예 없애 버렸을 때의 부작용을 걱정하는 사람들은 있었다.

물론 당시 청송감호소에 수용되어 있던 대상자들 중에는 사

사악한 본능 어디에서 오는가 _ Chapter 하나

상의 문제로 인해 소위 전향하지 않은 양심수들이 무리를 이루었고, 또한 조현병 등 정신질환자들도 존재했었다. 그들에 비해 다수를 차지하였던 사람들은 당시에 소위 부랑자라고 일컬어지던 절도·강도 상습범들이었다. 그러다 보니 취약계층이 다수를 이루는 보호감호의 인권침해적 면모만이 폐지의 논거가 되었다. 당시 오늘날도 그대로 유지되고 있는 선진국의 보안감호 대상자인 성범죄 상습범들과 같은 범죄자들은 우리나라의 청송보호감호소에는 수용되어 있지 않았었다. 그 이유를 당시에는 충분히 고민하지 못한 채 제도는 우선 폐지되었는데, 오늘날 그 이유를 곰곰이 생각해 보면, 당시에는 성범죄로 징역형을 선고받는 피고인들이 우리나라에는 거의 없었던 사실과 관련이 깊다. 친고죄였던 성범죄는 사실상 신고가 아예 안 되거나 신고가 된다손 치더라도 거의 대부분이 고소가 취하되곤 했던 것이다. 더욱이 피해자 책임론이 지배적이었던 우리나라에서는 성범죄를 형사범죄로조차 취급하지 않았었다. 따라서 너무나도 많은 성범죄가 암수범죄화되었다.

지난 20년 동안 우리 사회의 성범죄에 대한 규범은 너무나 빠른 속도로 격변하여 왔다. 그 중심에 바로 친고죄의 폐지를 불러온 C 사건이 존재하는 것이다. C의 피해아동이 겪는 고통을 목도하면서 우리 사회의 성범죄에 대한 용인(tolerance) 수

준은 이제 0이 된 것이다. 「사회보호법」 폐지를 논하던 2004년
도 대법원에서의 존치 논거에는 그 어디에도 아동에 대한 성보
호가 필요하다는 취지가 포함되어 있지 않았다. 당시 법조계는
범죄자의 인권침해 논란에만 매달렸지 피해아동이나 잠재적
인 피해자를 위한 범죄예방이 목적인 미국의 「Sexually Violent
Predator Law」 같은 것은 성적으로 문란한 서구사회의 일이겠
거니 하며 아무도 눈길조차 주지 않았다. 다들 범죄자도 형사
책임을 다 소각한 다음에는 일반인과 동등한 자유권의 회복이
당연한 인권이라고 결론지었다. 당시는 범죄피해자에 대한 배
려 같은 것은 형사사법의 목적으로 거론조차 되지 않았을 때이
다. 그러나 20년도 채 되지 않아 일각에서는 고위험 성범죄자
의 보호수용제도 부활이 다시 언급되고 있다. 참으로 격세지감
이다. 부디 이번만큼은 사법부가 평생 성범죄를 반복하는 폭탄
들을 시민사회에만 떠맡기는 일만큼은 막아 주길 기대해 본다.

03
청소년 중독범죄,
회복 불가능한 흔적

소년원에서 만났던 소녀의 혈색은 그야말로 풀 죽은 흙색이었다. 제일 특이했던 것은 면담 내내 전혀 눈을 못 마주친다는 점이었는데, 심각한 주의력 결핍이 의심되었다. 가끔 멍한 눈빛을 할 때에는 질문의 내용도 전혀 이해하지 못한 채 의식이 수면 위를 부유하고 있는 느낌이었다. 기껏 열일곱 살의 소녀를 무엇이 이렇게 만든 것인가? 안타까운 마음이 들었지만, 첫날 그녀는 자신의 딱한 처지를 전혀 구체적으로 설명하지 못하였다.

일주일 후 만난 그녀는 첫 만남 때보다는 훨씬 건강을 회복한 느낌이었다. 눈가에 짙게 드리웠던 다크서클은 많이 옅어져 있었고, 깊은 잠을 자고 일어난 듯 눈빛이 맑았다. 혈색도 훨씬 밝아져서 건강을 회복해 가는 느낌이 역력했다. 그러나 그날도 그녀의 범죄력에 대한 이야기는 깊이 나눌 수 없었는데, 민감한 이야기가 나오자 다시 주의가 산만해졌다. 부유하는 눈빛과 건성건성 하는 대답만으로는 소년원에 오기 전 그녀의 사정을 정확히 알아내기에 역부족이었다. 간단한 심리상담만을 하고는 그녀를 돌려보내는 수밖에 방법이 없었다.

깊은 이야기를 들은 시점은 상담이 1개월 이상 이어진 이후였다. 매주 같은 시간 소년원 상담실에서 만나게 된다는 확실한 사정 때문인지 내 의도에 대한 의심의 눈초리도 훨씬 옅어졌다. 어른에 대한 불신 때문인지 자신의 개인적인 상황에 대한 이야기는 전혀 하려고 들지 않았던 그녀의 입을 열게 된 계기는, 다름 아닌 나의 손녀 사진 때문이었다. 이제 겨우 꼬물꼬물 배밀이를 하기 시작한 영아의 사진을 본 그녀는 눈을 떼지 못하였다. 자신의 인생도 건사하기 힘든 열일곱 소녀가 보인 반응치고는 너무나 특이하여 가족 이야기를 물어보기 시작하였다. 오래전 부모님이 헤어지셨다는 이야기까지는 그야말로 비행청소년의 평범하고도 일반적인 가정환경이라 굳이 더 물어볼 말이 없었다. 그러나 그녀가 자신의 출산 경험을 토로할 때는 그야말로 황망함을 감출 수 없었다. 그리고는 이어진 처참한 길거리 생활과 그 과정 중 겪게 된 무참한 성착취와 인신매매 경험들은 애초에 그녀가 어른인 나를 처음 만났을 때 왜 그렇게 냉소적이었나 하는 이유를 충분히 짐작하고도 남게 했다.

사악한 본능 어디에서 오는가 _ Chapter 하나

가출하여 채팅으로 알게 된 남성으로부터 처음 경험하였던 성폭행 피해는 이제 더 이상 그녀에게 고통스러운 경험이 아니었다. 가출팸에서 정해 준 일정대로 성매매를 이어가다 어느 날 임신을 하게 되자, 후배들에게 자신의 역할을 대신하게 한 악행도 그녀에겐 큰 문제가 아니었다. 원치 않는 출산과 영아유기 이후 이어진 죄책감을 잊어 보겠다고 뛰어든 약물 전달책은 그녀를 결국 약물 중독에 빠지게 하였고, 그때부터 인생은 막장이었다. 밤낮이 완전히 바뀐 생활, 그리고 심각한 자궁 염증 등으로 고통받으면서 더 이상 삶을 이어나가야 하는 아무런 이유가 없다는 생각이 들던 바로 그 순간, 그녀는 성매매 알선 및 강요죄로 일망타진된 성매매 조직의 주범으로서 소년보호처분을 받아 여기로 오게 된 것이었다.

한 달 이상 먹은 항생제 때문인지 이제는 하혈도 상당히 줄었고, 약물 중독으로 인한 금단현상으로 온몸이 떨리는 증세도 많이 나아졌다. 신체적인 회복은 가속화되는 반면, 자신의 배로 낳은 아기의 생사는 계속 걱정이 된다고 토로하였다. '나보다는 더 잘사는 사람들 손에서 크고 있겠지.'라고 자조하는 생각을 해 보기도 하지만, 역시 그리움이 문제였다. 아직도 어린 그녀는 자기보다 훨씬 어린 나이에 버림받은 아주 조그마한 생명체를 그리워하고 있었다. 자신을 억누르는 죄책감과 함께⋯⋯.

최근 몇 년 새 연예인 등 유명인의 마약 사건이 심심찮게 언론에 보도되면서 우리나라가 더 이상 마약 청정국이 아니라는 한탄 섞인 주장이 나오고 있다. 실제 대검찰청이 발간한 『2021년 마약류 범죄백서』에 따르면, 2017년 1만 4,123명이었던 마약류 사범이 2021년에는 1만 6,153명으로 14.4% 증가하였고, 재범률은 2021년 36.6%로 높은 수준을 유지 중이다. 특히 우려되는 것은 마약류 투약자의 연령이 점차 어려지고 있다는 점이다. 2017년 1만 4,123명의 마약류 사범 중 20대가 2,112명(15.0%), 30대 3,676명(26.0%), 40대 3,919명(27.8%)으로 40대가 가장 높은 비율을 차지했던 것과 달리, 2021년에는 1만 6,153명 중 20대가 5,077명(31.4%)으로 가장 높은 비중을 보였고, 30대 4,096명(25.4%), 40대 2,670명(16.5%)으로 전체 마약류 사범 중 20∼30대가 56.8%를 차지하였다. 심지어 19세 이하의 경우는 급격한 증가세를 보이고 있는데, 2021년 450명(전체의 2.8%)으로 전년도인 2020년 313명(전체의 1.7%)에 비해 43.8%로 증가하였고, 2017년 119명(전체의 0.8%)에 비하면 278.2% 증가한 수치이다.

　　그렇다면 이렇게 어린 연령대가 마약의 주 사용자로 편입되는 이유는 무엇인가? 아마도 이런 현상은 인터넷, SNS 등의 사용 증가와 밀접한 관련이 있을 것이다. 최근 전통적인 범죄발생 양상도 빠르게 변질되어 강도 발생의 감소 대신 온라인 사기범죄의 증가가 재산범죄의 새로운 추세로 관찰되고 있다.

이와 맥을 같이하여 마약류 역시 온라인 주문과 국제우편물을 통해 해외에서 급속히 빠른 속도로 유입되고 있다고 한다. 그러다 보니 이제 국내에서도 SNS나 포털사이트에 은어를 이용하여 마약을 검색하면 어렵지 않게 접할 수 있어, 온라인 거래에 익숙한 청소년과 청년들은 경계심 없이 마약을 접할 수 있게 되었다. 그들은 향정신성 의약품을 포함한 마약류가 범죄라는 자각도 없이 광범위하게 중독성 약물에 접근한다. 전통적인 이름의 마약을 찾고 판매자를 직접 만나 구매해야 했던 과거와 달리, 오늘날은 다크웹이나 암호화된 보안 메신저인 텔레그램 등을 통해 익명으로 마약을 구매할 수 있게 되었다. 가상화폐 등으로 입금만 하면 마약을 미리 가져다 둔 장소를 고지해 주어 상대가 누구인지 신변조차 드러내지 않고도 도시 어디서나 마약을 거래할 수 있다. 이를 소위 '던지기 수법(은어: 선드랍)'이라고 하는데, 이렇게 되면 온라인 기록 외에는 증거를 확보하기가 매우 어렵다. 이런 익명성의 수법은 별다른 죄의식 없이도 단순 호기심만으로도 어린 친구들을 약물에 노출되게 만들어 쉽게 중독이 진행된다. 이러한 이유로 최근 연예인이나 유명인뿐 아니라 일반 성인, 청소년 사용자들에게까지도 무차별적으로 마약이 번지고 있다.

과거 청소년들은 가격이 저렴하고 접근성이 높은 유해화학 물질인 래커와 본드를 주로 흡입하였고, 향정에 비해 구매가 쉽고 중독성이 낮은 대마의 사용 비중이 높았다. 그러나 최근에는 신종 합성마약, 칵테일 마약 등 구매는 쉬우나 검거가 어려운 다양한 약물이 유통되면서 중독성 높은 마약류에 노출되어 한 번의 투약으로도 중독에서 빠져나오지 못하는 사례들이 발생하기 시작하였다. 또한 인터넷에서 마약 구입 방법, 제조 방법 등에 대한 정보를 얻는 것도 어렵지 않다. 또래 문화를 중시하여 비행 문화를 쉽게 학습하고 공유하는 청소년의 특성상 중독성 약물은 빠르게 전파되고 있는데, 이런 내용을 다루는 콘텐츠(웹드라마 〈소년비행〉 등)의 증가는 비판력이 부족한 청소년에게 호기심을 유발하고 모방 행동을 불러일으키는 역할을 한다. 코로나19 팬데믹 상황에서 비대면 온라인 교육으로 학교에 가지 않아 인터넷 사용이 늘어난 데다가, 코로나 블루로 인해 우울감과 불안감이 증가한 것 또한 중독성 약물을 통한 일탈 심리에 촉진적인 영향을 미쳤을 것이다. 심지어 다양한 종류의 신종 마약을 주사가 아닌 음료에 타 마시는 등 투약 방식이 쉽고 다양하게 진화한 것도 청소년에게는 거부감을 줄이는 역할을 하고 있다. 더욱이 약물을 마약범죄라는 인식 없이 호기심이나 재미로 가볍게 생각하고 시작하여 중독에까지 이르는 일이 최근 증가한 데에는, 유흥을 목적으로 친구들과 함께 이런 흥분제들을 복용하거나, 본인 의사와 상관없이 약물이 들어 있는 음식에 노출되는 사례들이 많아지기 때문이다.

마약 판매자들은 나아가 소년의 경우 보호처분을 받을 가능성
이 높은 것을 악용하여 소년들을 마약 유통책으로 이용한다.
특히 가출팸 등 미성년자들에게 수익성을 강조하여 아르바이
트라고 속여 마약조직의 유통책으로 끌어들이고 있다.

우리가 청소년 마약 사용에 특히 경각심을 가져야 하는 이유
는 무엇인가? 여러 가지 실증연구에 따르면 청소년의 경우 성
인보다 마약에 대한 취약성이 더 큰 것이 확인되기 때문이다.
이화여자대학교 뇌융합과학연구원장 류인균 석좌교수 연구팀
이 국제학술지인 『분자 정신의학(Molecular Psychiatry)』에 발표
한 연구결과는 그 심각성을 입증시키기에 충분하다. 연구자들
은 마약성 각성제인 메스암페타민(필로폰)을 정기적으로 사용
한 경험이 있는 20세 미만 청소년 51명과 성인 54명, 메스암페
타민 사용 경험이 없는 청소년 및 성인 각 60명을 MRI(자기공
명영상)를 이용하여 뇌 기능을 비교하였다. 그 결과, 메스암페
타민 사용 경험이 있는 집단이 사용하지 않은 집단에 비해 청
소년과 성인 모두에 있어 전전두엽과 측두엽의 대뇌피질이 얇
은 것으로 나타났다. 이는 기억력과 판단력을 담당하는 부위의
손상을 시사하는데, 특히 메스암페타민 중독 청소년 집단은 중
독 성인 집단에 비해 전전두엽, 두정엽, 쐐기앞소엽 등의 대뇌
피질 두께가 더 얇아 성인 중독자에 비해 최대 7배 손상이 있었
고, 더 안쪽의 대뇌피질의 손상도 더 심했다. 이런 결과는 메스

암페타민에 노출된 청소년이 성인에 비해 더 심각한 뇌손상을 입고, 부작용이 더 광범위하게 나타남을 보여 준다. 특히 전전두엽 기능은 인간의 충동조절력이나 고등한 정신작용과 밀접한 연관성이 있어서 이들 부위가 청소년기까지 충분히 발달하지 못하게 되면 평균 성인의 정상적인 중추신경계 기능을 수행하기 어렵다. 인지능력의 감퇴뿐 아니라 충동 조절에도 심각한 어려움이 발생한다.

이런 해악에도 불구하고 청소년 마약사범이 차지하는 비율은 전체로 볼 때 그 비중이 적어 청소년 마약사범에 특화된 별도의 관리 및 교육체제가 구축되어 있지 않다. 소년원에서 역시 마약사범에 대한 효과적인 중독치료나 재범방지 대책을 기대하기 어렵다. 청소년 마약사범과 일반 비행청소년을 분리 수용하지 않고 함께 생활하게 하거나 교육하는 것 또한 일상적으로 일어나는 일인데, 이렇게 되면 소위 마약사범들에 의한 악성감염이 발생할 수 있다. 온라인으로 마약을 구하거나 유통하는 방법에 이르기까지 소년범들 사이에서는 광범위하게 전파될 수 있다. 마약사범에 대한 중독 재활 치료는 전문가들이 개입하는 사회 내에서의 관리가 매우 중요한데, 청소년 마약사범 관리를 위해서는 민간 치료 시설과의 협력이 절실하다고 판단된다. 이제는 성인에 비하여 약물중독의 부작용이 더욱 심대한 청소년 마약사범에까지 눈을 돌려야 하는 시기이다.

Chapter

둘
.

공은경

04

시체강간,
심연의 쾌락과 그 행위의 심리

　벌써 몇 통째인지 모르겠다…… 수십 번 전화를 해도 A는 받지 않았다. M은 PC방에서 게임을 하다가 A에게 다시 한 번 전화를 하였으나 통화 연결음만 이어질 뿐 전화를 받지 않았다. 걱정이 된 M은 하던 게임을 멈추고 A의 집 주변에 와서 다시 전화를 하였다. 역시 받지 않았다. 현관문 앞으로 가서 노크를 해 보아도 아무 반응이 없었고, 문은 굳게 잠겨 있었다. 현관문 앞에는 A의 친구도 와 있었다. A의 친구 역시 A와 연락이 되지 않는다며 걱정스런 눈빛으로 초조하게 서 있었다. 그렇게 두 사람은 얼마간의 시간을 보냈고, 마침내 A의 친구가 불안한 마음에 경찰에 신고를 하자고 하였다. 신고를 하자는 말이 떨어지기가 무섭게 M은 112 신고 버튼을 눌렀다.

　M이 A를 처음으로 만난 곳은 노래방이었다. M은 종종 혼자

서도 노래방에 가서 노래방 도우미를 불러 같이 노래를 부르고 놀았다. A를 만난 날은 M이 가장 친하게 지내는 형과 함께 노래방에 가서 도우미를 불렀던 날이었다. 처음 만남은 특별한 일이 없이 지나갔지만 며칠 후 그 노래방에 갔는데 또 다시 도우미로 A가 나왔다. A는 키가 크고 예뻤으며, 잘 웃고 잘 놀았다. 얼마 후 다른 노래방에 갔는데 거기서 또 그녀를 만나게 되었고, 그때부터 점점 A와 인연이라는 생각이 들어 그녀를 마음에 두기 시작하였다. A가 일하는 노래방에 가서 그녀를 호출하여 같이 노래를 부르고 노는 시간이 점점 많아졌다. 하지만 A는 M이 아닌 M의 친한 형에게 마음을 두게 되었고, 그 둘은 곧 연인 사이로 발전을 하게 되었으며, M은 A를 옆에서 그저 바라보기만 하였다.

그렇게 M은 자신의 마음을 숨긴 채 그들과의 만남을 지속적으로 유지하였다. 그 둘 사이를 질투하면서도 자주 만나서 놀게 되었고, 서로의 집을 드나들며 술을 마시면서 더욱 친하게 지내게 되었다. A의 나이가 자신보다 많고 성이 같다는 것을 알게 되어 친누나처럼 생각하기로 마음의 정리를 한 후에는 더욱 A를 믿고 의지하게 되었다. 간혹 A를 만나는 날은 노래방에 가는 날이었고, 그런 날이면 A는 가끔 형이 없는 순간에 M에게 다가와서 노래를 부르면서 안고 손을 잡는 등 자신을 설레게 하는 행동을 하기도 하였다. 그런 관계가 지속되다가 어느

사악한 본능 어디에서 오는가 _ Chapter 둘

순간 만남도 뜸해지고 연락도 주고 받지 않게 되어 이상하다고
생각하고 있던 찰나에 A가 먼저 연락을 해 왔다. 늦은 밤 M에
게 연락을 한 A는 좋지 않은 일이 생겨 도와달라고 하였다. 알
고 보니 전 남자친구에게 맞았다는 이야기를 듣게 되었고, M은
잠시 당황하였으나 그런 감정을 드러내지는 않았다. 하지만 M
은 A에게 실망하였는데, 한동안 연락이 되지 않고 만남이 없었
던 이유가 친한 형과 헤어졌기 때문이고, 헤어진 지 얼마 지나
지 않았는데도 또 다른 남자와 연락을 하고 지낸다는 것에 대
해 '도대체 남자가 몇 명이나 있는 건가' 하는 생각에 A가 헤프
게 노는 여자라는 다른 마음도 생기기 시작하였기 때문이다.
그런 마음을 가지고 있으면서 친구들과 함께 술을 사서 A의 집
으로 이동하여 술을 마시며 웃고 즐겁게 시간을 보내다가 A가
잠이 들었고, 친구들이 하나둘씩 자리에서 일어나 집으로 돌아
가기 시작하였다.

그렇게 혼자서 술을 마시고 있는데 잠든 A가 갑자기 일어나
M의 어깨에 기대어 훌쩍이기 시작하였고, 그런 그녀가 자신에
게 마음이 있다고 여겨 키스를 시도하였다. 그러자 A가 M의 입
술을 깨물고 발로 차고 손으로 할퀴는 등의 행동을 하며 거부
반응을 보이자 그는 순간 화가 치밀어 올라 '사람 가지고 노나?'
라는 생각이 들었다. 도와주러 찾아온 사람을 무시하는 거 같
아 "장난하냐? 왜 사람을 차냐."라고 하자, A는 M을 쳐다보며

웃기다는 표정으로 "꺼져."라고 하였다. 순간 M은 아무 생각도 들지 않았고, 참을 수 없는 분노가 폭발하여 A의 목을 조르기 시작하였고, A가 소리를 지르고 발로 차는 등 거칠게 반항하였다. 조용한 새벽 시간 A의 소리는 더욱 크게 들리는 것 같았고, M은 누군가 찾아올 것에 대한 두려움이 몰려왔다. M은 A의 입을 막아야 했다. 그녀의 입을 막은 채 주변에 있던 냄비와 그릇 등 손에 잡히는 물건으로 마구 폭행하기 시작하였다. 얼마의 시간이 흘렀을까 잠시 후 A의 몸이 힘없이 축 늘어져 눈을 뜨지 않았으며, 흔들어도 아무런 반응도 보이지 않았다. A의 그런 모습을 보고도 M은 당황하지 않았다. 오히려 M은 내면의 분노가 더욱 차오르고 있었다.

잠시 그녀의 모습을 지켜보다가 분노가 가라앉지 않자, 기절한 A를 화장실로 끌고 가 욕조에 물을 받아 머리를 처박아버리기를 반복하는 과정에서 A가 더 이상 숨을 쉬지 않는다는 것을 확인하고는 밖으로 나와 버렸다. M은 그렇게 밖으로 나온 후 잠시 자신의 차량에서 안정을 취한 후 다시 움직이기 시작하였다. 한 차례 A의 집을 들어갔다 나온 후에도 A의 집을 수차례 들어갔다 나오기를 반복하였다. 그 과정에서 M은 움직이지 않고 숨 쉬지 않는 A를 상대로 성적으로 모욕적이고 충격적인 행위를 이어 나갔다.

M의 행위는 A가 사망에 이른 상태에서 행해진 것이며, 성관련 행위를 위해 사망에 이르게 한 것은 아니었겠지만 결론적으로 의식이 없는 사람을 완벽하게 통제할 수 있는 대상으로 삼기 위해 완전한 독점욕을 드러낸 것으로 볼 수 있다. 이 사례처럼 사망한 사람을 상대로 성적 행위를 하는 것을 시체애호(Necrophilia)라고 한다. 이런 행위는 살인행위와는 별개로 법에 저촉되는데, 우리「형법」에서는 시체에 대한 이런 행위에 대해 사체오욕죄*로 처벌하고 있으며, 이는 사체손괴죄**와는 차이가 있다.

시체애호는 반드시 성적인 것과 결부될 필요가 없는 인격적 지향성이라고 볼 수 있다고도 하였는데, Erich Fromm(1973)은 그의 저서『The Heart of Man』에서 시체애호적 성향을 가진 사람은 유기체를 무기체로 바꾸고자 하는 강한 충동을 느끼며, 그것은 마치 살아있는 사람을 사물로 보는 것과 같은 기계주의적 인생관에 의한 접근이라고 하였다.

M이 A를 살해할 계획을 세우지는 않았지만 우발적으로 살

---

* 「형법」제159조로 사체·유골 또는 유발을 오욕함으로써 성립하는 범죄를 말한다. 오욕이란 폭행 기타 유형력의 행사에 의하여 모욕적인 의사를 표현하는 것을 말한다. 예를 들면, 시체에 침을 뱉거나 방뇨하는 것은 물론, 시체를 간음하는 경우에도 여기에 해당한다.
** 「형법」제161조로 사체·유골·유발 또는 관내에 장치한 물건을 손괴함으로써 성립하는 범죄를 말한다. 손괴라 함은 물리적 파괴를 의미하는데, 예를 들면 칼로 찌르거나 자르는 행위, 총을 쏘거나 부수거나 찢거나 태우는 등의 행위이다.

해 후 자신을 거절한 A에 대한 분노와 성적인 욕망으로 죽은 A를 상대로 살아있는 사람과의 연속선상으로 인지하여 해서는 안 될 행위를 한 것으로 추정해 볼 수 있다. 이러한 행위를 함에 있어 알코올과 약물의 사용은 그러한 행위에 대한 억제력을 상실하여 실제로 행동으로 옮기는 데 촉매가 된다는 견해(Brill, 1941)도 있다. 이 사례에서 M이 마신 술의 양을 정확하게 확인할 수 없고 살해 후 시간이 어느 정도 지난 시점이어서 M의 행위와 음주 섭취와의 관련성에 대해서는 논의할 수 없지만, 적어도 M은 자신의 행위를 억제할 수 있는 인지 능력이 있었을 것으로 판단되지만 억제하지 않았다.

그렇다면 M의 심리 내면에 어떤 문제가 있어 이러한 범행을 하게 된 것일까? 필자는 다양한 유형의 범죄자를 현장에서 만나기도 하고 언론을 통해 접하기도 하는데, 그럴 때마다 인간 내면의 무의식과 그 무의식이 자리 잡게 되는 이유에 대한 의문을 가지게 된다. 알코올과도 큰 관련이 없어 보이는 M은 왜 사람을 죽이고 사망한 시체를 대상으로 이런 행동을 하게 된 것인가? M은 정말 사악한 인간인가?

이 분야에서 가장 대표적인 연구물이라 평가되는 Rosman과 Resnick(1989)의 연구에 따르면, 시체애호적 사례 122건을 순수시체애호자(전체의 약 15%)와 작위적 시체애호자로 구분하였다. 먼저, 순수시체애호자들은 지속적으로 시체에 대해 성적인 매력을 느낀다. 성적 매력은 아마도 그들의 공상을 통해 이루어지거나 일련의 시체애호적 행위들로 표현되는 것으로 보인다. 순수시체애호자들은 시체에 대한 행동 특성에 따라 세 가지 하위 집단으로 분류된다고 하였는데, 첫째, 시체애호적 살인범은 성적인 만족을 얻고자 하는 수단으로 시체를 얻기 위해 살인을 하는 사람들을 말하고, 둘째, 일반적 시체애호자는 이미 죽은 사람을 성적인 즐거움을 얻기 위한 목적으로 사용하는 것을 말하며, 셋째, 시체애호적 공상가는 시체와의 성적인 행위들에 대하여 공상하는 것으로 어떠한 행동도 수행할 수 있다. 반면, 작위적 시체애호자들은 시체에 대한 일시적 흥분을 느끼는 것이며, 시체 자체가 성적인 공상의 대상물이 되지는 못한다. 그들은 살아 있는 파트너와 관계하는 것을 더 선호한다.

Rosman과 Resnick(1989)의 연구결과에서 제시한 시체애호 살인범 중에 순수한 시체애호 살인범의 평균 연령은 33세였고, 작위적 시체애호살인범의 평균 연령은 29세였다. 성별로는 두 분류에 모두 남성이었다. 순수한 시체애호 살인범의 83%와 작위적 시체애호 살인범의 80%가 성격장애였으며, 순수한 시체애호 살인범의 46%와 작위적 시체애호 살인범의 22%가 시체에 접근성이 용이한 직업인 묘지, 시체안치소, 장례식장, 병원 등에 종사하였다. 시체애호자들의 행위 특징을 살펴보면, 순수

시체애호자 중 72%가 실제 애호 행위를 했으며, 가슴을 깨무는 행위는 작위적 시체애호 집단에서만 관찰되었다. 또한 성교 행위는 일반적 시체애호 집단보다는 시체애호 살인범들에게서 더 빈번히 나타났으며, 이는 성교행위가 시체애호의 필수적인 요소가 아니라는 것을 알 수 있게 해 준다. 또한 시체에 입을 맞추는 행위는 작위적 시체애호 살인범들보다는 시체애호 살인범들에게서 자주 나타나는데, 본질적으로 순수 시체애호자들은 시체로부터 성적 매력을 느끼는 반면 작위적 시체애호자의 행위는 다분히 '대리행위'이기 때문이다.

이보다 더 선행된 연구 결과는 시체애호 행위의 가장 일반적인 동기는 저항하지 않고 거부하지 않는 파트너를 갖기 위한 것이라 할 수 있으며(Smith & Braun, 1978), 살인범 중에서 시체애호자를 구분한다면 순수한 시체애호 살인범과 작위적 시체애호자로 구분한다(Rosman & Resnick, 1989).

우리나라에는 순수한 시체애호를 목적으로 살인을 저지르는 경우는 없는 것으로 확인할 수 있었는데(공정식, 2006), 시체를 대상으로 성적 행위를 위해 고의적으로 살인을 하는 경우는 없는 대신, 우발적 살인 후 시체에 대해 일시적으로 흥분을 느끼는 작위적 시체애호 살인범은 존재하는 것으로 추정된다. 그렇다면 국내 사체오욕 살인범들은 어떤 이유로 그러한 행위를 하였을까. 환경적인 측면에서는 주로 어려서 가난한 환경에서 생활하였거나 낮은 학력, 학업 중퇴, 부모의 갈등과 외도 등의 측면에서 외국의 선행연구와 유사한 점을 보여 주었다. 신체조건역시 평균적인 한국남자보다 왜소한 체격조건을 가진 것으로나타났다. 이와 같은 사실은 이들이 불리한 체격조건과 동시에환경요인 등으로 이성 관계를 형성하는 것에 여러 가지 어려움이 있었을 것으로 추정해 볼 수 있다고 하였는데(공정식, 2006),이 사례의 M의 경우도 선행연구와 유사한 환경적인 측면을 보인다는 것을 알 수 있었다.

다시 처음의 의문으로 돌아가서, M은 왜 A를 상대로 시체애호행위를 하였을까. 앞서 기술한 것처럼 우리나라에는 시체에대한 성적 행위를 한 경우는 매우 드물고 거의 보고되지 않는다. 이 사례는 우발적 살해 후 A에게 성적인 행위를 한 것이며,그 행위의 이면에는 A에 대한 이성적 감정과 동시에 헤픈 여자라는 생각, M에게는 허락되지 않는 A의 이성적 감정에 대한 분노, 살해 후 완전한 통제와 독점할 수 있다는 공상이 맞물린 행위의 결과라 볼 수 있다.

이미 A는 사망하였고, 더 이상 자신을 거부하지 않는다는 것을 알게 되었으며, 그래서 더욱 그녀를 탐하고 벌주고 싶었던것은 아닐까? 그는 그렇게 그녀를 탐하였고 그녀를 모욕하였다. M은 처음부터 A를 탐하고 싶었던 사람이었다. A를 마음에 두었고, 멀리서 바라만 보았고, 주변을 맴돌며 다른 남자와 사귀는 과정도 모두 지켜보고 있었다. 하지만 그런 A가 M을 거부하고 욕하고 밀어냈기 때문에 그녀는 벌을 받아야만 한다고 생각하였다. 그 벌은 A를 탐하며 모욕하고 오욕하는 행위로 귀결되는 것이었다.

범행 후 M은 PC방에 가서 게임을 하였으며, A의 친구가 M에게 연락해 그녀와 연락이 되지 않는다고 하자 집으로 찾아가보라고 하였으며, 최초 경찰조사에서는 A의 집에 누가 갔었는지는 알지 못한다고 진술하였다. 이후 진술에서는 A의 집에 갔지만 지갑을 두고 나와서 다시 A의 집에 들어갔을 때 A는 방 안에서 이불을 덮고 자고 있었다며 진술을 바꾸어 말하였다.

조사 과정에서 M은 A와 누나 동생 사이였다는 점을 강조하며 성관계를 할 사이가 아니라고 하면서 A의 죽음에 의구심을 품기도 하는 등 사건과 자신과의 관련성을 최소화하기 위해 태연하게 행동하였다. 더불어 전반적으로 진술을 번복하거나 '모르겠다' '기억나지 않는다'는 등 조사에 비협조적인 태도였고, 화가 나거나 사실이 아닌 질문을 하면 아무렇지 않게 거짓말을 하고 불리한 진술에서는 입을 닫거나 말끝을 잡고 늘어지는 등의 태도로 조사와 수사에 혼선을 주며 수사 과정을 자신이 주도하려고 하였다. 이러한 태도는 범행 후 집 안에서 증거가 나올 것에 대비해 내부 정리를 완벽하게 하고 나왔기 때문에 경찰수사에도 본인이 범인으로 지목될 가능성이 없다는 자신감이 만들어 낸 행태라고 판단할 수 있다.

M은 어떤 사람일까. 그는 편모 가정에서 자랐으나 친모의 연락처를 모르고, 친부는 다른 여성과 결혼하여 살고 있다고 하였다. 어린 시절 성장한 곳에서 행복했던 기억은 없으며, 학창시절에는 친구들과 어울려 다니면서 많이 싸웠고, 이로 인해 수차례 경찰 조사를 받았다고 하였다. 운동을 잘하여 관련 자격증을 가지고 있고, 대부분 싸워서 경찰에 신고가 되었지만 실형을 선고 받지는 않았다고 자랑스럽게 말하였다. 전반적으로 M에게 편안하고 안정적인 환경이 제공되지 않았던 것으로 추정된다.

직업을 가지지 못해 집에만 있는 경우도 있었으며, 노래방이나 생산직 아르바이트를 하였으나 지속적으로 근무하지는 못하였다. 일정 기간 일을 하면 그만두고, 한참을 놀다가 또 일을 하는 등 몇 달 일해서 번 돈으로 1~2개월 놀고 지내는 생활을 지속하였다. 생산직으로 근무할 때에는 고가의 제품에 종종 불량을 내어 해고를 당하는 등 맡은 일에 책임감이 없고 성실하지 못하였다.

M의 주변에는 사람이 없었다. 왕따를 당한 건 아니지만 스스로가 자신을 소외시키는 경향이 강했으며, 원래 좀 소심하다

고 이야기했다. 술을 마시면 맥주 수십 캔을 마셔야 술에 취할 정도로 술을 잘 마셨으며, 노래방에 가서 여성을 불러서 노는 것을 무척 좋아했고, 월급을 받아서 대부분의 돈을 노래방에 가서 술 마시고 여자를 끼고 노는 데 사용했다고 한다. 또한 평소에는 얌전하고 말없이 지내다가도 술을 마시면 성격이 달라졌는데 술 마시다가 갑자기 화를 내거나 뭔가 자기 기분이 안 좋으면 화를 내기도 하였으며, 파트너한테 꺼지라고 하거나 소리를 질러 파트너가 자주 교체되는 등 자기통제를 못하는 경향이 강한 사람이었다.

여성과의 관계에서 평소 술에 취하면 야하게 노는 걸 좋아했고 게임을 해서 지면 키스를 하거나 가슴을 만지는 벌칙을 유독 선호하는 등 성적으로 노는 것을 많이 좋아하였다. 특히 노래방에 가서 이러한 행동이 두드러지게 나타났는데, 술에 취하면 변태처럼 행동하고 욕을 하는 등 상대방에게 모욕을 주거나 화나게 하여 같이 놀던 사람들이 놀다가 나온 적이 여러 번 있었다고 하였다. 하지만 술을 마시지 않으면 착하고 말도 없이 순한 사람이라고 하며 좋은 인상이라고 하였으며, 평상시에는 소심한 성격이라 다른 사람에게 피해를 주지 않으려고 하였다고 한다. 여러 주변인들의 진술은 술 마시고 취하면 자기 과시가 강해지며 통제가 되지 않는 사람이었으며, 감정 기복이 심한 편으로 언제 화를 낼지 몰라 주변 사람들이 눈치를 보는 등

사악한 본능 어디에서 오는가 _ Chapter 둘

주변인과의 관계가 지속되기 어려운 사람이라고 하였다.

　종종 달리는 택시에서 갑자기 뛰어내려 자살을 시도하거나 죽고 싶다는 이야기를 하였으며, 수시로 연락이 되지 않는 등 주변인들을 걱정하게 만들었고, 오랜 시간 연락이 되지 않아 왜 연락이 되지 않았냐고 물으면 그럴듯한 이유를 대며 과시하는 말을 자주하였다고 한다. 주변인이 자신을 걱정하는 것은 안중에도 없고 오로지 본인이 관심을 받을 수 있는 것에만 집중하였고, 자신에게 관심이 집중되지 않으면 견디지 못해 자리를 이탈하는 등의 모습을 보였는데, 이러한 성향 특징은 어린 시절 애정결핍이 하나의 원인이 되지 않았을까 조심스럽게 추정할 수 있었다. 또한 M은 자신이 원하는 대로 되지 않으면 자신의 목에 칼을 대고 주변인을 위협하여 두려움에 떨게 하여 원하는 목적을 이루는 등 충동적이고 공격적인 행동을 보였다고 한다.

　M은 자존감이 매우 낮고 자신감이 없는 사람이지만 타인과의 관계에서 기대하는 인정 욕구는 상당히 높은 사람으로 평가되었다. 직장에서 지속적으로 일을 하지 못하고 단기간에 직장을 구하고 그만두기를 반복하는 등 사회생활에 적응을 하지 못하는 성향이 존재하였고, 자신이 내세울 만한 재목이 없다는 것을 알고 스스로 대인관계를 철회하는 것처럼 행동하였으나, 내면에 과시욕이나 인정욕은 통제할 수 없었던 것으로 평가되

었다. M의 과시욕과 인정욕은 노래방이라는 공간에서 발현이 되었던 것으로 보이고, 그 공간에서 만난 A에 대한 이성적 감정을 마음속 깊이 간직하고 기회를 엿보고 있었던 것으로 볼 수 있다. 마침 A와 둘이 있는 공간에서 A를 탐할 기회가 왔을 때 무시와 욕설 등의 행위가 동반된 A의 거부를 경험하고는 그녀를 죽이게 되는 과정에 이른 것으로 판단된다.

M에게서 나타나는 시체애호(Necrophilia)는 사망해서 움직일 수 없거나 의식이 없는 A를 상대로 누구에게도 통제받지 않고 마음대로 할 수 있는 내면의 욕구를 표출한 완전한 독점욕으로 대체할 수 있다. 작위적인 시체애호자로 볼 수 있는 M은 살아있는 그녀를 탐하고 싶었으나 탐할 수 없었고, 사망한 이후 A를 대상으로 성적 행위를 한 것으로 외부와 차단된 환경에서 그간 채울 수 없는 욕망을 마음껏 표출한 것으로 볼 수 있다. 인간의 사악한 본능은 누구에게도 방해받지 않는 은밀한 공간에서 타인을 통제할 수 있는 찰나의 순간에 그 모습을 드러내는 것인데, M의 행위 역시 같은 맥락으로 평가할 수 있겠다.

05

연쇄살인,
그 쾌락은 어디서 오는가

봄은 겨울이 지나면 어김없이 돌아온다. 그해 봄도 예년처럼 아무 일 없다는 듯 무심코 찾아와 여름을 맞이할 준비를 하고 있었지만, 그녀들에게는 삶의 마지막 봄이자 제대로 꽃 피워 보지도 못하고 처참히 사라져 버린 그런 계절이었다.

서늘한 기운이 감도는 늦은 밤, S는 횡단보도 앞에서 신호가 바뀌기를 기다리며 홀로 서 있었다. S는 모처럼 친구와 술자리를 가지고 집으로 돌아가던 길이었다. 그때 승용차 한 대가 횡단보도 앞으로 다가와 멈춰 섰다. 운전석 창문을 열고 "어디까지 가세요? 밤이 늦었는데 가는 방향이 같으면 태워 드릴게요." 라며 다정하게 말하는 남자를 보고, S는 순간 망설였다. 하지만 운전자 K는 그 찰나의 순간을 놓치지 않고 선한 이미지의 외모로 상냥하게 웃음을 지어 보였다. K의 태도에 S는 의심 없이

'같은 방향'이라고 하며 차량에 올랐고, 차량은 잠시 정차한 후 곧바로 어디론가 사라졌다. 차량을 운전하면서 K는 S에게 누구와 술을 마셨는지 너무 늦게 귀가하는 것이 아닌지 등의 일상적인 질문을 하며 S를 안심시켰다. 하지만 얼마 뒤 차량은 S가 원하는 방향이 아닌 전혀 다른 방향으로 향했고, 그런 K의 행동에 당황하여 소리를 지르며 내려달라고 하였지만, S가 도움을 요청하는 소리는 어느 누구도 들을 수 없었다. 그렇게 S는 그 해 봄, 흔적도 없이 사라졌다.

며칠이 지난 새벽 시간 인적이 드문 도로의 방호벽 사이에 불이 났다는 화재신고를 받고 소방관이 현장에 출동하여 화재를 진화하였다. 화재 진화 후 불에 탄 시체가 발견되었는데, 그 모습은 참으로 처참하였다. 시체는 나체 상태로 신원확인이 불가능하였으며, 양손과 발에 노끈이 결박된 상태의 여성이라는 것만 알 수 있는 정도였다. 누군가 사람을 살해한 후 시체를 유기하고 그 위에 불을 놓은 것이었다. 곧이어 신원이 밝혀졌는데, 놀랍게도 며칠 전 K의 차량에 오른 후 사라진 S였다. 지독히도 엽기적이고 충격적인 살인사건에 많은 사람이 충격을 받았고, 수사에 나선 경찰은 S의 신용카드가 역 주변 현금인출기에서 수차례에 걸쳐 현금이 인출된 것을 확인할 수 있었다.

그날도 평소와 다름없는 날이었다. H는 늦은 밤 역에서 내려 집으로 향하던 길이었다. 그런 H의 옆으로 자동차 한 대가 멈

사악한 본능 어디에서 오는가 _ Chapter 둘

춰 섰는데, 그 차량에 타고 있던 남성은 H에게 몇 마디 말을 건 넸다. 그는 K였다. 이후 가는 방향이 같은 것 같다며 '집으로 데 려다 주겠다'는 K의 말에 H는 아무 의심 없이 차에 올랐고, 차 량은 출발하였다. H 또한 평범함과 신뢰감을 주는 외모, 친절 하고 모범생 같은 이미지를 풍기는 K를 의심하지 않았을 것이 다. 그렇게 차량은 서서히 외진 곳으로 이동하기 시작하였다.

H와 대화를 이어가던 중 K가 H의 신체를 더듬기 시작하자, H는 이상함을 눈치를 채고 거부하며 차에서 내리려고 시도하 였다. K는 흉기를 꺼내들어 위협하였고, 차량은 조용히 어둠 속으로 사라졌다. 그렇게 H가 사라졌고, 가족들은 실종 신고를 했지만 H의 흔적은 어디에서도 찾을 수가 없었다.

H의 실종이 20일을 넘기고 있던 어느 날, 다급한 112 신고가 접수되었다. 평소 사람들의 왕래가 적은 어느 야산으로 올라가 는 길 근처 풀숲에 여성으로 보이는 사람이 쓰러져 있다는 내 용이었으며, 즉시 현장에 출동한 경찰은 사망한 여성의 모습을 보고는 놀라움을 금치 못하였다. 경찰의 눈을 더욱 의심케 한 것은 발견 당시 그녀는 처참한 모습이었는데, 웅크린 채 발견 된 시체는 나체 상태였고, 얼굴은 테이프로 여러 번 휘감겨 있 었으며, 양손이 결박되어 있었다. 그녀는 실종된 H였다.

같은 달 초여름 어느 늦은 밤, Y는 귀가를 위해 택시를 잡으 려고 횡단보도를 건너던 중이었다. 때마침 신호를 받고 대기

중이던 차량 한 대가 Y의 뒷모습을 예의주시하고 있었다. 곧이어 신호가 바뀌자 차량은 Y를 앞질러 Y 앞에 멈춰서 정차를 한채 Y가 다가오기만을 기다리고 있었다. Y는 앞으로 일어날 일을 전혀 예상하지 못한 채 천천히 차량 근처로 걸어오고 있었다. 그런 모습을 백미러로 지켜보던 남자는 Y가 자동차 가까이로 걸어오는 것을 보고는 자동차 문을 열고 차에서 내렸다. 그는 K였다. K는 걸어가고 있는 Y에게 뛰어가 강제로 차량에 태우려고 했다. 늦은 밤이었고 주변에는 아무도 없었다. Y가 소리를 지르고 반항하며 땅에 무릎을 꿇고 넘어지자 K는 Y의 몸을 끌어 일으켜 세운 후 뒷좌석에 강제로 밀어 넣었다. 아무도 Y의 몸부림치는 소리를 듣지 못하였고, Y를 도와줄 수 없었다. Y는 자동차 문을 열고 도망치려 하였으나, 잠겨 있던 문은 꿈적도 하지 않았다. 곧이어 차량은 인적이 드문 장소에 도착해 멈춰 섰다. K는 주머니에서 흉기를 꺼내 들고 뒷좌석으로 갔고, 갑작스럽게 끌려온 상황에 정신을 차리지 못해 공포와 두려움에 빠져 있는 Y를 위협하기 시작하였다. Y 역시 세상에서 흔적도 없이 사라졌고, 곧 실종신고가 접수되었다. 그렇게 Y의 실종상태는 지속되고 있었다.

연쇄살인이었다.

늦은 밤, 여성을 상대로, 차량을 이용하여, 호의동승 혹은 강

사악한 본능 어디에서 오는가 _ Chapter 둘

제로, 인접한 지역에서, 유사한 수법으로 발생한 명백한 연쇄살인이다. 필자는 이 글을 작성하고 있는 이 시점에서 다시 한 번 확신할 수 있다. 만약 검거되지 않았다면, K는 대한민국 역사에서 가장 악명 높은 연쇄살인마가 되었을 것이라는 것을. K는 필자가 아는 그 어떤 연쇄살인마보다 사악한 사람임을 의심하지 않는다. 그는 지독한 악마였다.

우리나라는 연쇄살인이 비교적 매우 드물게 발생하고 있지만 낮은 발생률에도 불구하고 사회에 미치는 파장이 크고, 대중매체와 일반인의 관심이 매우 높기 때문에 꾸준히 논쟁의 대상이 되어 왔다(이수정, 2016). 대한민국의 대표적인 연쇄살인범은 이춘재, 유영철, 정남규, 강호순 등으로 이들은 누구나 알 수 있는 악명 높은 연쇄살인범죄자들이다. 이들 역시 상당히 잔인하고 계획된 형태로 점차 발전적인 수법으로 범행을 진행하였으며, 그 결과 수많은 무고한 사람이 희생되었다. 하지만 K는 이들과 어깨를 견주고도 남을 정도로 그 잔인성과 교묘함, 범행 수법의 전진적 발전으로 피해자들에 대한 사물화 등을 보여 필자의 고개를 절로 흔들게 하였다.

통상 연쇄살인은 세 곳 이상의 개별적인 장소에서 3건 이상의 개별적인 사건이 발생하는 경우로서, 이때 범죄자는 살인사건을 행하는 동안 심리적 냉각기*를 가지게 된다. 연쇄살인범은 범죄와 관련된 환상을 갖고 상세하게 범행내용을 계획하고,

마지막으로 범죄를 한 사건으로부터 심리적 냉각기 상태가 되었을 때 다시 범행을 저지른다. 이러한 냉각기간은 최소한 수일, 수주 혹은 몇 달이 될 수도 있는데(Lester, 1995), 학자에 따라서는 최소한 30일 정도의 심리적 냉각기가 나타난다는 주장도 제기되었다(Douglas, Ressler, Burgess, & Burgess, 1992; Lester, 1995). 이 사례의 경우 세 명의 피해자가 각각 20~30일 정도 간격을 두고 피해를 당했으며, 이는 연쇄살인범에게서 나타날 수 있는 심리적 냉각기가 학자들이 주장한 기간과 유사하게 드러난 사건으로 평가할 수 있다.

또한 연쇄살인범죄는 각각의 범죄가 매우 다양한 방식으로 나타나며 범죄의 동기 또한 매우 다양하기 때문에 각기 다른 범죄들 간의 동질성을 파악하기가 매우 어려운 범죄유형이다 (Mott, 1999). 통상 연쇄살인으로 추정되는 경우 연관성 분석을 진행하게 되는데 개별적인 살인 사건의 경우 다른 장소와 지역에서 발생하기 때문에 이들의 관련성 평가를 하기에는 제한적인 측면이 많을 수밖에 없다. 이런 이유로 실무에서는 각기 다른 관할에서 발생한 개별적 사건에 대해 동질성 혹은 동일인에 의한 사건임을 분석하기 어려웠던 시절이 있었다. 하지만 연쇄

---

* 사건과 사건 사이에는 범죄자가 살인 행위를 멈추고 냉정을 되찾으며 이성적으로 자신이 한 행동의 옳고 그름을 판별할 수 있는 시기를 말한다(Douglas, Ressler, Burgess, & Hartman, 1986).

사악한 본능 어디에서 오는가 _ Chapter 둘

살인범들의 등장으로 인해 프로파일링 수사기법이 도입되고, 동일한 범인에 의해 발생한 사건은 동일한 형태의 심리·물리적 흔적을 남긴다는 심리학적 이론을 토대로 각 사건의 연관성 분석을 실시하기에 이르게 되었다. 이러한 분석을 위해서는 각 사건 간 관련성 평가를 진행해야 하는데 피해자 특징, 범행 발생 시간, 범죄 현장 특징, 범행 수법 등을 통해 동일인에 의해 발생한 사건 여부를 추론하여 연관성 분석을 진행해야만 한다 (오윤성, 2020).

S가 발견된 현장은 낮에는 사람들의 통행량이 많은 도로 주변이었으나 야간에는 그렇지 않은 곳이었으며, S의 시체는 실종 후 며칠이 지난 후 발견되었는데, 시체에 불을 질러 신원 확인을 지연시킬 목적으로 이런 행동을 한 것으로 판단할 수 있다. 이 사건은 K의 최초 범행이었기 때문에 시체를 처리함에 있어 K가 당황했던 것으로 보인다. K는 신원 확인을 어렵게 하려는 목적으로 시체에 불을 지르는 방법을 선택했지만, 오히려 시체에 불을 지름으로써 유기 장소 및 살인사건이라는 범죄를 세상에 드러나게 한 것으로 볼 수 있다. 경험칙상 범인이 범행을 계획할 때에는 범행에 대한 계획은 아주 철저하게 수립하지만 범행 후 시체 처리를 위한 계획까지 세밀하게 수립하는 경우는 많지 않기 때문이다.

S는 나체 상태로 발견되었고, 입에는 재갈이 물려있었으며, 얼굴은 테이프로 감겨 있었고, 양손과 발이 결박된 상태였다. 처참한 현장이었다. S가 실종되고 난 후 S의 카드에서 현금을 인출한 것으로 확인이 되었는데, 당시 인출을 한 자가 누군지 알 수 없는 상황에서 S의 시체가 처참한 모습으로 발견되자 당시 수사팀은 적잖이 당황하였을 것이다. 현금을 인출했다는 점은 S가 범행 대상이 된 이유에 금전적인 측면도 고려될 수 있다는 것을 알 수 있다. 경찰은 S가 발견된 현장 주변을 수색하고 S의 주변 인물들을 상대로 탐문 수사에 들어갔다. 하지만 S에게 특이한 점은 없었다. 주변의 원한을 사거나 가족관계나 친구, 회사생활 등 어떤 점에서도 갑자기 이러한 살인사건의 피해자가 될 만한 이유라고는 없었다. 더군다나 이런 피해를 당한 단서나 증거물은 아무것도 남아 있지 않았다.

H가 발견된 현장은 산으로 향하는 소로 옆이었다. H는 최종 목격 장소에서 지리적으로 멀리 떨어져 있는 지역에서 발견되었는데, 이 또한 최초 살인 후 시체가 발견된 점을 인지하고 있었던 K가 시체 발견 지연을 위해 발생장소에서 물리적 거리감이 있음과 동시에 심리적 거리감이 있는 인적이 드문 야산 숲속 소로에 시체를 유기한 것으로 추정할 수 있는 대목이다.

H 역시 S와 유사한 모습으로 발견되었는데, S가 인적이 드문 도로 주변 방호벽 아래에 유기되어 불태워져 발견됐다는 점을

제외하고는 H 또한 나체 상태로 발견된 점, 입에 재갈이 물려 있었던 점, 양손과 발이 결박되어 있던 점, 얼굴이 테이프로 감겨져 있다는 점 등에서 두 사건 간 유사한 점이 많았다. S가 발견된 현장의 처참함은 말로 표현할 수 없는 것이었다. 하지만 H의 시체가 발견되었다는 것 외에 H의 카드로 현금을 인출하는 등의 행동은 나타나지 않았다. 현금 인출이 없었다는 것이 금전적인 동기와 무관하다고 할 수는 없지만 이런 특징이 범죄 유형을 분류하는 데 중요한 요인 중 하나라고 분석할 수 있다.

Y는 실종된 지역에서 타 지역으로 빠져나가는 나들목 부근에서 발견되었다. Y가 발견된 현장은 K의 자백으로 인해 확인할 수 있었는데, K에게 끌려가 차량에 강제로 태워진 후 알 수 없는 장소에서 살해된 채 나들목 부근 풀숲에 유기된 채 발견되었다. Y가 마지막으로 목격되었던 곳과 지리적으로 상당히 거리가 있는 곳이었다. Y가 발견된 현장은 K의 범행 특징을 나타내는 특이점이라 할 수 있는데, K는 범행이 진행될수록 점차 시체를 처리함에 있어 발견 지연을 위해 노력한다는 것을 알수 있는 대목이었다. 나들목 부근은 일반적으로 차량을 정차하거나 주차할 수 없는 곳으로 사람들에 의해 발견되기 상당히 어려운 장소적 특징이 있다고 할 수 있다. 더불어, 발견된 Y 역시 나체 상태로 양손이 결박되어 있었고, 얼굴은 테이프로 감겨 있었다. 특이한 점은 Y의 경우 신체 주요 부위에 훼손이 있

었다는 것인데 이는 범행이 진행되는 과정에 나타나는 K만의 표식일 수 있다. 이처럼 살인사건 현장에서 발견되는 범죄자의 특이한 행동은 범행수법과 시그니처로 설명될 수 있다. 범죄를 행하는 방법적인 측면을 범행수법*이라고 한다면, 통상적으로 범죄자 고유의 심리적 만족감을 위해 피해자에게 가하는 특정 행동 양상이 있는데, 이러한 특징을 시그니처**라고 한다 (Holmes & Holmes, 1996). 이러한 특징은 범죄자의 범행동기나 심리적 만족감과 관련이 있고, 이 사례에서도 최초 피해자 발견 시 특징과 마지막 피해자가 발견되는 현장 특징을 보면 K의 범행동기가 점차 성적인 측면이 강해지고 있는 것으로 평가할 수 있다.

K는 어떤 사람일까. 인간 내면의 잔혹한 심리적 표출의 끝은 어디까지인가. K는 너무나 평온한 모습으로 범행을 하였다. 자신이 생각했던 것보다 범행은 너무 쉬웠고, 처음에는 금전

---

* 범행수법(MO: modus operandi, method of operating): 범죄가 이뤄진 방법을 뜻하고 이는 범죄 실행을 종결짓기 위한 필요한 선택과 행동으로 구성된다. 즉, 범인 자신의 정체를 보호하고, 범행을 성공적으로 마치고, 용이하게 도주하기 위한 선택과 행동이다.
** 시그니처는 범행수법과는 구별되는 행동이다. 그것은 범행을 성공적으로 끝내는 데 꼭 필요한 요소가 아니며 범인 개인의 충동이나 심리적 욕구에 따라 저질러지는 독특한 행동을 가리킨다. 가해자 측면에서 본다면 범행을 저지르는 범행동기에 가깝다.

사악한 본능 어디에서 오는가 _ Chapter 둘

적 이익을 우선 목적으로 하였으나 시간이 흐를수록 금전보다는 성(性)이 목적이 되어 버렸다. 칼을 꺼내 드는 순간 피해 여성들은 공포에 질린 얼굴을 하였을 것이고, 그 모습을 즐기고 범행에 대한 만족감에 취했을 것으로 추정되었다. K는 그런 모습을 즐기며 피해자들을 자신의 통제 아래 두고 원하는 행위를 할 수 있다는 점에서 점차 심리적 만족에 중독되어 가고 있었다. 하지만 범행의 자신감에 충만해 있던 K는 그의 정체를 그리 오래 숨기지 못하였다.

최초 S를 살해한 후 K는 S의 카드로 현금을 인출하였으나 당시 CCTV가 고장 난 상태였고, 그로 인해 K가 누구인지 알 수 없어 신원을 파악할 수 없었다. 그래서 K는 최초 범행 후 검거되지 않았다. 그때 K는 자신감을 가졌던 것 같다. 세 번째 피해자인 Y를 살해한 후 그녀의 신용카드로 현금을 인출하기 위해 S의 현금을 인출했던 현금지급기에 가서 현금을 인출하였다. 하지만 당시 수사팀은 범인이 동일 장소를 찾을 가능성이 높다는 범죄심리학적 이론에 근거하여 현금지급기에 CCTV를 정상 작동되게 해 놓은 상태였다. 이러한 수사팀의 예측은 적중하였고, 그 사실을 알 수 없었던 K는 아무런 의심 없이 Y의 신용카드를 가지고 동일 장소로 가서 현금 인출을 하였다. 수사팀은 그 장면을 확보하여 K의 신원을 확인할 수 있었으며, 다음날 새벽 K의 아파트 주차장에서 K를 긴급체포하였다.

K는 그렇게 세상에 자신의 존재를 드러냈다. 당시 K는 20대 후반의 나이였고, 평범한 회사원으로 사람들 틈에서 자신의 모습을 잘 숨기고 살아온 사람이었다. K는 모든 증거물 앞에서도 범행과 자신과의 관련성을 부인하며 범행을 교묘히 둘러대는 모습을 보였다. 지속적으로 부인하던 중 객관적인 증거가 제시되자 단념한 듯 모든 범행을 자백했다. 하지만 세 번째 피해 여성의 생사에 대해서는 입을 열지 않았다. 경찰은 공식 수사결과 발표 직전까지도 Y가 살아있으리라는 희망의 끈을 놓지 않았고, K에게 끊임없이 기회를 주었다. 마침내 심리적 압박을 느낀 그는 담당 팀에 면담 요청을 해 왔다. K는 Y도 죽였다며 자백하였고, Y를 유기한 장소를 지목하였는데 앞서 기술한 내용처럼 나들목 인근 풀숲이었고 살해 방법이나 유기 형태 등이 두 피해 여성과 동일한 모습으로 살해된 것을 알 수 있었다.

S와 H의 경우 사실 K의 범행이라 단정할 만한 객관적인 증거가 없었지만 Y의 카드로 현금을 인출한 장소와 동일 장소에서 현금을 인출한 점 등을 토대로 추궁을 하였고, S와 H가 나체 상태로 양손과 발이 결박되고, 얼굴에 테이프를 감고 있었던 점 등 유사한 모습으로 발견된 점과 실종될 당시 피해를 당한 방법, 즉 범행수법이 유사하다는 점을 근거로 수사팀은 K에게 범행 전모를 자백받게 되었다. 당시 수사팀은 뛰어난 통찰력과 인내력을 갖고 수사의 전문가답게 분석적인 측면에서 K를 제

대로 수사하였다.

　이로써 K의 범행 전모가 세상에 드러나게 되었다. K는 늦은 밤 귀가하는 여성에게 접근하는 방법을 선택했는데, 이들을 유인하여 차량에 호의동승하게 하거나 강제로 태운 후 흉기를 이용하여 협박, 끈으로 손을 결박하고 강간한 뒤 테이프로 얼굴을 완전히 감아 질식시켜 살해하는 방법을 사용하였다. 수사팀은 그의 차량 내부를 감식하여 범행에 사용된 과도와 나일론 끈, 피해자 관련 물건 등을 증거물로 압수하였다.

　K는 어떤 인물이기에 이토록 잔인한 연쇄살인마가 된 것일까. 어린 시절 가정폭력에 노출되어 살아온 것인가, 부모 없이 성장하여 사회적 편견에 물든 사람인 것인가, 아니면 여성에 대한 혐오를 가질 정도로 편모나 편부 가정에서 자란 것인가, 그것도 아니면 악마로 태어난 것인가. 이 모든 추정과 가정을 가볍게 비웃듯 드러난 K의 실체는 모든 사람들을 충격에 빠뜨렸다. K는 화목하고 평범한 가정에서 자라 대학을 졸업하고 수년간 생산업체 영업 사원으로 근무해 온 평범한 회사원이었던 것이다.

　K는 필자가 알아 온 연쇄살인범의 특징을 가진 인물이 아니었다. 그래서 필자뿐만 아니라 당시 수사팀과 이 사건을 알고 있는 모든 사람들은 놀라지 않을 수 없었다. 흔히 알고 있는 것

처럼 불특정 다수를 상대로 범행을 저지른 사람은 직업이 불안정하거나 잦은 이직을 하거나 그것도 아니면 무직인 경우가 대부분이나, K는 전과도 없어 착실히 직장생활을 이어 왔으며, 모범적인 생활을 하여 주변 사람들이 사실을 받아들이기 힘들어하였다. 가정에서는 누구보다 평범하고 성실한 아들이었고 직장에서도 성실하고 활달히 근무하던 K가 밤에는 돌변하여 강도, 강간, 살인 등의 범행을 저지르고는 아무 일도 없었다는 듯 출근하여 근무를 했다는 것이 얼마나 소름끼치고 놀라운 일인가.

더구나 K의 범행은 전과 하나 없는 초범이라 하기에는 너무나 잔혹하고 지독했으며, 처참함의 극치를 보여 주는 것이었다. 인간의 사악한 본능이 그대로 드러난 것이라고 밖에는 설명할 수 없는 범행이었다.

통상적으로 연쇄살인범들은 어린 시절에 고통스러운 경험을 갖고 있으며, 장기간의 사회적 박탈 및 심리적인 학대 상태에 놓이는 경우가 많다고 한다. 많은 경우에 가족들 중 정신장애, 마약 및 알코올중독 그리고 범죄경력을 가진 사람이 있으며, 심각한 정서적 학대를 받고 성적인 기능 장애를 가지고 성장하게 된다고도 하였다(Gerdes, 2000; Beasley, 2004). 또한 연쇄살인범들은 어린 시절의 학대 경험으로 인하여 적절하게 방

사악한 본능 어디에서 오는가 _ Chapter 둘

어기제를 발달시키거나 사용하기 어려우며, 이러한 이유로 학교나 사회, 직장에서 적응상의 어려움을 겪게 되고, 따라서 자신이 속해 있는 환경에서의 부적응으로 인하여 적절한 청소년기의 발달단계를 거치지 못하게 된다. 그리하여 또래들과 어울리는 대신에 자신만의 세계에 집중하게 되어 여러 가지 환상을 키워 나가게 되며, 정서적으로 성숙하지 못하고, 자신의 환상을 적절한 방식으로 다룰 수 있는 능력을 발달시키지 못하게 되는 것으로 추정된다(Simons, 2001; Gerdes, 2000; Lester, 1995).

하지만 이런 연구들은 대부분 연쇄살인범들과의 대화나 그들에 대한 기록을 토대로 어린 시절의 경험을 회고한 결과를 토대로 하고 있으므로, 이와 같은 어린 시절의 경험을 지니고 있다고 하여 모두 연쇄살인범으로 자라나는 것은 아니라는 점을 염두에 둘 필요가 있다(이수정, 2016). 반면, 이런 어린 시절 경험이 없어도 연쇄살인범이 될 수 있다는 것 또한 염두에 두어야 할 것이고, K처럼 어린 시절 환경이나 경험이 부정적인 환경에 노출되지 않았어도 연쇄살인범이 될 수 있는 것이다.

수사팀이 K의 집을 수색한 결과 수십 건의 포르노 동영상이 발견되었고, 동영상에는 성적인 측면에서 가학적인 내용이 다수 포함되어 있었던 것으로 알려졌다. 더불어 외견상 가정환경에 아무런 문제가 없어 보였던 K는 사실 어릴 때부터 어머니가 동생만 편애한다는 생각을 하고 살았으며, 그로 인한 내재된 분노가 자리 잡고 있었던 것을 알 수 있었다. 평소 생활 모습이나 주변인의 평가에 따르면 K는 여성에 대한 구체적인 증오심을 드러내지는 않았다고 하였다. 하지만 범행이 참혹했다는 점, 그리고 여성만 범행 대상으로 삼았다는 점에서 내재된 분노를 나약한 여성에게 표출하여 통제하고 공격하는 형태로 살인을 한 것으로 조심스럽게 추측해 볼 수 있었다.

K가 밝힌 범행 동기는 너무도 단순하였다. 그는 카드빚을 갚기 위해 범행을 실행하게 되었다고 그 이유를 밝혔다. 당시 K는 회사에 다니면서 급여를 받고 있었으며 경제적으로 큰 무리가 없는 상태였다. 또한 가정형편상 범행을 하지 않고는 생활할 수 없을 정도로 가난하지 않았던 것으로 알려졌다. 다만 할부금을 갚아야 하는 상황에서 주변에 경제적인 도움을 요청하던 행위가 스스로에게 부적 정서를 유발하는 형태로 이어진 것 같으며, 더 이상 손을 벌리기에는 K의 자존심이 허락되지 않았던 것으로 여겨졌다. 그렇게 손을 벌리기도 어려운 상황에서 경제적인 압박이 지속되다 보니 범행을 하게 되었다는 것이 K가 말한 범행의 이유였다. 경제적으로 어려운 상황에 처했을 때 합리적이고 능동적으로 문제해결을 하려고 노력하기보다는 범행으로 손쉽게 문제를 해결하려 한 미성숙한 사람으로 판단되었다. K의 범행에 있어 주변에 더욱 충격을 안겨 준 점은 K

에게 여자 친구가 있다는 것이었고, 피해 여성들에게서 강취한 물건들을 자신의 여자 친구에게 선물하였다는 점이었다. 이 모든 행동이 너무도 태연하게 평범한 일상처럼 이루어졌으며, 약 3개월간 이어진 범행 중에도 회사에 정상적으로 출근하여 평소처럼 업무를 하는 등 철저하게 이중생활을 지속하였던 점에서 인간이 얼마나 더 악랄해질 수 있는지를 보여 주는 모습이 아닐까 생각해 본다.

연쇄살인범은 이전 범죄에서 다음 범죄로 넘어가는 과정에서 이전 범행에서 했던 행위를 되돌아보고, 더욱 완성된 범행을 하기 위해 학습을 한다고 알려져 있다. 이런 과정을 통해 범행 횟수가 늘어날수록 범행의 완성도가 높아지면서 더욱 대담해진 형태로 발전하고, 더 능숙하게 범행하게 된다고 하였다. K 역시 이런 과정을 경험한 것으로 보였다. K는 범행에 점차 익숙해지고 능숙해지면서 살인마의 전문적인 모습을 보였는데, 범행이 진행될수록 피해 여성에게 접근하여 유인하는 방법이나 차량 내에서 범행을 시도하는 시간이 짧아지고 피해 여성을 협박하여 결박, 강간 후 살해하는 과정이 능숙해졌고, 살해 후 유기하는 장소나 시체 발견의 지연을 위해 점차 먼 거리에 유기하는 특징이 발전하여 나타나고 있었다.

첫 범행은 애초에 살해할 계획이 없었지만 S의 과도한 빈항으로 인해 발각될 두려움과 동시에 자신의 얼굴이 노출되어 신고될 것을 우려하여 죽여야겠다는 생각이 들었으며, S의 비명소리가 외부로 나가는 것을 방지하기 위해 재갈을 물렸다고 하였다. 계획된 살인은 아니었지만 결론적으로 범행을 숨기고 자신의 얼굴을 봤다는 이유로 살인을 하고 시체를 훼손하는 행위를 한 것인데, 그럼에도 불구하고 최초 살인 자체가 너무 대담하고 참혹하였다. 이후 이어진 두 번째 범행을 할 때에는 말로 표현할 수 없는 희열을 느꼈다고 하였다. 이는 K가 점차 살인에 익숙해져 가고 있다는 것을 인정한 진술로 볼 수 있다. 연쇄살인범에게서 발견되는 가장 두드러지는 심리적인 특징은 처음에는 어떤 목적, 예를 들면 금전의 편취나 분노의 표출로 인한 동기를 가지고 범행을 하다가 시간이 지날수록 최초 목적보다는 범행 자체에서 오는 흥분과 쾌락에 희열을 느낀다는 점이다. 이 사건 역시 금전이라는 동기를 가지고 범행을 시작하였다가 범행이 진행될수록 범행 자체가 목적이 된 것으로 평가할 수 있는데, 목표를 설정한 후 범행을 실행하고 실행과정에서 겪게 되는 심리적 · 성적 욕구 충족이 범행을 지속하게 한 원동력을 제공하게 된 것으로 볼 수 있다.

너무나 평범해 보였던 연쇄살인범 K, 그는 평일에는 여자 친구를 만나 영화를 보고 외식을 했고, PC 게임 등을 하면서 시간을 보냈다. 그런 자신의 삶에 만족했고 웬만한 일은 마음에 담아 두지 않아서 평소에 크게 화를 낼 일도 없었다. 학교생활에서도 교우관계가 좋았으며 평판도 좋았다. 음주, 흡연, 무단결석을 몇 번 한 적은 있지만 단순 일탈이었고, 그 이상의 비행은 하지 않았다. 참혹한 범행의 가해자이자 연쇄살인범이라는 것을 인정하고 난 후에는 자신을 남부럽지 않게 키워 주신 부모님께 감사하고 미안하다고 했으며 동생에게도 미안한 마음뿐이라고 했다. 범행을 할 때는 피해자에게 미안한 감정보다는 오히려 범행을 함으로 인해 자신에게 실망할 가족이 생각이 났으며, 그로 인해 가족들에게 미안함 감정이 들었다고 한다. 가족이 자신으로 인해 피해를 받지 않을까 걱정이 되고, 여자 친구와 결혼을 앞두고 있던 상황에서 이러한 '사고'가 난 것이라고 하였다. K는 3명의 여성을 잔인하게 살해한 사건을 단지 '사고'라고 표현을 하였으며, 자신의 그릇된 판단에 대한 후회나 피해자에 대한 진심어린 사죄를 하는 모습은 찾아볼 수 없었다. K는 평범하고 모범생 같은 외모의 얼굴을 하고 있었지만, 내면에는 성적 환상을 가슴 깊이 품고 있으며 그것을 숨기고 살아왔던 사람이었다. 결국은 가슴 깊이 꽁꽁 숨겼던 성적 환상을 밖으로 드러내며 실행에 옮겨 피해자를 강간, 살해한 것에 대한 인정은 하지 못하고 '사고'라는 표현을 한 것은 아닌지 의문이 들었다.

재판이 끝난 후 K는 범행동기에 대해 "동기는 저도 잘 모르겠습니다. 처음에는 우연히 사람을 죽이게 되었고 두 번째 부터는 자포자기하는 심정으로 하지 않았나 싶습니다. 첫 번째 범행을 하고 나서 한 달 여간 방황을 하고 다녔으며, 방황을 할 때 느낀 감정은 당구를 치면 천장에 당구공만 보이듯이 그것이 떠올라서…… 재미…… 복종시키고…… 말장난 하고…… 살인은 귀찮은 것을 없애 버리기 위해 한 것입니다."라며 자신이 범행을 지속하게 된 이유를 너무도 담담하게 말하였다. 피해자를 귀찮은 대상으로 표현하고 있는 모습만 보더라도 평소에 여성에 대해 가지고 있던 K의 인식을 알 수 있으며, 자신의 인생에 걸림돌이 될 것 같으면 아무렇지도 않게 살인할 수 있는 그런 사악한 본능을 가진 인간이라는 표현이 딱 들어맞는 그런 사람이었다.

첫 번째 살인인 S에 대해서는 우연히 살인이 벌어진 것이라고 하였으며, "신고하겠다고 하는 피해자와 실랑이를 하다가 입을 틀어막았는데, 픽 죽어버린 겁니다. 시체를 버리고 벌벌 떨다가 집에 왔어요."라며 회상을 하였고, H는 귀여운 스타일이었는데 1시간 넘게 잘 이야기하다가 공격을 했다고 하였으며, Y는 차량에 태우자마자 바로 공격을 했고 살인이 계속될수록 죄책감이 없어졌다고 한다. Y를 살해할 때 그는 이미 사람을 죽이는 방법을 알아버렸다고 하였다. 그러나 K는 더 이상의

사악한 본능 어디에서 오는가 _ Chapter 둘

범행을 할 수 없게 되었고, K가 검거되지 않았다면 떠올리기도 싫은 끔찍한 연쇄살인이 지속되었을 것이 자명하다.

필자가 수많은 살인범들을 접하고 몇 명의 연쇄살인범을 만나 봤지만, K가 사악한 연쇄살인범이라 기억하는 이유는 너무도 평범한 모습과 달리 잔인하고 참혹하게 범행을 했다는 점과, 조사를 위해 대면 시 스스로 원해서 범행을 한 것이 아니라며 해맑게 웃으며 범행을 부인하고 알 수 없는 힘의 지시에 따라 범행을 했다는 등 면담자를 기망하는 모습 때문이었다. 더불어 범행과 관련한 세부진술에서는 너무도 평온하고 온화한 미소를 띠며 진술하였는데, 그 모습은 마치 범행 장면을 떠올리며 그 당시를 회상하는 것처럼 느껴져 더욱 소름끼치는 기억으로 남아 있다. 범행 시 느꼈던 살인에 대한 기억과 성적인 쾌락을 곱씹는 듯한 모습에서 살아있는 악마를 본 것이리라. 사악한 악마 K, 그는 필자가 처음 만난 연쇄살인범이었다.

06

토막살인,
분노인가 시체 처리의 목적인가

P는 가방을 메고 집을 나섰다. 살아온 어느 순간보다 차분한 상태로 걸음을 옮겼으며 결연에 찬 눈빛으로 앞만 바라보고 걸었다. P의 집 주변에는 하천이 있어 그 길을 따라 산책을 하거나 운동을 하기에 좋았다. 하지만 그러기에는 너무 이른 새벽이었으며, 주변에 사람이라고는 찾아볼 수 없었다. P는 하천 주변을 돌아다니다가 어느 정도 시간이 지난 시점에 다시 집으로 돌아왔다. 돌아오는 그의 등에서 메고 나갔던 가방은 찾아볼 수 없었다. 이후 한참을 집에서 머무르던 P가 다시 집을 나섰는데, P의 손에는 검정 비닐봉지 두 개가 들려 있었다. 곧바로 P는 비닐봉지 하나를 쓰레기 더미에 버리고, 나머지 하나를 들고는 다시 하천변으로 가고 있었다.

얼마의 시간이 지났을까, P가 다시 집으로 돌아와서는 두 차례에 걸쳐 이불을 들고 나와 헌옷 수거함에 이불을 버리고는 유유히 사라져 버렸다. 또 다시 P가 집 앞으로 나타난 시간은 두 시간여가 지난 시점이었는데, P는 가방을 메고 있었다. 이후 한참을 집 안에 머무르던 P는 저녁 시간이 되어서 다시 가방을 메고 집을 나가서 산으로 향하였다. 집으로 돌아온 후에는 밖으로 나오지 않고 밤을 보냈다. 다음날 아침 P는 청소용품과 걸레를 들고 집 밖으로 나와서 분리수거함에 세제통을 버리고 집으로 들어가서는 더 이상의 출입을 하지 않은 채 집에 머무른다. 그제야 P는 편히 쉴 수 있었다. 그 어느 때보다 편안하고 평온한 얼굴로 희미한 미소를 띠었다.

그 시각 J의 동료는 알 수 없는 불안감에 일이 손에 잡히질 않아 초조하게 J에게 연락을 취하고 있었다. 새벽에 J에게 온 메시지 내용이 이상하다고 생각하고 있던 찰나였다. 벌써 몇 통의 전화를 하고 있는지 모르겠다. 하지만 J는 전화를 받지 않았다. J는 아무리 급한 일이 있어도 회사에 출근하지 않은 적이 없었다. 그리고 급한 일이 있으면 전화 통화를 해서 알려 주는 것이 J의 평소 성격이었으며, 새벽 시간에 급하게 메시지를 보내고 연락을 받지 않은 일은 지금까지 한 번도 없던 일이었기에 더욱 이상했다. 더구나 J가 아주 급한 일이 생겨서 한동안 연락을 하지 못할 것이라는 메시지는 도저히 이해할 수 없는

사악한 본능 어디에서 오는가 _ Chapter 둘

내용이었다. 메시지 내용은 그리 급해 보이는 것도 아니었으며, 연락조차 하지 못한다는 점은 더욱 이 상황을 받아들이기 어렵게 했다. 연락 두절과 동시에 J가 출근을 하지 않자 결국 J의 동료는 경찰에 신고를 하게 된다.

그야말로 J는 갑작스럽게 증발하였다. 전날까지도 멀쩡히 출근해서 아무 문제없이 근무를 하였는데, 하루 사이에 J가 사라진 것이다. J의 집으로 찾아가도 없었고, 주변의 친구들에게 연락을 취해 보았지만 J를 본 적이 없다는 답변뿐이었다. 어디에서도 J를 찾을 수 없었고, 경찰의 도움을 받아야겠다는 생각뿐이었다. J는 한국에 와서 외롭게 생활하던 안타깝고 안쓰러운 동료였다. 그렇기에 더욱 정이 갔으며, 친하게 지낼 수밖에 없었고, 서로의 속사정을 터놓고 이야기하던 그런 존재였다. J에게 만나는 남자가 있다는 사실은 알았지만 J의 남자친구와 그녀의 증발이 관련이 있을 거라 생각하지 못하였다. J의 남자친구는 며칠 전에 J를 만났으며, 그 이후는 통화만 하였고 만나지는 않았다고 했기 때문이었다. 하지만 J의 남자친구 반응이 이상하다고 생각하였다. 여자친구와 연락이 되지 않는다고 하면 남자친구가 적극적으로 나서야 하는 것이 상식적임에도 불구하고 그는 너무 침착하였고, J의 부재를 걱정하지도 않는 것 같았다.

경찰의 수사가 시작되었다. J의 남자친구인 P는 J를 며칠 전에 만났으며, 통화를 언제 했는지 정확하게 기억나지 않는다고 하였다. P는 사라진 여자친구의 안위를 걱정하지 않고 J에 대한 험담을 늘어놓기 시작하였다. J는 혼자 살면서 여러 남자를 만나는 등 행실이 나빴다고 하였고, 얼마 전에 만났던 것도 그런 행동에 대해 충고를 하기 위함이었으며, 그 후에는 통화만 하였다고 말했다.

그날 마지막으로 J를 보았으며, 그 이후에는 전화 통화를 한 것이 전부라고 하였다. 그날 이후에 통화를 하였기 때문에 J가 연락이 되지 않는 것은 자신과 관련이 없다고 선을 그었다. 하지만 J와 친밀한 관계를 유지하면서 서로 도움을 주고받을 정도로 친분을 유지하고 있다는 P의 말과는 달리 P의 태도는 너무나 비협조적이었고, J에 대한 걱정을 하는 모습은 찾아볼 수 없었으며, 오히려 J를 비난하거나 행실에 문제가 있다는 식의 이야기만 지속적으로 하고 있었다. P의 그러한 태도에서 그들의 관계가 평온하지 않았음을 짐작할 수 있었다. 그들의 관계는 친분 유지가 아닌 P에 의한 일방적인 관계가 아니었을까 하는 의심이 들 수밖에 없었다. 실제로 그들이 친분을 유지하고 이성적인 관계를 유지하였다고 하더라도 그 관계는 평등한 관계가 아닌 어느 한쪽으로 기울어진 관계였을 거라는 추측을 조심스레 해 볼 수 있었다.

J와 마지막으로 통화를 한 사람은 공교롭게도 P였다. P는 J와

사악한 본능 어디에서 오는가 _ Chapter 둘

통화를 한 날을 기억하지 못한다고 하였으나 J가 사라지기 전 오랜 시간 통화를 하였고, 수사결과 J의 휴대폰 위치 값이 P의 집 주변으로 확인되었다. 이에 대해 P는 J가 자신의 집으로 온 것은 맞지만 다른 사람의 연락을 받고 집으로 돌아간다고 하여 집까지 데려다 주고 왔다는 점만 지속적으로 주장하였다. J를 데려다 주고 와서 잠을 청하였으며, 새벽에 일찍 일어나 평소 와 다름없이 하천을 걷는 방법으로 운동을 하다가 집으로 돌아 왔다고 하였다. 집으로 돌아와서 쓰레기를 버렸는데 집안에 있 던 여러 가지 쓰레기를 검정색 비닐봉지에 넣어서 개천 주변에 있는 쓰레기장에 버리고 가방을 구매하였다고 하였다. 가방을 구매한 이유는 등산을 가기 위함이라고 하였다.

P는 자신이 완전 범죄를 했다고 생각하고 있었지만 P의 범행 은 많은 증거를 남겼다. P는 주변에 CCTV가 있다는 사실을 인 지하지 못하였으며, J가 P의 집으로 들어가는 장면은 있었지만 J가 집 밖으로 나오는 모습은 어디에도 없었다. J의 흔적은 P의 집 안에서 사라진 것이다. 하지만 P는 J를 무사히 집으로 데려 다 주었다고만 반복해서 말할 뿐이었다.

경찰은 P의 용의점이 명확하다고 판단하여 P의 집 주변과 하 천을 수색하여 J의 토막 난 시체를 발견하였다. J는 P의 집에서 살해당한 후 토막 난 상태로 유기된 것이었다. P는 잔혹한 토막 살인범이었다.

통상적으로 '살인'이라는 단어는 사람들에게 상당한 거부감과 동시에 두려움과 공포를 안겨 준다. 사람을 살해한다는 것은 한 사람의 생명을 영원히 세상에서 사라지게 하는 행위이기 때문에 결코 되돌릴 수 없고, 그 가족이 평생 동안 고통과 분노의 감정을 가지고 살아가게 하는 행위이기 때문이다. 더구나 일반적인 살인이 아니라 토막살인라는 것은 인간의 사악함과 참혹함의 끝을 보여 주는 행위라 볼 수 있다. 그렇기 때문에 대중들은 토막살인에 대해 받아들이는 체감의 정도가 훨씬 강하다. 사람을 살해 후 시체를 절단한다는 것은 사람이 사람에게 해서는 안 될 행위인 것이다. 이런 이유로 토막살인은 인간의 잔혹성과 사악함의 끝이 어디까지인가를 묻게 되는 그런 범죄라 할 수 있다.

이런 이유로 방송매체에서는 토막살인이라는 그 범죄 행위 자체에 관심이 집중되어 무조건 사이코패스(psychopath)라거나 엽기적인 살인마라고 매도한다. 하지만 시체를 토막 낸 행위를 범행 동기나 방법 등에 비춰 딱히 사이코패스나 정신병적인 문제를 가진 사람의 행위라고 치부하기에는 무언가 부족하다는 느낌이 든다(최문정, 2015). 그렇다면 토막살인은 왜 발생하는 것일까?

토막살인이란 살인 후 시체를 절단 혹은 훼손하는 한 형태이다. 따라서 토막 사건은 피해자의 팔다리나 몸의 중요한 부위를 자르거나 장기를 적출하거나 또는 기타 몸의 형태를 손상시키는 행위를 포함하는 것이다(Jovan Rajs et, 1988). 우발적인 살인이든 계획적인 살인이든 사람을 죽인 후 시체를 처리하는 방법이 범죄자에게는 가장 중요한 행위 중 하나라고 볼 수 있다. 피해자의 몸을 훼손하는 이유는 다양하나 대부분의 경우에는 살해 후 유기를 쉽게 하기 위한 목적으로 알려져 있다(Tomasz, 2007). 이런 이유로 토막살인이라는 용어 개념이 일반적으로 통용되는 적합한 표현 방법은 아니다. 즉, 살아 있는 사람을 '토막' 내서 죽이는 것이 아니라 살인 후에 또는 피해자가 사망한 후에 사체를 토막 내기 때문에 '살인 후 토막' '사체 훼손'이라는 표현이 더 적합할 수 있다(최문정, 2015). 같은 개념으로, 토막살인의 경우 실제로 살해하는 것 자체가 1차 목적이지 토막이 1차 목적은 아니기 때문에, 토막살인은 토막을 내기 위한 살인이 아니라 살인 후 사체를 처리하기 위한 2차 목적에 가깝다고 볼 수 있다. 그렇기에 토막살인은 살해가 선행된 후 시체를 처리하는 것에 대한 참혹함 때문에 더욱 사람들의 이목을 집중시키는 것으로 보는 것이 타당하다 할 것이다. 결국 토막살인은 범행동기의 다양함과 관련 없이 사체를 은닉하기 위한 사후 행위에 불과한 경우가 많기 때문에 사체에 대한 처리방법론적인 문제로 보는 것이 타당할 것이다.

토막살인범의 범죄 행위를 이해하기 위해서는 피해자와 가해자 관계, 살인 동기 및 계획성, 살해 방법 및 공격도구, 사체 유기 방법 및 장소, 범행 후 행동을 분석하여 범죄자의 심리적 행위에 접근하는 것이 합리적이라 할 수 있다. 국내 연구결과 (최문정, 2015)에 의하면 살인 범죄는 대체로 면식범인 경우가 대부분이고 피해자와 면식 관계일 때 용의선상에 오를 가능성이 충분하므로 범행 은닉의 목적으로 사체를 훼손하거나 절단하는 경우가 많지만, 비면식 관계에서도 범행 은닉 목적으로 사체를 훼손하거나 절단하는 경우가 있다고 하였다. P의 경우도 면식관계에서 이루어진 살해 후 사체를 토막 낸 것으로 볼 수 있는데, 범행 은닉 목적이 가장 우선한다고 판단할 수 있겠다.

피해자 사망의 직접적인 원인은 둔기나 칼 등 주변에 있던 흉기를 사용하는 경우도 있지만 목을 졸라 사망케 하는 경우가 많다고 한다. P가 범행을 부인하였기에 J의 직접적인 사망 원인은 알 수 없었다. 계획된 범죄에서도 피해자를 살해한 후 검거될 것에 대한 두려움과 사체운반의 편의성을 위해, 또 수사에 혼선을 주기 위해 시체를 토막 내는 것을 선택한다고 하였고, 토막 낸 시체를 여러 곳에 분산 유기하는 특징이 나타난다고 한다. 또한 토막 난 시체를 보이지 않게 하기 위해 여행용 가방이나 비닐봉지에 넣어 유기하는 경우가 대부분이라고 한다. P의 경우도 J를 유인하여 집으로 불러들인 점을 토대로 사전에 범행을 계획한 것으로 볼 수 있으며, 살해 후 검거에 대한 두려

사악한 본능 어디에서 오는가 _ Chapter 둘

움과 시체 운반의 편의성을 위해 토막을 낸 것으로 판단되고, 시체를 검정 비닐봉지와 가방을 이용하여 여러 장소에 분산하여 유기한 것으로 볼 때, 이 사례 P의 경우 연구결과와 일치하는 토막살인범의 특징이 나타난다는 것을 알 수 있었다.

P는 상당히 편협한 사람이었다. 이성에게 상당한 집착과 망상적 사고를 하여 의심과 질투가 몸에 밴 사람이었다. 평소 차분하던 그의 성향은 시간이 흐를수록 점차 이성을 잃어가고 있었다. J가 이렇게 쉽게 자신을 떠날 거라고는 생각하지 못하였다. J를 달래 보기도 하고 매달려 보기도 하였으나 돌아선 J의 마음은 돌아오지 않았다. P는 욱하고 폭발적인 성마름으로 J에게 언어적인 공격을 가하기 시작하였고, J가 자신을 무시하고 버렸다는 느낌을 지울 수 없게 되자 이성을 잃고 J에 대한 살인이라는 신체적인 공격을 하기 시작한 것이다. 사건 당일, J는 그의 덫에 걸린 것을 알아채고 P의 집밖으로 나가려고 하였으나 빠져나올 수 없었던 것으로 추정된다. P는 이미 치밀하게 계획하고 있었고, J의 변화를 알아 챈 후 J가 다시는 P에게 돌아오지 않을 것이라는 것을 알고 있었기 때문이다. 그렇게 J는 그곳에서 살아 나올 수 없었다. P는 분노하였다. 배신감과 질투에 눈이 멀어서 J의 살려달라는 소리는 더 이상 들리지 않았다. J는 벌을 받아야만 했다. P를 기만하고 배신한 죄, P를 떠나려고

한 죄, 다른 남자를 만난 죄…… P는 J에게 쏟은 애정의 깊이와 J에게 지불한 금액만큼 J를 처참하게 살해하였다. J를 살해하고 난 후에도 P의 분노는 사그라지지 않았다. J가 죽어 있는 모습을 보고서도 P는 한동안 자신의 감정을 다스릴 수가 없었다.

P의 차분하고 강박적인 성향은 이때도 드러났다. 혼자 살고 있던 P는 누구의 방해도 받지 않은 상황에서 토막 낸 시체를 나누어 담아야 했는데, 그러기 위해서는 가방이나 비닐봉지가 필수적으로 필요하였다. J가 매고 온 가방이 눈에 들어왔다. 그 가방에 J의 몸의 일부를 넣어서 밖으로 나가면 되겠다는 생각을 하였고, 나머지 토막 낸 시체도 버려야 하니 여분의 가방이 더 필요하다는 것을 인지하게 되었다. 집에 있던 검정 비닐봉지에 하나하나 나누어 담기 시작하였고, 이물질이 흐르는 것을 방지하기 위하여 꼼꼼하게 나누어 담고 묶었다. P는 새벽 시간에 집을 나섰다. 어깨에 가방을 둘러메고 그대로 하천가로 이동하여 한참을 걸어갔다. 어느 다리 밑에 가방을 내려놓고 주위를 둘러보았다. 하지만 주변은 어두웠고 어떤 사람도 눈에 띄지 않았다. 또 다른 검정 비닐은 반대 하천 방향으로 이동하여 풀숲에 유기하였다. 그렇게 여러 차례 자신의 집을 드나들던 P는 마침내 집안을 깨끗이 정리하였다. J의 시체를 아주 꼼꼼하게 처리하였다고 생각하였고 발각되지 않을 것이라 여겼다. P는 살인은 계획하였지만 시체를 처리할 방법에 대해서는

생각하지 못하였던 것 같았다. 집안은 깨끗이 정리하였지만 그 외 다른 곳에 많은 증거를 남겼다.

P는 조사과정에서도 상당히 비협조적이었던 범죄자로 알려졌다. P의 확고한 사고방식은 조사과정에서도 그대로 드러났다. J를 살해한 적이 결단코 없다며 혐의를 완강히 부인하였다. 자신에게 유리한 질문에만 대답을 하였고, 불리한 질문에는 대답을 하지 않거나 기억나지 않는다고 하며 조사를 거부하는 형태가 지속되었다. 사건과 관련 없는 질문에는 답변을 잘 하는 듯 보이다가 사건과 관련된 질문을 하면 화를 내거나 말장난을 하는 형식으로 수사관을 조롱하기도 하였다.

J가 P의 집으로 들어간 후 나오지 않았다는 점을 확인시켜도 자신의 집에 들어와서 J가 살아 나오지 않았다고 해서 본인이 살인을 한 것은 아니라면서 J의 죽음은 자신과 관련이 없다는 점을 지속적으로 주장하였다. J가 사망한 이유에 대해 질문하자 밖에서 죽었다면 남자관계가 복잡해서 그런 것이고, 자신의 집에서 살해당한 것이라면 그 이유는 자신도 모른다고 하였다. 그 외 다른 물리적인 증거를 제시하여도 자신의 범행을 인정하지 않았다. 오히려 수사관이 범인을 정해 놓고 조사하고 있다고 주장하며 조사 과정과 수사관의 태도를 문제 삼는 모습을 보였다. 모든 객관적인 증거는 P가 범인이라는 점을 가리키

고 있었고, P의 주장이 증거와 맞지 않는다는 것을 주지시켰음에도 무조건적인 부인으로 일관하는 모습을 보였다.

P는 끝까지 자신의 범행을 인정하지 않았다. 필자의 판단은 P가 자신이 아닌 다른 남자를 만난다는 이유로 배신과 분노의 감정을 J에게 되갚아 주기 위해 집으로 유인 후, 분노 표출의 형태로 공격하여 살해하고 시체처리를 하기 위해 토막을 낸 것으로 추정하였다. J가 P를 버리고 다른 남자를 만난다는 것을 P는 받아들일 수 없었을 것이고, 이로 인해 P는 지나친 집착과 편협적인 시각으로 J를 대했을 것이며, J는 그런 P를 떠나려 하였으나 P에게서 벗어나려 할수록 그는 더욱 잔혹하게 J에게 집착하고, 자신 안에 가둬 두고, 자신의 소유물처럼 취급하였던 것으로 추정되었다.

통상 연인이 헤어지는 과정에서 일방의 감정이 정리되지 않은 채 통보를 받게 되면 그것을 받아들이는 사람이 있는 반면, 그 감정을 무시나 업신여김 혹은 자존심을 건드린 것으로 여겨 이성적인 감정보다는 배신이나 분노의 감정이 앞서게 된다. 그들의 관계는 더 이상 연인관계가 아니었다고 볼 수 있다. 이런 관계는 결국 데이트폭력*이나 스토킹** 등의 범죄로 발전하

---

* 연인관계에서 나타나는 언어폭력이나 위협을 이르는 말로, 데이트폭력은 연인이라는 친밀한 관계의 특징상 지속적·반복적으로 발생하고 재범률 또한 높은 편이다. 성적인 폭력뿐만 아니라 과한 통제·감시·폭언·협박·폭행·상해·갈취·감금·납치·살인미수 등 복합적인 범죄로 나타난다.

082 사악한 본능 어디에서 오는가 _ Chapter 둘

게 된다. 종국에는 개인의 일상생활을 공포와 두려움으로 몰아넣고, 결국 살인에까지 이르게 되는 상당히 위협적인 범죄행위다. 이 사례에서도 P는 결국 J를 살해하고 이 세상에서 사라지게 하였다. 결국 P가 J를 살해하고 시체를 토막 낸 것은 P의 분노 표출과 동시에 시체를 처리하기 위한 과정으로 볼 수 있다. P는 완벽하게 현장정리를 하여 자신의 범행을 숨겨야 했고, 일상의 평온을 되찾고자 하였다.

P는 J가 문제가 많고 문란한 여성이었다고 주장하며 J를 비난하며 자신은 사건과 관련이 없다는 점을 고수하였다. P는 명백한 증거가 있음에도 불구하고 왜 이런 부인하는 태도를 고수한 것일까.

P는 스스로 완전하고 완벽한 범죄를 했다고 자부하고 있었으나 너무 쉽게 발각이 되자 화가 났던 것일까, 아니면 억울했던 것일까. 하지만 P의 부인 이유는 표면상으로는 가족이었다. P는 자신의 가족을 생각하면 살인자로서 살아갈 수 없다고 하면서 살아있는 자신과 본국에 있는 P의 가족의 안녕을 지속하고자 하였다. 지독히도 자기중심적이고 이기적인 인간의 면모

** 타인의 의사에 반하여 다양한 방법으로 타인에게 공포와 불안을 반복적으로 주는 행위를 말한다. 21년 3월 국회에서 제정된 「스토킹 처벌법」에 따르면 스토킹 행위는 "상대방 의사에 반해 정당한 이유 없이 상대방 또는 그 가족에 대해 접근하거나 지켜보는 행위" "우편·전화·정보통신망 등을 이용해 물건이나 글·영상 등을 도달하게 해 상대방에게 불안감 또는 공포심을 유발하는 행위"를 말한다.

를 보여 주는 태도로 볼 수 있다. 더불어 수사과정에서 '한국의 재판과정에서 살인은 20~30년 정도 판결을 받는 걸로 알고 있는데, 70세 이후에 출소해서 할 수 있는 일이 뭐가 있겠냐'면서 오로지 자신의 미래에 대한 걱정만 하였으며, J에 대한 미안함이나 죄책감에 대한 표현은 단 한 차례도 나타나지 않았다. 오히려 P는 수사과정 내내 J의 대한 분노 감정과 격앙된 태도만을 보였던 것으로 알려졌다.

P는 수사과정에서 지속적으로 자신의 범행을 강하게 부인하던 태도를 재판과정에서도 지속하고 한 단계 더 업그레이드된 주장을 펼쳤는데, J를 만나지도 않았고 살해하지도 않았다며 억울함을 호소하였다. 1심 재판 진행 중 '진범이 따로 있다'며 익명의 메모장을 증거로 제시해 결심 공판이 미뤄지기도 하였는데, 당시 P가 증거로 제출한 메모장에는 시신을 훼손할 당시 사용한 도구 등이 유기된 장소와 함께 "내가 범인인데 누명을 쓰게 해 미안하다."라는 내용이 적혀 있었다고 한다. 범인이 누구인지 알 수 없는 내용의 메모장을 제출한 행위도 이해할 수 없지만 재판과정에서도 어떻게든 빠져나가려고 노력한 행위가 애처롭기까지 하였다. P는 이 메모장을 검찰에서 조사받은 다음날 상의 앞주머니에서 발견했다고 주장하였지만, 1심 재판부는 P의 혐의를 모두 인정하면서 징역 33년을 선고하였다. 법정 최고형인 사형을 구형하였던 검찰과 무죄를 주장

하였던 P 모두 즉각 항소하였다.

 이어진 2심 재판에서도 P의 주장을 받아들이지 않고 1심과 마찬가지로 공소사실을 전부 유죄로 판단, 원심을 파기하고 무기징역을 선고하였다. 선고의 이유는 "피고인은 중대한 범죄를 저질렀음에도 반성하지 않고 일관되게 부인하고 수사기관에 누명을 씌우고 재판부를 속이려 했다. 재범의 개연성이 있고 장기간 수형 생활로 교화가 어렵다고 판단돼 사회와 영구 격리가 필요하다."라며 1심보다 높은 형인 무기징역을 선고하였다. 대법원은 상고를 기각하고 무기징역형을 확정하였다. 이로써 P는 세상에서 영구격리 되었다. 결정적인 증거 앞에서도 무조건적인 부인과 성마름의 표현, 거짓말, 수사관에 대한 조롱 등 기망행위를 재판 과정에서도 지속한 대가로 무기징역이라는 참혹한 선물이 내려진 것이라 믿는다. 이제라도 자신의 범행으로 인해 세상에서 영원히 사라진 J에 대한 깊이 있는 사죄를 하고 수사기관과 재판 과정에서 보였던 기망 행위에 대해 반성하며 교도소에서 생활하기를 바라 본다.

사악한 본능
어디에서 오는가

Chapter

셋

·

김경옥

07

스토킹,
죽어도 끝나지 않는 광기 어린 집착의 심리

그날을 떠올리면 유난히 맑고 고요했던 파란 하늘이 생각난다. 흰 구름이 떠 있던, 누구에게는 평범했을 그날, 한 여성의 인생은 처참히 무너졌다.

조용한 사무실에 전화벨이 울렸다. 수화기 너머로 다급한 목소리가 들렸다. 인질사건. 협상요원 출동을 요청하는 전화였다. 경찰에는 인질사건이나 자살사건에 대비한 위기협상팀이 있는데, 프로파일러들도 협상요원에 속해 있었다. 나는 급히 현장으로 출동했다.

현장은 소란스러웠다. 어떻게 알았는지 이미 기자들이 북새통을 이루었고, 이를 본 주민들까지 합세하여 통제하기 어려울 정도였다. 몰려든 사람들을 보면 인질범이 흥분하여 극단적인 행동을 할 수도 있기에 관할 경찰서에서는 일사불란하게 현장을 통제했다. 다행히 피해자와 인질범의 신원은 사건 발생 직후 파악되었고, 관할서 형사가 인질범과 소통을 시도하고 있었다. 인질사건은 시간이 생명이지만 그렇다고 급하게 해결하려다가 오히려 낭패를 볼 수 있다. 성급히 인질범을 설득하려다가 오히려 자극하여 인질에게 해를 끼칠 수 있기 때문이다. 인질을 안전하게 구출하는 것이 최우선이지만 '시간은 나의 편'이라는 생각으로 인질범과 지속적이고 끈기 있는 대화를 유지해야 희망이 있다.

인질범과의 소통은 핸드폰으로 이루어지고 있었다. 인질범은 일방적으로 전화를 끊기도 했지만 형사의 목소리에서 신뢰를 느꼈던지 대화의 끈을 놓지 않았다. 대개 협상팀이 출동하면 협상요원이 협상을 주도하지만, 형사와 인질범 간에 소통이 잘 이루어지고 있었고, 형사가 형처럼 인질범을 잘 다독이고 있었기에 주 협상은 형사가 계속 이끌어 가고 나는 보조적인 역할을 수행하기로 결정했다. 인질범은 바깥의 소란스러운 움직임을 알고 있는지 사람들, 특히 기자들을 내보내 줄 것을 강력히 요구했다. 요구가 있다는 것은 그래도 협상의 여지가 있다는 것을 의미한다. 일단 인질범을 자극하지 않고 피해자의 안전을 확보하기 위해 피해자에게 어떠한 위해도 가하지 말 것을 형사도 요구하며 기자들을 인질범의 시선에서 벗어난 곳에

사악한 본능 어디에서 오는가 _ Chapter 셋

위치하도록 조치했다. 기나긴 싸움이 시작되었다.

　아마도 우리는 협상가에 대해 약간의 오해를 가지고 있을 것 같다. 영화 속 협상가들은 대부분 괴짜이면서 영웅이다. 모든 영화에서 협상가는 언제나 항상 상부의 지시를 어기고 팀원들의 전략을 무시한다. 자기 멋대로 협상을 주도하는데 결국 그 전략이 성공한다. 슈퍼 히어로가 바로 그들의 모습이다. 하지만 현실은 다르다. 협상은 철저히 팀플레이로 이루어져야 한다. 협상이 이루어지는 동안 인질범, 피해자 등 사건 관계자들에 대한 정보 수집, 현장 및 수사 상황의 파악 등 정보의 수집이 민첩하게 이루어져야 협상에 반영할 수 있다. 또한 인질사건에는 전술팀, 즉 특공대도 출동하게 된다. 항상 평화적인 협상만을 기대할 수는 없다. 인질의 구출을 위해 때로는 무력 진압이 필요하다. 협상가가 인질범과 협상을 하는 동안 전술팀은 무력 진압에 대비한다. 인질범이 점거하고 있는 내부 공간을 파악하고, 진입로 확보 및 진압 전략을 세운다. 이 모든 일을 한 명의 협상가가 할 수는 없기에 성공적인 협상과 인질 구출을 위해서는 효과적인 팀플레이가 필수적이다. 이번 사건에서도 형사가 주 협상을 벌이는 동안 나는 그의 옆에서 대화 내용을 통해 인질범의 심리 상태와 피해자의 안전을 민감하게 분석하며 지원하는 보조 협상가의 역할을 수행했다. 또한 전술팀은 다세대

주택인 현장의 내부 진입로 확보를 위해 총력을 기울였다.

어쩌다 이런 일이 일어났을까. 대화가 계속되면서 인질범의 정체도 서서히 드러났다. 인질범은 모든 것을 체념한 듯, "그냥 마지막으로 그녀와 이야기하고 싶다. 제발 우리를 그냥 내버려 둬."라며 시간을 달라고 했다.

'우리' '사랑'. 인질범이 사용한 단어들이다. 그는 사랑하는 사람에게 칼을 겨눠 위협하고 두려움에 떨게 했다. 피해자에게 인질범은 어떤 존재였을까. 그녀도 그와 같은 단어들을 사용할 수 있을까. '악마' '공포' '집착.' 그녀는 이런 말들을 하고 싶지 않았을까.

그날의 일에 대해 인질범과 피해자는 전혀 다른 이야기를 들려준다. 인질범을 K, 피해자를 J로 지칭한다. K와 J는 같은 직장 동료이다. J는 회사 일로 힘들어했고, 이런 힘든 마음을 K가 다독여 주곤 했다. J는 K의 따뜻하고 세심한 관심과 배려에 고마워했고 점점 애정을 느끼게 되었다. 두 사람은 연인이 되었다. K는 한없이 다정하며 자상했고, J를 그림자처럼 따라다니며 보호해 주었다. J는 이런 K가 처음에는 좋았다. 하지만 시간이 지날수록 그가 점점 부담스러워졌다.

K는 점차 본 모습을 드러내기 시작했다. J가 전화를 받지 않으면 수십 통씩 전화를 하거나 J의 핸드폰을 가져가 통화 내역

이나 문자까지 모두 뒤져야 직성이 풀렸다. 어디에 가는지, 누구를 만나는지 모두 알고 싶어 했다. 전화를 받지 않으면 집 앞에 찾아와 만나 줄 때까지 몇 시간이든 기다렸다. 혼자 살고 있던 J의 집에 K가 들어와 며칠씩 머물곤 하여 감금 아닌 감금을 당해야 했다. K는 J의 모든 것을 알고 싶어 하고 모든 것을 통제하고 싶어 했다. J가 헤어지자고 요구하면 사랑한다며 눈물로 호소하다가 갑자기 포악스럽게 변하기도 했다. K를 만나는 모든 순간이 지옥으로 변해 버렸다. 벗어날 수 없었다. 집 앞에 찾아온 K가 몇 시간씩 기다리고 있자 이웃이 신고하여 경찰이 출동하기도 했다. J의 집 현관문을 부수어 주거침입으로 체포된 적도 있다. 하지만 그뿐이었다. K의 집요한 스토킹은 멈추지 않았다. 지옥 같은 하루하루가 흘러갔지만 J는 K를 만난 자신을 원망할 뿐 아무것도 할 수 없었고, 누구의 도움도 받을 수 없었다.

K는 자신을 만나 주지 않는 J가 야속하기만 했다. '그렇게나 잘해 줬는데, 나의 모든 것을 버리고 그녀만을 위해 살았는데, 어떻게 나에게 이럴 수가 있나.' 하는 생각에 화가 났다. 헤어지자는 J의 요구를 받아들일 수 없었다. 어떻게든 그녀를 만나 이야기를 나눠야 했지만 J는 철저히 자신을 외면했다. J 때문에 직장에도 좋지 않은 소문이 나서 이상한 사람이 되어 버렸다. 사랑한 죄밖에 없는데 J의 태도가 당황스러웠다. 어떻게든 이

오해를 풀고 다시 예전으로 돌아가야 했다. 일단 이야기를 해야 했기에 만나 주지 않으면 억지로라도 만나야겠다는 생각에 사로잡혔다.

J를 만나 이야기를 나누겠다는 단순한 생각은 꼬리에 꼬리를 물고 이어져 점점 더 철저한 계획과 극단적 사고로 진전되었다. K는 인터넷으로 칼을 구입했다. 마트에서 칼을 사면 의심을 살 수도 있기 때문이다. 자기만 보면 소리부터 지르는 J를 위협이라도 해서 일단 제압하고 대화를 나눠야겠다는 생각이었다. 밧줄도 샀다. J가 반항할 수도 있기 때문이다. 그리고 바로 오늘, 무슨 일이 있어도 그녀와 결단을 내겠다는 생각으로 K는 J의 집으로 향했다.

K는 J의 집에서 10시간이 넘는 인질극을 벌이다 마침내 통화를 계속하던 형사에게 자수의 뜻을 밝혔다. K의 자수에는 J의 침착한 대응이 큰 역할을 했다. 죽음의 공포 속에서 J는 오히려 K를 위로하고 따뜻한 말을 건네며 그의 말에 귀를 기울였다. K는 자신을 따뜻하게 대해 주는 J가 고마웠다. 점점 더 힘겨워하는 그녀를 보며 K의 마음이 움직였다. 결국 자수를 결심했다. K는 J의 손을 꼭 잡고 마침내 현관문을 열었다. 두 사람이 나오자마자 K는 형사들에게 체포되었고, 온몸을 사시나무처럼 심하게 떨고 있던 J는 쓰러지고 말았다. 각각 경찰차에 오르는 두 사람의 뒷모습, 특히 심하게 떨리고 있던 J의 뒷모습이 오래

도록 잊히지 않는다.

이 사건이 발생했을 당시에는 「스토킹범죄의 처벌 등에 관한 법률」(약칭 「스토킹처벌법」)조차 없던 시절이었다. 스토킹이라는 인식이 일반적이지 않았고 가정폭력과 마찬가지로 공권력이 개입하지 않는 두 사람 간의 관계의 영역으로 그 책임이 미루어져 있던 시절이었다. 간혹 필자에게 스토킹에 대한 고민을 토로하는 사람들도 있곤 했다. 원하지 않는 만남을 집요하게 요구하는 상대를 어떻게 하면 좋을지 모르겠다는 고민이었다. 필자로서도 교과서적인 대응책을 조언해 줄 수밖에 없어 답답했던 적이 많다. 이들은 가족이나 동료에게 그 고민을 표현하지 못하고 혼자서 끙끙 앓는 경우가 대부분이었다. 한 가지 분명한 것은 스토킹은 혼자 해결할 수 있는 문제가 아니다. 혼자 해결하려다가 큰 위험에 처할 수 있다. 가족이나 주변 지인에게 상황을 이야기하고 도움을 요청해야 한다. 상대방에게 관계를 단절하겠다는 의사를 분명하게 표현하고 단호히 대응해야 한다. "마지막으로 만나 주면 다시 찾아오지 않겠다."라는 말을 믿고 혼자 상대방을 만나려 해서는 안 된다. 건장한 남성을 동반하여 상대를 만난다고 해도 물리적 폭력이 발생할 위험이 매우 높다는 것을 가정해야 한다. 여기에는 살인까지 포함된다. 만나는 중에 물리적 피해가 발생할 시에는 즉시 경찰에 신고하는 등의 적극적인 대처가 반드시 필요하고, 문자와 통화 내용 등 증거가 될 수 있는 것들은 확보해 두어야 한다. 하지만 스토킹 범죄가 심각하고 위험한 것은 피해자 개인의 노력으로는 가해자와의 관계를 끊어 내기 어렵다는 점에 있다. 피해자는 스토킹을 당하면서도 '신고해야 하나, 신고하면 오히려 보복당하지 않을까.'라는 걱정에 신고를 꺼리게 된다. 하지만 스토킹과 스토커의 특성을 이해한다면 이 범죄는 절대 피해자 혼자 감당할 수 없으며, 공권력의 적극적인 개입이 필요한 범죄라는 것을 이해할 수 있다.

스토킹의 정의와 발생 비율

스토킹의 사전적 의미는 "상대방의 의도와는 상관없이 고의적으로 쫓아다니면서 집요하게 정신적·신체적으로 괴롭히는 행위"(네이버 어학사전)이다. 스토킹을 범죄로 규정하고 처벌하는「스토킹처벌법」이 시행된 것은 2021년 10월 21일이다. 살인으로까지 이어질 수 있는 중한 범죄를 처벌하는 법률이 2021년에 이르러서야 제정되었다는 사실이 의아할 것이다. 사실「스토킹처벌법」을 제정하려는 노력은 무려 22년 동안이나 꾸준히 지속되어 왔다. 스토킹 관련 법률안이 처음 발의된 것은 제15대 국회였던 1999년 5월 24일이다. 이후 제21대 국회까지 총

24건의 스토킹 관련 법률안이 발의되다가 2021년에 비로소 제정되기에 이르렀다. 그렇다면 「스토킹처벌법」이 제정되기 전까지 스토킹은 처벌되지 않았던 것일까. 물론 스토킹을 적극적으로 처벌하기에는 한계가 있었다. 다만, 2013년 「경범죄처벌법」이 개정되어 '지속적 괴롭힘' 조항이 추가되면서 스토킹을 처벌할 법적 근거가 마련되었다. 「경범죄 처벌법」 제3조 제1항 제41호에서는 지속적 괴롭힘을 "상대방의 명시적 의사에 반하여 지속적으로 접근을 시도하여 면회 또는 교제를 요구하거나 지켜보기, 따라다니기, 잠복하여 기다리기 등의 행위를 반복"하는 것으로 규정하고 있다. 이 정의는 당시까지 국회에 제출된 스토킹 관련 법안들이 제시한 스토킹 정의의 기본 틀을 따르고 있다(한민경, 2021). 하지만 이 규정만으로 스토킹을 처벌하기에 한계가 있어서 피해자가 스토킹으로 고통을 당한 끝에 살해된 사건에서도 정작 가해자의 스토킹 행위는 처벌하지 못하는 일들이 발생하곤 했다.

「스토킹처벌법」이 제정되기 전에 발생했던 한 사건이다. 무려 10년 동안이나 식당 손님이었던 가해자에게 스토킹을 당한 피해자는 가해자를 신고조차 하지 못하였다. 하지만 가해자의 집착은 점점 심해졌고, 결국 피해자를 살해하였다. 더욱 안타까운 일은 가해자를 신고하지 못하던 피해자가 살인사건 발생 전날, 가해자가 식당에서 난동을 부리자 처음으로 가해자를 신고했다는 것이다. 영업방해로 조사받은 것 외에 별다른 조치 없이 풀려난 가해자는 피해자의 아파트 입구에서 피해자를 기다리다가 살해하였다(한민경, 2021). 가해자는 스토킹을 인정하기는커녕 '고기를 구워 주지 않아서' '식당 서비스가 불친절해서'라며 단순 우발 범행으로 주장하였다. 이해할 수 없는 일은 가해자에 대한 공소장에는 이 사건의 핵심이었던 '스토킹' 사실은 적시되어 있지 않았다는 것이다(법률방송 뉴스, 2020. 7. 10.). 만약 스토킹으로 처벌한다 해도 10만 원 이하의 벌금 밖에는 부과할 수 없는 것이 당시의 현실이었다. 스토킹은 엄연히 피해자에게 심리적·신체적 고통과 피해를 야기하고 심지어 생명을 앗아 가는 범죄 행위인데 마치 유령처럼 있는 듯 없는 듯 치부되어 왔다. 그 세월 동안 억울하게 죽어 간 피해자가 몇 명이나 될지, 살릴 수 있었던 피해자는 몇 명이나 될지를 생각하면 답답해진다. 이제라도 스토킹이 개인 간 해결해야 할 문제 혹은 누군가를 좋아해서 쫓아 다니는 구애 행위로 인식하던 것에서 벗어나 범죄로 인정되어 처벌법이 제정된 것에 안도해야 할지, 이제껏 개인의 책임으로 치부해 버린 사회의 무책임함에 분노해야 할지 착잡한 심정이다.

비로소 제정된「스토킹처벌법」에서는 스토킹을 어떻게 정의하고 있을까. 스토킹행위란 "상대방의 의사에 반(反)하여 정당한 이유 없이 상대방 또는 그의 동거인, 가족에 대하여 접근

사악한 본능 어디에서 오는가 _ Chapter 셋

하거나 따라다니거나 진로를 막아서는 행위, 주거 등의 장소에서 기다리거나 지켜보는 행위, 우편, 전화 등의 정보통신망을 이용하여 물건 등(글, 그림 포함)을 도달하게 하는 행위, 직접 또는 제3자를 통하여 물건 등을 도달하게 하거나 주거 등에 물건 등을 두는 행위, 주거 등 또는 그 부근의 물건 등을 훼손하는 행위 등을 하여 상대방에게 불안감 또는 공포심을 일으키는 것"(「스토킹처벌법」 제2조)을 말한다. 스토킹 범죄란 "지속적 또는 반복적으로 스토킹 행위를 하는 것"(같은법 제2조)을 말한다. 법률의 정의에도 반영되었듯이, 스토킹 범죄는 다수의 물리적 가해 행위가 반복적·지속적으로 이루어진다는 점, 그리고 심리적·정신적 가해가 수반된다는 점에 그 특징이 있다고 하겠다.

스토킹에 대한 법률적 정의가 처벌이 가능한 가해자의 물리적 행위를 중심으로 이루어져 있다면, 학술적인 정의는 피해자의 두려움, 심리적 학대에 중점을 두는 경향을 보인다. 일반적으로 스토킹이란 원치 않는 행동으로 인해 개인이 안전에 대한 두려움을 느끼게 되는 반복적인 행동 패턴으로, 타인에게 괴롭힘 내지 위협, 공포를 느끼도록 하는 모든 행위를 스토킹으로 간주할 수 있다고 한다. 즉, 상대방에게 두려움을 야기하는 한 가지 이상의 복합적인 행위를 의미한다(이수정, 2021). 이러한 정의에 따르면, 피해자가 두려움을 느끼는 가해자의 모든 반복적인 행위들이 스토킹에 해당할 수 있다. 법률에 명시되어 있지 않더라도 가해자가 피해자에게 두려움과 공포를 야기하는 행위는 매우 다양할 수 있으므로 법률의 적용에 있어서 포괄적인 해석이 필요한 지점으로 여겨진다.

그렇다면「스토킹처벌법」이 시행된 후 스토킹 처벌에는 변화가 있었을까? 먼저, 법률 시행 전인 2019년 보고된 스토킹 신고 건수는 5,466건이고 이 중 검거 건수는 583건에 불과하였다. 즉, 검거 건수가 신고 건수의 10%밖에 되지 않는다. 한편, 경찰청 자료에 따르면,「스토킹처벌법」이 시행된 2021년 10월부터 2022년 8월까지 경찰에 검거된 스토킹 범죄자는 7,152명이다. 검거 건수가 확연히 증가하였음을 알 수 있다. 하지만 7,152건 중 4,554건(63.7%)만 검찰에 송치되었고 나머지 2,577건(26%)은 불송치됐다.「스토킹처벌법」은 피해자가 처벌을 원하지 않으면 가해자를 처벌하지 않는 반의사불벌죄인데 2,577명 중 73%에 달하는 1,879명이 피해자의 처벌 불원 의사로 불송치됐다(The Fact, 2022. 10. 4.). 피해자의 의사에 반하여 처벌하지 못한다는 규정으로 인해서 신고로 인한 부담은 온전히 피해자의 몫이 되고 있다. 신고를 했다는 이유로 가해자로부터 보복을 당할까 봐 두려워 고소를 꺼리거나 철회하는 경우가 많을 수밖에 없다. 가해자의 광기 어린 집착으로 고통받던 피해자의 입장에서 보복의 두려움은 너무나 당연한 결과일 수밖에 없다.

스토킹 범죄의 심각성: 죽어야 끝나는 범죄?

스토킹 범죄를 두고 일각에서는 '죽어야 끝나는 범죄'라고 말한다. 참으로 무서운 말이다. 어쩌면 그렇게 잔인하고 이기적일 수 있을까. 스토커는 극도로 자신밖에 모르는 이기적인 존재이다. 스토커의 피해자에 대한 집착은 강박적인 수준이다. 병적 수준에 해당한다는 뜻이다. 상대방이 느낄 고통과 두려움에는 관심이 없고, 오히려 상대방의 행동을 자신에게 유리한 대로 혹은 자신이 바라는 대로 해석하는 인지왜곡을 보인다. 공감능력이 부재하고 사고 장애도 있는 것이다. 아무 의미가 없는 피해자의 행동에 자신을 위한 특별한 의미를 부여해서 받아들인다. 아무 의미도 없는 관계인데 의미를 부여해서 특별한 관계로 만든다.

전화와 협박편지, 주거 감시, 피해자를 따라가기, 주거 침입, 피해자의 재산 침해, 피해자가 원치 않는 접근 시도, 위협과 폭행 등은 가장 흔하게 나타나는 스토킹 행위이다(이수정, 2021). 물리적 행위가 수반된다면 증거를 확보하여 제재를 가해 볼 수 있겠지만, 따라다니거나 감시하는 행위만 이루어지는 경우 누군가 계속 자신을 지켜보고 있다는 느낌과 생각만으로도 피해자는 집 밖에 나가기 어렵고 일상생활을 영위하기 힘들 정도의 공포와 불안에 시달릴 것이다. 이토록 잔인한 스토커의 행위이지만 입증이 어려운 특성을 지닌다.

스토커의 특성

스토커의 집착은 강박적인 수준이며, 통제 성향이 강한 사람들이 주로 스토킹을 저지른다. 스토커의 공통적인 구성 요소로 꼽히는 것은 '망상'이다. 특히 스토커들은 '에로토마니아(erotomania)'라고 하는, 상대가 자신을 사랑하고 있다고 잘못 믿는, 관계망상적 사고를 지닌다(이수정, 2021). '망상'은 현실성이 없는 믿음을 말한다. 망상장애 중에서 색정형이라고도 한다. 망상의 내용은 다른 사람이 자신과 사랑에 빠졌다는 것인데, 그 대상은 주로 유명인과 같이 지위가 높은 사람일 수도 있지만 전혀 알지 못하는 사람이기도 하다(APA, 1995). 하지만 망상에 사로잡혀 있다고 해서 스토커들이 모두 정신질환을 앓고 있는 것은 아니다. 2022년 9월에 발생한 신당역 스토킹 살인사건의 범인은 2019년부터 스토킹하던 여성이 자신을 고소하자 이에 앙심을 품고 치밀하게 범행을 계획하여 여성을 살해하였다. 2021년 3월 모임에서 만난 여성을 수개월 동안 스토킹하며 괴롭혔던 노원 세 모녀 스토킹 살인사건의 범인 또한 치밀하게 범행을 계획하여 피해자와 가족들을 살해하였다. 스토커들의 행위는 집요하고 강박적이고 치밀한 특성을 갖는다.

또한 경계성 성격(borderline personality)도 스토커에게 많이 나타나는 성격 특성이다(이수정, 2021). 경계성 성격을 가진 사람은 정서가 강렬하면서도 변덕스럽고 대인관계도 불안정하다. 이들의 행동은 예측하기 어렵고 충동적이기도 하다. 내면이 공허해서 혼자 있는 것을 견디지 못하고 버림받는 것을 두려워하며 남이 주의를 기울여 주기를 바란다(이봉건 역, 2013). 자신에게 관심을 기울여 줄 사람을 찾아 이 사람 저 사람에게 전전한다. 자해를 하기도 하고 충동성으로 극단적 행동을 한다. 경계성 성격이 관계망상적 사고와 만나면 자신도 어쩌지 못하는 공허함을 채우기 위해 다른 사람의 사랑을 갈구하게 되고, 누군가가 보낸 어쩌면 아무 의미도 없는 신호를 자신에게 보내는 관심, 사랑으로 해석하여 그 사람에게 집착하게 될 수 있다. 상대방이 자신을 사랑한다고 믿으며 사랑을 갈구하지만 아무것도 모르는 상대방이 자신을 무시하거나 무관심하게 대하면 사랑의 감정은 극단적인 분노로 치닫게 되어 아무 죄도 없는 사람에게 분노의 화살을 돌린다. 스토커가 냉담함과 공격성까지 지니고 있다면, 분노한 스토커의 행동은 극단으로 치달을 수 있다.

사이코패스의 증상을 보이는 스토커도 있다. 이들은 가학적인 스토커들로 전체 스토커 중 약 1%를 차지한다. 앞서 언급했던 공감능력의 부재, 극단적 이기주의와 같은 특성들이 사이코패스의 특성에 포함된다(이수정, 2021). 사이코패스는 연쇄살인범에게 가장 많이 나타난다고 알려진 특성이다. 자기 밖에 모르는 극단적 이기주의자가 다른 사람의 감정을 느끼지 못하고 관계망상과 충동성을 지녔다면 이 사람은 어떤 존재가 될까.

2021년 3월 온라인 게임에서 만난 여성을 스토킹하다가 세 모녀를 살해한 A는 사이코패스일까. A는 살인을 하고도 3일 동안 피해자의 집에 머무는 통상적인 범인들과는 다른 행각을 벌였다. 대부분 범인들은 자신의 목적을 달성하고 나면 검거를 피하기 위해 모든 흔적을 지우고 도주하기 때문이다. 하지만 A는 달랐다. 냉담함, 공감능력 결여, 극단적인 이기주의와 자기 중심성, 충동성, 무책임성, 책임의식 결여, 죄책감 결여 등이 사이코패스의 특성이다. A의 범행을 봤을 때 이 모든 특징이 그의 행동에 녹아들어 있다. 하지만 사이코패스 검사 결과 A는 사이코패스가 아니라는 결론이 나왔다. 경찰에서 프로파일러 4명을 투입해 검사를 진행했고, 검찰에서도 대검찰청 심리분석관을 투입해 심리검사를 진행했는데, 결론은 모두 '사이코패스 아님'이었다. 도대체 그는 왜 사이코패스가 아닌 걸까. 그는 반사회적 성향은 있지만 자존감이 낮고 거절에 대한 높은 취약성을 보이며, 과도한 집착, 피해 의식적 사고, 보복 심리를 지닌

사악한 본능 어디에서 오는가 _ Chapter 셋

것으로 나타났다(조선일보, 2021. 4. 28.). 사이코패스는 소위 '근거 없는 자존감'이라고 할 정도로 과도한 자존감을 지니고 있으며, 병적인 거짓말 성향을 보인다. 이 외에 사이코패스로 진단하기 위해 충족되어야 하는 특징들이 있는데, A는 사이코패스의 일부 성향을 보이기는 하나 사이코패스 진단을 충족할 정도는 아니었다. 다만, 전문가들 모두 그가 반사회적 성향을 지니고 있다고 진단하였다.

스토커와 피해자의 관계

스토킹에 대한 일반적인 인식은 스토킹이 친밀한 관계에서 발생한다는 것이다. 통상적으로 친밀한 파트너(intimate partner)라고 하는데, 이는 "성적인 교류가 있는 연인이나 배우자 등의 관계"(김성희, 이수정, 2022)를 통칭한다. 또한 헤어진 파트너 관계도 포함된다.

구체적으로 어떤 관계들에서 스토킹이 발생하고 있는지 살펴보자. 경찰청(2022)에서 발간한 『2021 사회적 약자 보호 치안백서』에 따르면, 2021년 10월 「스토킹처벌법」이 시행된 후 112 신고가 급증하여 1일 평균 약 90.1건, 총 1만4,509건(2022년 3월까지)의 스토킹 사건이 접수되었다. 가해자와 피해자의 관계를 보면 연인 20.9%, 가족 3.4%, 이웃 4.1%, 지인 11.4%, 직장 1%, 거래 관계 0.2% 등 면식 관계가 3,039건 중 41%를 차지하였다. 그리고 타인은 1,793건으로 59%였다. 한편, 스토킹 판결문 148건을 분석한 한민경(2021a)의 연구에 따르면, 가해자와 피해자가 연인 또는 배우자였던 경우가 57.4%(85건)으로 나타났다. 피해자 외에도 상대방의 동거인, 친족, 직장 동료 등을 위협하는 행위도 27%(40건)에 이르렀다. 스토킹은 친밀한 파트너 관계에서 주로 발생한다는 통상적인 믿음과 일치하는 통계 결과이다.

한 가지 의아스러운 점이 있다. 스토킹은 주로 친밀한 파트너 간에 발생하는 범죄라는 인식이 꽤나 강한데, 통계를 보면 비면식 비율도 꽤 높다. 거의 절반 수준 이상이 면식 관계이지만, 비면식 관계 비율도 상당히 높기 때문이다. 그런데 비면식 관계에 의한 스토킹의 위험성에 대해서는 크게 다루어지고 있지 않다. 스토킹 행위가 피해자와 가해자의 관계에 따라서 차이를 보이는 것은 아니기 때문으로 보인다. 하지만 피해자의 선정이 무작위적으로 이루어지고 가해자의 스토킹 행위는 단지 수단에 불과할 뿐 그 목적이 면식 관계와는 다르게 성범죄, 살인 등 또 다른 범행의 실행에 있다면 면식 관계에 의한 스토킹과는 다른 관점에서 다루어져야 할 것이다.

2019년 신림동 강간미수 사건으로 알려진 사건이 있었다. 신

사악한 본능 어디에서 오는가 _ Chapter 셋

림역에서 집까지 불과 150미터. 그 짧은 골목길에서 한 남성이 여성의 뒤를 쫓았다. 가해자는 피해자를 원룸 빌딩 복도까지 쫓아갔고 간발의 차이로 여성은 현관문을 닫고 들어갔다. 하지만 가해자는 침입을 포기하지 않고 10여 분간 현관문 앞에 서서 여성을 협박하고 스마트폰 조명을 도어락에 비춰 비밀번호를 풀려고 시도까지 하였다. 이 사건은 스토킹 사건으로 인식되어 당시에 제정되지 않았던 스토킹 관련법 제정에 대한 강한 요구로 이어졌다(시사 인, 2019. 6. 19.). 만약 가해자가 이날 범행을 하지 못한 것에 앙심을 품고 매일 같은 시간, 같은 장소에서 여성이 오기를 기다린다고 생각해 보자. 이미 피해 여성은 사건이 발생한 순간 감당하기 어려운 불안과 공포에 사로잡혔을 것이다. 우리의 생활 패턴은 생각보다 단순하다. 우리는 정해진 시간에 일어나 정해진 시간에 문을 나선다. 정해진 곳에서 거의 비슷한 시간에 버스나 지하철을 탄다. 어떤 사람은 심지어 같은 칸의 지하철을 매일 이용할 수도 있다. 매일 같은 출구로 나와서 회사 일을 하고, 다시 아침과 똑같은 패턴을 거꾸로 반복한다. 그 길에서 내가 만나는 사람 중 누구라도 조금만 나를 관찰하면 나의 일상을 파악할 수 있다. 내가 무방비로 그 누군가에게 노출된다는 것, 스토커가 바로 그 틈을 파고들 수 있다는 것, 그것이 스토킹 범죄가 무서운 이유이다.

　필자가 비면식 관계에 의한 스토킹에 주목하는 이유는 스토킹과 연쇄살인이 무관하지 않기 때문이다. 스토킹은 또 다른 범죄의 시작일 수 있다. 이미 우리는 스토킹이 살인으로 이어지는 사건들을 보았다. 이 사건들은 거의 면식 관계였다. 하지만 비면식 관계에서의 스토킹은 또 다른 형태의 살인으로 이어질 수 있다. 연쇄살인의 단계에는 '스토킹'이 포함되어 있다. 연쇄살인범은 범행에 대해 지속적으로 상상하며 폭력을 현실화하기 위해 준비한다. 그리고 적합한 피해자를 찾아 나선다. 이 과정이 '스토킹'에 해당한다. 그리고 대상을 유괴하여 살해한다 (이수정, 2015). 연쇄살인범에 따라 친근함을 가장하여 피해자와 관계를 형성할 수도 있다. 연쇄살인범들은 통상적으로 사이코패스로 진단되는 경우가 많다. 사이코패스 성향을 갖고 있는 스토커는 친분 관계가 크지 않은 피해자를 겨냥한다. 공인이나 낯선 사람과 같은 친분이 없는 사람들을 범행 대상으로 삼는 경향이 있고, 피해자와의 감정적 연대를 위해서가 아닌 가학적 욕구나 자신의 이득을 위해 스토킹 행위를 단지 상대를 괴롭히는 수단으로 삼는다(이수정, 2021). 자신의 개인적 욕구를 충족하기 위해 피해자를 괴롭히는 것이다. 피해자와 가해자의 관계 여부를 떠나서 스토킹 범죄의 심각성에 주목해야 하는 또 다른 이유이다.

마무리

　스토커들의 특성으로 강박적 수준의 집착을 이야기하였다. 이들의 스토킹 행위는 언제 멈추게 될까. 한 남성이 구속되었다. 그 남성은 50대 여성을 스토킹한 혐의를 받고 있다. 그런데 놀라운 사실이 밝혀졌다. 이미 이 남성은 7년 전 피해자와 잠시 사귄 적이 있으며 피해자를 스토킹하고 때려서 2020년 실형을 선고받은 적이 있었다. 그런데 출소 후 다시 피해자를 찾아갔고 한 달 동안 피해자를 다시 스토킹하였다(TV조선뉴스, 2022. 9. 23.). 스토커의 특성으로 언급되는 관계망상적 사고, 인지왜곡, 집착, 자기중심성 등은 개인내적인 차원에 해당하는 속성들이다. 성격의 한 특성이기도 하다. 성격은 반영구적 특성으로서 쉽게 변화되기 어렵다. 안타깝지만, 스토커가 스스로 스토킹 행위를 멈추기는 어렵다. 피해자를 쫓아다니는 스토킹 행동의 빈도와 강도는 모두 시간이 지날수록 점점 더 강해지는 특성을 보이는 것으로 나타났다(김성희, 이수정, 2022). 적극적인 법적 처벌과 공권력의 개입이 필요한 이유이다. 「스토킹처벌법」에 따르면, 스토킹 피해자를 보호할 필요가 있는 경우 법원은 가해자를 유치장 등에 가두는 잠정조치를 내릴 수 있다. 경찰은 2022년에 발생한 신당역 스토킹 살인사건을 계기로 스토킹 사건을 전수점검하여 재범 위험성이 높은 스토커 45명을 구속하거나 유치장 등에 가두었다(연합뉴스, 2022. 10. 30.). 또한 법무부에서는 스토킹 초기부터 적극 개입하는 방식의 하나로 '잠정조치'를 받은 스토커에게 위치추적을 할 수 있는 전자장치를 채워서 가해자의 위치를 확인할 수 있는 방안을 도입하고자 법 개정을 예고하였다(연합뉴스, 2022. 10. 30.). 스토킹에 대한 세상의 인식이 바뀌고 있다. 너무 늦었지만 강경한 법적 대응방안들이 신속하게 마련되고 있는 것에 안도감을 느낀다.

08

아동학대,
부모의 방치와 폭력을 온몸으로 견디는
고통 속의 아이들

2015년 11월. 깡마른 아이는 두꺼운 옷을 입어도 추운 날씨에 화장실에 갇혔다. 대소변을 가리지 못한다는 이유였다. 아이는 해를 넘기도록 화장실에서 나올 수 없었다. 학대는 더 심해졌다. 1월 말, 집 안에 있어도 추운 그날에 계모는 변기 옆에 소변을 흘렸다는 이유로 아이의 몸에 청소용 락스 2리터를 퍼부었다. 하루 한 끼 주던 밥도 제대로 주지 않았다. 5일간 굶다시피한 아이가 바지에 변을 봤다. 계모는 아이의 옷을 모두 벗기고 찬물을 부었다. 이날 바깥 기온은 영하 12.5도였다. 아이는 그날 세상을 떠났다.

평택 아동 살해 암매장 사건, 아직도 기억 속에 아픔으로 남아 있는 사건이다. 상습적으로 아이를 학대한 계모와 이를 방조하고 사체유기에 가담한 친부에게 살인죄가 인정되었다. 아이는 학대받았고 살해당했다.

36, 38, 28, 42, 43, 40.

이제는 기록되지 말아야 할 숫자들이지만 좀처럼 줄어들지 않는다. 36은 2016년 평택 아동 살해사건의 피해자 S 군이 사망한 해에 아동학대로 인해 사망한 아동의 수이다. 2017년 38명, 2018년 28명, 2019년 42명, 2020년 43명, 2021년 40명에 이르기까지(보건복지부, 2021) 아직도 아이들은 학대받고, 죽어 가고 있다. 오히려 아동학대 범죄는 점점 더 늘어나고 있다.

다섯 살 난 예쁜 여자아이를 만났다. 아이는 호기심 어린 눈으로 그 큰 눈을 깜빡이며 나를 올려다보았다. 학대 사건을 분석하며 아이들을 꽤나 많이 만나 보았는데, 이 아이는 여느 아이들과는 좀 달랐다. 다섯 살 아이들은 호기심이 많다. 아이들은 낯선 곳에 와서 낯선 사람을 만나면 처음에는 부모 곁을 쉽게 떠나려 하지 않는다. 하지만 부모와 안정적인 애착이 형성된 아이들은 자신이 안전하다고 느끼면 얼마 지나지 않아 자유롭게 주변을 탐색하며 놀거리를 찾아다닌다. 부모를 안전기지 삼아 불안해하지 않고 주변을 탐색하는 것이다. 그런데 이 아이는 주변에 관심이 없었다. 다섯 살 아이답지 않게 두 손을 공손히 모으고 고개 숙여 나에게 인사하더니 가녀린 두 손으로 엄마 옷자락을 꼭 잡고 떨어질 줄을 몰랐다. 엄마의 옷자락에

사악한 본능 어디에서 오는가 _ Chapter 셋

서 떼어 내면 금방이라도 울 것 같은 표정이었다. 학대사건으로 면담이 의뢰된 아이였다. 설명이 끝나고 아이에게 면담실로 가자고 하자 아이는 비장한 표정으로 나를 따라나섰다. 내가 만난 아이들 중 가장 얌전한 아이였다. 면담실이 아닌 곳에서 만났다면, 나는 아이의 얌전함을 칭찬했을 것 같다. 하지만 이 아이가 그날 나에게 보인 태도는 생존을 위한 것이었다. 누군가 자신을 학대해도 아이들은 싸울 힘이 없다. 어떻게 대처해야 하는지도 알지 못한다. 그저 견뎌 낼 뿐이다. 학대받고 있는 아이에게 삶은 생존을 위해 견뎌 내야 하는 순간들일 뿐이다. 이 아이에게 나와의 면담은 그런 순간이었을 것이다.

보통 다섯 살 아이들은 30분도 의자에 앉아 있지 못한다. 아이들의 기질에 따라서 더 산만한 아이들은 10분도 있지 못한다. 엄마나 아빠가 무릎 위에 앉히고 있어도 견디기 힘들어하며 조사실 밖으로 뛰쳐나가 버린다. 아직 언어 표현이 서투르고 발음이 부정확하기도 하다. 그런데 이 아이는 무려 1시간을 미동 없이 앉아 나와 대화를 나눴다. 아이는 또박또박 자신에게 일어난 일이라며 나에게 말했다. 묻지 않아도 잘 이야기했다. 쉬자고 권해도 괜찮단다. 해야 할 말이 있어서 다 해야 한다고 했다. 또래 아이들은 질문을 해도 잘 대답하지 못하거나 말하지 않으려고 떼를 쓰는 경우가 많은데, 이 아이는 질문을 하기도 전에 스스로 많은 이야기를 들려주었다. 나는 아이와 대화하며 내심 의아스러웠다. 도대체 무엇이 이 아이로 하여금 이토록 힘든 일을 견디게 하는 것일까. 전혀 아이답지 않았다. 아이는 아이다움을 억누른 채 해야 하는 말을 나에게 하고 있을 뿐이었다. 마치 무슨 임무인 것처럼.

아이의 집은 화목하지 않았다. 아빠와 엄마는 자주 싸웠다. 아빠는 엄마를 때렸다. 아이는 무서웠다. 아빠가 엄마를 때리고 집을 나가면 엄마는 아이를 부둥켜안고 한없이 울었다. 때로는 무섭게 아빠 욕을 하기도 했다. 엄마는 아이에게 화풀이를 했다. "너만 아니었으면……." "엄마 집 나가 버릴 거야. 너 버리고 나갈 거야. 엄마 나가면 아빠랑 둘이 살아." 아이는 엄마가 자기를 버리고 집을 나갈까 봐 무서웠다. 아이도 아빠가 무서웠기 때문이다. 아빠랑 둘이 사는 건 생각조차 하기 싫었다. 어느 날 아빠와 엄마가 무섭게 싸우고 아빠가 집을 나간 날, 아저씨 두 명이 집에 왔다. 도둑 잡는 경찰 아저씨들이다. 엄마랑 아저씨들은 한참 이야기를 했다. 그러고 나서 며칠후 엄마는 아이를 데리고 어디엔가 갔다. 모르는 사람이 많은 곳이었다. 그곳에 있는 사람들은 아이에게 아빠와 있었던 일을 말하라고 했다. 아이는 아빠랑 엄마가 싸웠고 아빠가 엄마를 때렸다고 말했다. 아이는 본 대로 말했다. 그런데 계속 물었다. 다른 일은 없었는지 계속 물었다. 아이는 엄마에게 물어보라고 했다. 도대체 무슨 말을 해야 할지 몰랐기 때문이다. 집에 오니 엄마가 아빠에게 맞은 이야기를 하면 된다고 했다. "아빠는 엄마를 때렸는데." 아이는 아빠랑 엄마랑 싸운 게 무섭긴 했지만 아빠가 자기를 때린 적은 없어서 어떻게 말해야 할지 몰랐다. 그래서 엄마에게 물어봤고, 엄마가 알려 주었다. 며칠 동안 엄마가 아빠랑 있었던 일을 알려 줬다. 어느 날 아이는 또 낯선 사람들이 많은 곳에 가서 엄마가 알려 준 대로 말을 했다. 집에 오니 엄마가 화를 냈다. 왜 자세히 말을 안 하냐고 아이를 혼냈다. 그날부터 엄마는 아이를 밤늦도록 잠도 못자게 하고 말하는 연습을 시켰다. 말을 잘 못하면 회초리로 맞았고 무릎 꿇고 벌도 섰다. 다시 낯선 사람을 만난 아이는 엄마와 연습한 말들을 해 주었다. 그런 날들을 겪으며 그날 아이는 나를 만났다.

그 사이 아이는 할 말이 많아져 있었다. 이전에 했던 말보다 훨씬 많은 이야기를 나에게 해 주었다. 다섯 살짜리 꼬마가 한 시간 동안 미동도 없이 급한 숨을 몰아쉬며 이야기를 했으니 말이다. 드디어 아이가 말을 멈췄다. 더 할 말이 있는지 묻자 아이는 이제 더 없다고 하였다. 후련한 모습이었다. 고생한 아이를 쉬게 해 주며 간식을 먹었다. 과자를 맛있게 먹던 아이는 딱 하나만 먹더니 나머지를 가져가도 되는지 물었다.

"그럼. 다 가져가도 되지. 이따 먹으려고?"

"네."

공손한 아이는 감사하다는 인사를 깍듯이 하고 과자를 아무지게 챙겼다. 또래보다 체구가 한없이 작은 아이의 모습이 애처로웠다. 과자를 챙겨 주며 아이를 엄마에게 데려다 주었다. "엄마."하고 뛰어가는 아이. 아이의 손은 또 다시 엄마의 옷자락을 움켜쥔다. 야속한 엄마는 아이를 쳐다보지도 않았다. 아이의 엄마는 담당 수사관과 사건에 대해 이야기하느라 정신이 없었다. 그 모습을 지켜보는데 순간 마음이 무겁게 내려앉았다. 아이가 "엄마, 엄마" 부르더니 소중히 들고 있던 과자를 내밀며 "이거 엄마 주려고 가져왔어요." 하는 것이었다. 아이의 얼굴에 웃음이 번져 있었다. 그런데 그 야속한 엄마는 들은 체도 하지 않았다. 아이는 과자를 참 맛있게도 먹었는데 더 먹고 싶은 마음을 누르고 엄마를 기쁘게 해 주고 싶어서 싸 가지고 왔던 것이다. 엄마가 쳐다도 안 보자 아이는 시무룩해져서 과자를 내밀었던 손을 힘없이 내렸다. 엘리베이터까지 배웅하며 "잘 가." 웃으며 인사하자, 다시 두 손을 모으고 공손히 머리 숙여 인사하는 아이. 엄마가 자기를 버리고 갈까 봐 엄마 옆에 꼭 붙어서 떨어질 줄 모르던 아이의 손은 다시 엄마 손을 부여잡았다. 내가 본 다섯 살짜리 꼬마 중에서 가장 아이답지 않은 아이였다.

아동학대 사건을 접하면서 갖게 된 의구심은 인간에게 본능적으로 부성애와 모성애가 존재하는가이다. 부성애(父性愛)와 모성애(母性愛). '자식에 대한 부모의 본능적인 사랑'을 말한다. 부성애나 모성애는 본능적으로 타고난 감정이 아니라는 관점도 있다. '본능적인'이라는 구절은 절대적이지 않은 것 같다. 이러한 감정은 어느 정도 후천적인 것으로 간주되기도 한다.

아동은 태어남과 동시에 최초의 사회적 관계를 맺게 되는데 그 대상이 바로 부모이다(이주희, 이선화, 2020). 때때로 부모가 최초의 대상이 아닐 수도 있어 '주 양육자'라는 표현을 쓰기도 한다. 하지만 대부분 아동을 보호할 의무는 부모에게 있다. 언론에 보도되는 아동학대 사망사건은 계모에 의한 사건인 경우가 많다. 이런 이유로 친부모 이외의 보호자에 의한 아동학대가 더 많이 발생할 것 같지만, 놀랍게도 아동학대 가해자는 친부모인 경우가 많다. 2021년 발생한 아동학대 사례 37,605건 중에서 가장 많은 비율인 63.4%가 친부모 가정에서 발생했다. 친부모가 가해자인 경우는 83.8%였고, 친부에 의한 학대가 45.1%, 친모에 의한 학대가 35.6%였다. 아동학대 사망사례도 마찬가지이다. 2021년에는 40명의 아동이 학대로 인해 사망하였는데, 가해자가 친부모인 경우가 37명(68.5%), 친모가 19명(35.2%), 친부가 18명(33.3%)이었다. 계모에 의한 학대로 사망한 사례는 2건이었다(보건복지부, 2022).

왜 부모는 아이를 학대할까

"고슴도치도 제 새끼는 함함하다고 한다."라는 말이 있다. 고슴도치의 털은 바늘처럼 꼿꼿하고 따갑다. '함함하다'는 말은 '털이 보드랍고 탐스럽다'는 의미이다. 즉, 부모 눈에는 자식에게 못난 부분이 있더라도 그것조차 예쁘고 사랑스러워 보인다는 뜻이다. 부성애, 모성애를 비롯해서 이 모든 통설에 반하는 범죄가 아동학대이다.

아동을 학대하는 이유는 무엇일까? 판결문 1,406건을 분석하여 학대 가해자가 주장한 이유를 본 결과에 따르면, 86.1%가 아동의 행동을 문제 삼았다. 낮잠을 안 자서, 밥을 안 먹어서, 배변을 못 가려서, 심부름이나 숙제를 안 해서 등과 같은 아동의 행동을 문제 삼아 학대를 합리화하였다(KBS NEWS, 2022. 2. 14.). 이러한 행동들은 아이들이 성장 과정 중에 일상생활에서 얼마든지 보일 수 있는 것이다. 훈육이라는 이름으로 매를 들던 시절도 있었다. 사랑의 매라고도 했다. 하지만 훈육을 이유로 드는 회초리는 더 이상 합리화될 수 없다. 학대일 뿐이다.

가슴 아픈 사건들을 겪으며 우리 사회는 아동학대에 대한 인식이 개선되어 왔다. 하지만 체벌을 훈육으로 생각하는 부모의 인식은 여전히 남아 있다. 자녀의 잘못된 습관을 고치기 위해

매를 든 부모가 학대로 신고되기도 한다. 부모는 훈육하려고 딱 한 번 매를 들었다며 억울해하지만, 이것 또한 엄연히 신체적 학대에 해당한다. 부모가 혼을 내다가 주먹으로 머리를 때리자 스스로 경찰에 신고하는 아이도 있다. 최근에는 아이들이 부모를 신고하는 경우도 적지 않다. 부모와 떨어져 보호기관에서 살기를 원하는 경우도 있다. 폭력과 고성이 오고가는 부부 싸움으로 옆집에서 신고를 했는데, 자녀를 옆에 두고 싸웠다는 것은 정서적 학대가 된다. 학대에 대한 인식이 변하고 있다. 하지만 정작 가해자인 양육자의 자녀 학대에 대한 감수성은 여전히 낮다.

이미 언급했듯이, 학대 가해자들은 학대의 이유로 아동의 행동을 문제 삼는다. 하지만 학대 사례들을 보면 아동학대의 원인은 주 양육자에게서 비롯되는 경우가 많다. 아동학대 발생 요인 중 부모 변인으로 부모의 정신적 미성숙과 양육 경험의 부재, 학대 경험과 정서 상태, 폭력적 기질, 알코올 중독, 부적절한 양육 방식을 들 수 있다(이주희, 이선화, 2020). 가정폭력도 중요한 요인으로 꼽힌다. 이 중에서 눈에 띄는 요인이 있다. 바로 부모의 아동기 학대 경험이다. 부모가 아동기에 학대를 당했던 경험이 있는 경우, 자신의 자녀를 학대할 위험성이 높다. 학대를 당한 경험이 있다면 오히려 자식에게 더 잘해 주고 보호하려 할 것 같은데, 오히려 학대의 경험이 자녀 학대의 원인이 될 수 있다는 연구 결과이다. 부모가 겪은 아동기 학대 경험이 학대 유발요인에 포함된다는 것은 학대가 대물림되는 안타까운 악순환이다. 왜 학대의 대물림이 일어나는가. 그 이유는 학대가 발달에 미치는 영향을 살펴보면 이해할 수 있다.

학대가 아동발달에 미치는 영향에 대해서는 연구마다 일관된 결과들을 제시한다. 아동의 신체적 · 정신적 · 인지적 · 사회정서적 기능 등 전반적인 발달 영역에 부정적인 영향력을 행사한다(최진영, 2022). 만성적인 아동학대는 비행, 공격성, 불안과 우울, 행동 문제, 트라우마 등과 같은 부정적인 발달 결과와 관련이 있다. 주목할 점은 학대 경험이 공격성, 비행을 유발할 수 있다는 것이다. 좀 더 심각한 연구 결과들을 살펴보면, 폭력과 범죄 행동은 빈번하게 나타나는 아동학대의 장기적 결과 중 하나이다. 특히 아동기에 신체 학대를 당했거나 가정 폭력을 목격한 경험이 있었던 성인들에게서 폭력과 범죄 행동이 더 많이 나타난다(김세원, 2021).

매우 극단적인 예이기는 하지만, 아동기 학대 경험이 범죄 행동으로 이어진 예를 연쇄살인범들의 아동기에서 찾아볼 수 있다. 연쇄살인범 L의 아동기가 그러했다. L은 2003년 9월부터 2004년 7월까지 20명을 살해한 연쇄살인범이다. L의 아버지는 음주와 폭력을 일삼았다. L이 작성한 편지(이은영, 2005)에는 불

사악한 본능 어디에서 오는가 _ Chapter 셋

우했던 어린 시절이 드러나 있다. L은 3~5세 무렵 생활고로 부모와 떨어져 지냈고, 부모가 헤어져 계모 밑에서 여동생과 함께 아동기를 보냈다. 여동생은 계모에게 자주 맞았고, L은 계모가 혼을 내려 하면 무서운 눈초리로 몇 시간씩 씩씩대며 계모를 째려보곤 하였다고 한다. 여동생이 계모에게 죽도록 맞은 어느 날에는 집을 나가 친모를 찾아가기도 했다. 또 다른 연쇄살인범 C의 어린 시절에도 학대가 있었다. 성학대였는데, 어린 시절 성인 남성에게 성추행을 당했다. 통계적으로 강력범죄자들의 66.7%가 어린 시절 부모의 이혼, 불화 등의 문제로 고통받은 적이 있다고 한다(충청일보, 2015. 11. 1.). 물론 이들의 범죄가 아동기 학대 경험만으로 설명될 수 없으며, 합리화될 수도 없다. 이들의 범행에는 수많은 다른 원인들이 존재한다. 하지만 다수의 강력범죄자들의 아동기 학대 경험을 우연으로 치부하기는 어려울 것이다. 학대 경험이 발달 과정에 있는 아동·청소년에게 얼마나 부정적이고 심각한 영향을 미치는지에 대한 경각심을 갖게 해 주는 결과들이다.

공격성이 높은 성인은 문제에 직면했을 때 공격적인 방식으로 해결하려는 태도를 갖게 된다. 그 공격성의 단초 중 하나가 아동기 학대 경험일 수 있다. 이러한 태도는 모든 상황에 적용된다. 가정도 예외는 아니다. 오히려 가정 내에서 공격 행동이 더 쉽게 표출된다. 부부간 문제가 발생할 때 혹은 자녀를 양육

하는 과정에서 발생하는 다양한 문제에 공격적이고 폭력적인 해결 방식을 사용한다. 또한 아동학대 가해자 중 일부는 어릴 때 학대받고 방치되었으며, 사랑을 받지 못하여 애정을 주고받는 법을 알지 못하기도 한다(최순영, 김수정, 1995). 사랑하는 방법을 모르는 것이다.

집에 돌아와 핸드폰 게임만 하는 아이가 있었다. 부모는 아이의 행동을 효과적으로 통제할 방법을 몰랐다. 아빠는 매일 아이에게 욕을 했다. 어느 날 핸드폰으로 게임만 하는 아이를 본 아빠는 화를 주체할 수 없었다. 또 다시 '미친 놈'이라고 욕을 하며 아이를 때렸다. 아이는 어떻게 했을까? 맞고만 있었을까? 아니다. 아이도 소리쳤다. '미친 놈'이라고. 아빠는 때리고, 아이는 그런 아빠에게 욕을 하고, 끝나지 않는 싸움이었다. 보다 못한 엄마가 신고를 했다. 하지만 아이는 여전히 부모와 함께 산다. 이 아이가 자라는 동안 아빠가 계속 욕을 하고 때린다면, 이 아이는 문제가 생겼을 때 공격적으로 해결하는 방식만 배우게 될 것이다. 그리고 아이가 청소년이 되고 성인이 되는 동안 그 마음속에는 분노가 켜켜이 쌓여 갈 것이다. 분노는 점점 쌓이고 쌓여 언제 터질지 모르는 폭탄이 된다. 내재화된 분노의 감정은 적절히 해소되지 않으면 언젠가 폭발하기 마련이다. 어쩌면 그 분노는 아빠를 향하지 않을 수도 있다. '묻지마 범죄'처럼 나와 상관없는 다른 대상에게 그 분노의 화살이 향할 수도 있다.

사악한 본능 어디에서 오는가 _ Chapter 셋

이를 전위된 공격행동이라고 한다. '전위된 공격행동'은 분노를 유발한 특정 대상이 존재하지 않거나 공격성을 유발한 대상에게 직접적으로 공격성을 표출할 수 없는 경우 공격성을 억제하였다가, 해당 사건과는 상관없는 무고한 대상 또는 분노유발자가 아닌 촉발자극을 제공한 사람에게 공격성을 표출하는 '간접적 공격행동'을 말한다(임혜은, 한세영, 2022). 학대받는 아동은 가해자에게 아무것도 할 수 없지만 이들의 마음에는 무기력감, 좌절, 불안, 우울과 더불어 분노가 쌓여 간다. 이들의 상처받은 마음에 분노가 자리 잡지 않도록 해야 한다.

학대의 영향: 상처받는 아이들

학대가 미치는 장기적 영향, 특히 공격성과의 연관성을 살펴보았다. 학대는 아동의 전반적 발달에 부정적인 영향을 초래한다고 했다. 먼 미래의 영향을 고려하지 않아도 학대를 당하고 있는 아동은 이미 신체적·정신적으로 부정적인 영향에 노출된다. 평택 아동살해 사건 피해자 S군의 사망 당시 키는 112.5cm, 몸무게는 15.3kg이었다(연합뉴스, 2021. 1. 24.). 2020년 기준 7~8세의 표준 체중은 약 24.8kg, 신장은 123.7cm였다. 표준 키와 체중보다 턱없이 부족하다. 계모가 아홉 살 의붓아들을 여행 가방에 가둬 살해한 '천안 가방 살해 사건' 피해자의 키는 132cm, 몸무게는 23kg이었다(디지털조선 TV, 2020. 9. 17.). 8세 표준 체중에도 미치지 못한다. 나와 면담을 하고 엄마에게 과자를 건네 주던 그 아이도 다섯 살이라고 하기에 체구가 너무 작았다. 이것은 학대로 인한 결과이다. 학대받은 아동이 보이는 신체적 특징으로 저체중, 저신장이라는 성장장애가 지적된다(추연구, 2019). 이를 '박탈왜소증'이라고 한다. 박탈왜소증은 정서적 박탈에 의해 나타나는 아동기 성장장애이다. 정서적 박탈은 영유아의 내분비선을 억누르고 성장호르몬 분비를 억제하여 성장을 느리게 한다. 만약 정서적 방치가 수년간 계속되면 아이들은 정상보다 더 작고, 정서적 문제와 지적 손상을 장기적으로 나타낼 수 있다(최순영, 2009). 학대에 의해 유발될 수 있는 또 다른 결과는 '반응성 애착장애'이다. 반응성 애착장애를 보이는 아동은 긍정적인 감정 표현이 적고 타인에 대한 반응성이 낮다. 사회적 상호작용에 적절한 방식으로 반응하지 못한다. 이 장애는 아동에 대한 관심 결여, 부적절한 양육, 가혹한 처벌, 심리적 학대, 방임 또는 유아의 기본적인 신체 요구에 대한 지속적인 무시, 반복적인 가해나 불충분한 영양 제공 등이 원인이 되어 나타난다(탁미라, 2013).

학대 경험에 의해서 주의력결핍 과잉행동장애(Attention Deficit Hyperactivity Disorder: ADHD)의 행동 특성인 다동·

충동성이 나타날 수 있다는 견해도 있다. 피학대 아동에게서 ADHD의 다동·충동성의 비율이 높게 나타나는데, 내부로부터 솟아나는 불안감을 해소하는 방안으로 다동행동을 보인다는 것이다(추연구, 2019). 내가 만났던 학대받은 아이들 중에는 다동·충동성 문제를 가진 경우가 많았다. 잠시도 가만히 있지 못하고 대화에 집중하지 못했다. 면담을 하려 해도 면담실 의자에 5분은커녕 1분도 앉아 있지 못하고 좁은 면담실을 계속 왔다 갔다 하거나 테이블 밑으로 들어가서 나오지 않았다. 아홉 살 밖에 되지 않은 한 아동은 결국 부모와 분리되어 시설에서 살게 되었다. 스스로도 부모와 떨어져 살기를 원했다. ADHD 약을 먹고 있었다. 약기운이 너무 강했던지 면담을 하는 내내 졸린 듯 천천히 눈을 깜빡이고 나른해 보였다. 약을 먹기 전에는 충동성이 강하고 산만하며 친구들과 다툼이 잦았다고 한다. 이제 겨우 9세 밖에 되지 않은 아이인데 부모의 보호를 받지 못하고 혼자 힘든 싸움을 하며 살기 위해 버티고 있었다. 태어나자마자 시설에 보내진 아이도 있었다. 이 아이는 ADHD가 의심된다는 소견을 받았다. 여덟 살이 된 아이는 왜소했다. 부쩍 어른들의 관심을 받고 싶어 했다. 처음 본 사람에게 가서 안기고 아기처럼 행동하고 아기처럼 말했다. 잠시 머무는 동안 아이는 사랑을 독차지하고 싶다는 듯 어른들에게 안겼다. 하지만 가야 할 때가 되자 사람들의 사랑은 부질없다는 듯 미련 없이 뒤도 돌아보지 않고 떠났다. 그 작은 아이가 경험한 사랑은 어떤 것이었기에 그리도 매정하게 돌아섰을지 아이의 뒷모습이 선명하다. 더 이상 상처받지 않으려 스스로를 보호하는 방어기제가 아닐까.

아동은 스스로 통제할 수 없는 학대 상황에서 심리적 고통으로부터 벗어나기 위한 자기방어 전략이자 자기보호 장치로 경험회피를 사용한다. 경험회피는 신체적 감각, 정서, 사고나 기억 등 원하지 않는 부정적인 자극에 대해 회피하고자 하는 경향성으로 개인이 고통에 대처하는 전략이다(임혜은, 한세영, 2022). 상처를 줄 수 있는 자극으로부터 스스로를 보호하는 방어기제이다. 사랑받고 싶지만 그 사랑으로 인해 상처받을까 봐 두려운 자기보호의 마음이다.

회복

학대가 미치는 영향은 너무 부정적이고 확정적인 듯하다. 학대의 경험은 고통스럽고 부정적인 것이 분명하다. 하지만 같은 경험을 하더라도 인간은 각자의 방식대로 삶을 선택할 수 있다. 학대 경험이 있는 사람들이 모두 공격적 문제해결 방식을 선호하거나 자녀를 학대하지 않는다. 어릴 때 학대받았던 많은

사악한 본능 어디에서 오는가 _ Chapter 셋

사람들은 어른이 되어 자녀를 갖기 전에 타인에게 적절히 반응하는 방식을 배우게 된다. 어릴 때 학대를 받았던 사람일지라도 특정한 사회적·환경적 스트레스를 경험할 때에만 가학적인 부모가 될 가능성이 있다고 한다(최순영, 김수정, 1995). 인간은 성장하면서 많은 사람과 상호작용을 하고 영향을 주고받는다. 영유아기에는 상호작용의 대상이 주 양육자로 한정되지만, 유치원에 들어가며 또래와 사회적 상호작용을 경험하게 되고, 아동기와 청소년기를 거치며 다양한 사회적 자극에 노출된다. 타인과의 긍정적인 상호작용, 사랑과 지지 속에서 학대의 상처는 치유될 수 있다.

어린 시절 학대를 당한 사람은 성인이 되어서도 자기 패배감을 쉽게 느끼게 된다. 즉, 정신적·사회적 발달이 억제됨으로써 어른이 되어서도 '상처받은 아이'인 채로 살아가게 된다고 본 것이다(추연구, 2019). 평생 상처받은 아이로 살게 될 수도 있다. 하지만 사람들과의 긍정적인 관계 속에서 상처를 치유하고 더 많은 사랑을 주는 어른이 되기도 한다.

수많은 학대 피해 아동들을 만난다. 상처가 있지만 여전히 순수하고 맑은 마음을 잃지 않고 있다. 남을 배려하는 마음의 크기도 지니고 있다. 먹고 싶어 하는 과자를 마음껏 가져가라고 해도 자기가 먹을 만큼만 챙기고, 가지고 싶은 장난감이 있어도 다른 친구들도 가지고 놀아야 한다고 설명하면 슬며시 장난감을 내려 두기도 한다. 어떤 아이는 매일 아이들을 만나는 나에게 "힘드시겠어요."라며 오히려 나를 위로해 주었다. 아픈 경험이 그 아이에게 다른 사람의 힘듦을 보고 공감할 수 있는 마음을 주었던가 싶다. 아이들에게 많은 것을 배운다.

수많은 피해자들을 만나며 오히려 그들이 보내는 위로에 마음 숙연했던 적이 한두 번이 아니다. 삶을 끝내고 싶을 정도의 고통을 오롯이 혼자 감당하며 살아가면서도 또 다른 누군가를 염려하고 위로한다. 내가 만난 수많은 아이들이 자라서 어떤 아이들은 상처받은 아이로만 머물게 될지도 모르겠다. 하지만 그보다 더 많은 아이들이 나에게 했듯 다른 사람의 상처를 어루만져 주는 성인이 될 것으로 믿는다.

Chapter

셋

$$09$$

그루밍,
교활한 아동 성범죄자의 속임수

  문을 열고 들어와 나를 본 아이는 환한 웃음을 짓더니 덥썩 나를 안았다. 아이의 인사법이었다. 나도 따뜻하게 아이를 안으며 인사를 건넸다. 아이를 안은 내 품이 허허로웠다. 아홉 살 아이는 너무 가냘팠다. 아이는 시설에서 지내고 있었다. 뒤따라 들어온 선생님이 넌지시 알려 주신다. 아이가 애정결핍이 있어서 그런지 낯선 사람에게 경계가 없고, 사람을 만나면 저렇게 안기며 애정표현을 한다고. 아니나 다를까 아이는 시설 선생님들에게 "사랑해요."라며 자주 안기고 아기 같이 혀 짧은 소리로 말하기도 했다. 어른들이 맛있는 과자를 주고 자신에게만 관심을 가져 주니 내심 기분이 좋았나 보다. 그런 아이의 모습이 눈에 밟혔다. 얼마나 사랑이 고팠을까. 아이의 마음속에 얼마나 큰 아픔이 자리 잡고 있을지 알기에 더욱 마음이 아팠다.

면담이 시작되자 질문을 하지도 않았는데 아이는 숨이 찰 정도로 쉴 틈 없이 이 얘기 저 얘기를 꺼내 놓았다. 자기 말에만 귀 기울여 주는 사람을 만나니 좋았던 것 같다. 시설에서 지내기 전에 아이는 할머니와 둘이 살았다. 아이가 어려서 엄마는 집을 나갔고 아빠마저 돈을 번다며 아이를 떠났다. 아이에게는 할머니뿐이었지만 할머니는 몸이 아파 아이를 잘 돌볼 수 없었다. 아이는 언제나 혼자였다. 학교에 가면 친구들은 아이를 멀리했다. 말이 통하지 않는단다. 아이는 가끔 아빠와 통화를 하는데 6학년이 되면 아빠가 데리러 온다며 자랑을 했다. 아픈 할머니 걱정도 빼놓지 않았다. 아이가 어찌나 이야기를 하고 싶어 하는지 하염없이 들어주고 싶었지만 사건 면담을 해야 했기에 아이를 달래어 사건으로 주제를 전환했다.

할머니가 밭일을 나가면 아이는 집에 혼자 남았다. 산으로 들로 놀러 다니기도 했지만, 혼자서는 영 재미가 없었다. 아이는 늘 외롭고 심심했다. 그런데 아이에게도 혼자만의 비밀이 있었다. 몇 집 건너에 사는 할아버지와의 비밀이다. 할아버지는 가끔 아이의 집에 먹을거리를 가져다주곤 한다. 할머니도 아주 고마워했다. 운이 좋은 날은 가게에서 과자를 사 주기도 한다. 가장 좋은 것은 할아버지의 핸드폰이다. 핸드폰으로 게임을 할 수 있기 때문이다. 아이는 자주 할아버지 집에 가서 놀았다. 그런데 아이에게 한 가지 고민이 있었다. 할아버지 집에 가고 싶기도 하고 가기 싫기도 했다. 혼자서도 게임하고 놀 수 있는데 할아버지가 자꾸 무릎 위에 앉으라고 한다. 아이가 게임을 하고 있는 동안 할아버지는 아이의 몸을 만졌다. 처음에는 옷 위로 만졌는데 점점 옷 안으로도 만졌다. 그 느낌이 싫어서 아이가 하지 말라고 말했는데 할아버지는 예뻐서 어른이 만지는 것은 괜찮다며 싫으면 오지 말라고 오히려 으름장을 놓았다. 그러면서 할아버지는 할머니한테 말하면 게임하러 오지 못하게 할 테니 집에 가서는 말하지 말라고 했다. 맛있는 것도 먹고 게임도 하고 싶었던 아이는 할아버지 말대로 했다. 가해자의 추행은 상당 기간 지속되었다. 급기야 가해자는 아이의 소중한 곳까지 만지기 시작했고, 아이가 학교에서 상담을 받던 중 피해를 폭로하여 신고되었다.

만약 아이가 피해를 폭로하지 않았다면 가해자의 성폭행은 계속되었을 것이다. 보호가 취약한 아이를 대상으로 과자나 게임과 같이 아이가 좋아하는 것들을 제공하고 호감을 사서 관계를 형성한 뒤 성적 행위를 하고 주변에 이야기하지 못하도록 비밀 유지까지 시킨 가해자의 행위는 그 죄질이 아주 나쁘다고 할 것이다. 그런데 아동을 대상으로 이루어지는 성범죄는 이와 같은 양상을 보이는 경우가 많다. 이러한 일련의 행태를 '그루밍(grooming)' 혹은 '길들이기'로 설명한다.

고양이를 좋아하거나 키우는 사람들은 '그루밍'이라는 표현이 익숙할 것이다. 고양이가 몸을 핥고 발로 얼굴을 문지르는 행위를 말하는데, 고양이는 털에 묻은 이물질들을 제거하여 자기 몸을 깨끗하게 하기 위해, 혹은 체온 조절, 스트레스 등의 이유로 그루밍을 한다. 자신을 가꾸고 치장하는 몸단장의 의미도 포함된다. 원래 그루밍이라는 용어는 고양이가 아닌 말의 털을 관리해 주는 행위에서 유래되었다. 그루밍의 사전적 의미는 '동물의 털을 빗겨 줌으로써 깨끗이 해 주는 것'이다. 영국에서는 마구간에서 말을 깨끗한 상태로 돌보고 유지하는 사람을 그룸(groom)이라고 불렀다. '정성스럽게 길들이고 관리한다'는 의미를 내포하여 아동 성범죄자가 아동을 대상으로 신뢰를 형성한 후 성범죄를 저지르는 과정을 '성적 그루밍'이라고 한다(윤정숙, 2020).

그루밍이라는 용어가 학계에서 사용된 것은 그리 오래되지 않았는데, Salter(1995)에 의해 처음 강조되었다(신현주, 2019; 윤정숙, 2020). 그루밍은 학대자가 아이를 좀 더 쉽게 성적으로 학대할 수 있고 동시에 공개될 가능성이 낮은 상황으로 교묘하게 조종하는 과정을 일컫는다. 그루밍 성범죄는 성범죄자가 피해자를 유혹하기 위해 사용하는 비폭력적인 방법을 말한다(신현

사악한 본능 어디에서 오는가 _ Chapter 셋

주, 2019). 아동 성범죄자는 성폭행이라는 자신의 목적을 숨기고 호의를 가장하여 아이에게 접근한다. 오랜 시간을 들여 아이와 편안한 관계를 형성하고 심지어 아이의 주변 사람들에게도 좋은 사람이라는 이미지를 각인시켜 자신에 대한 경계를 허물도록 만든다. 내가 만난 아이를 성폭행한 가해자도 이러한 수법을 사용하였다. 평소 아이의 집에 드나들며 할머니와 친근한 관계를 형성하고 자신을 믿을 만한 사람으로 인식시켰다. 아이가 좋아할 만한 간식을 주고 게임을 할 수 있게 해 주며 신뢰 관계를 구축했다. 항상 혼자 있는 외로운 아이에게 관심을 가져 주는 고마운 이웃 할아버지라는 가면을 쓰고 아이와 할머니에게 접근했다. 그루밍의 관점에서는 이러한 과정을 성적 행위를 용이하게 만들기 위해 가해자가 피해자를 준비시키는 과정으로 본다. 그루밍 성범죄의 특징을 보면, 가해자는 꽤 오랜 시간 범행의 목적을 달성하기 위해 피해자와 관계를 형성한다. 그렇다면 그루밍 성범죄자는 주로 피해자 혹은 피해자의 가족과 아는 사이일 가능성이 높지 않을까. 실제로 그루밍은 주로 낯선 사람보다는 이미 알고 있는 사람들에 의해 이루어지고, 온라인보다는 오프라인에서 더 많이 발생한다. 친근한 성격을 가지고 있고, 지역 사회 내에서 존경심을 갖는 위치에 있을 수도 있다(신현주, 2019).

2020년 아동·청소년 대상 성범죄로 유죄 확정된 자료의 분석 결과[*]에 따르면, 유죄가 확정된 아동·청소년 성범죄자 수는 2,607명으로 전년(2,753명) 대비 5.3% 감소하였다. 범죄 유형은 강제추행이 1,174명(45%)으로 가장 많았고, 강간은 530명(20.3%)이었다. 피해자의 28.2%가 13세 미만이었고, 평균 연령은 14세였다. 가해자와의 관계를 보면, 가족·친척을 포함한 아는 사람이 66.4%로 가장 높았고, 모르는 사람 30.1%, 인터넷 채팅 등을 통해 알게 된 사람 16.0%였다. 세부적으로 보면, 친부가 138명(4.1%), 계부 111명(3.3%), 교사 476명(14%), 학교 선배·후배 28명(0.8%)이었다. 모두 아동에게 쉽게 접근할 수 있고, 아동도 믿고 따를 수 있는 위치에 있는 자들이다.

이와 같이 아는 사람에 의한 성범죄 비율이 매우 높은 것을 볼 때, 범행 수법에 있어 그루밍이 사용되었을 가능성이 높을 것을 짐작해 볼 수 있다. 윤정숙, 이태헌과 김현숙(2019)은 수사재판기록을 검토하고 아동·청소년 대상 성범죄를 분석하여 그루밍 성범죄의 특성을 연구하였다. 분석에 포함된 108건의 사건 중 그루밍 성범죄는 54건(50%), 일반 성범죄도 54건(50%)으로 나타났다. 가해자와 피해자가 직접 대면하여 발생한 오프

---

[*] 여성가족부 보도자료(2022. 3. 23.). '아동·청소년 대상 성범죄 발생 추세와 동향 분석' 발표 자료. 이 자료는 한국 형사·법무정책연구원이 여성가족부의 연구용역 의뢰를 받아 수행한 분석 연구 결과로 2020년 아동·청소년 대상 성범죄로 유죄판결이 확정된 범죄자의 판결문을 기초로 분석하였다.

사악한 본능 어디에서 오는가 _ Chapter 셋

라인 그루밍은 42건(39.8%)이고, 온라인 매체(SNS, 채팅 앱, 온라인 카페 등)를 통해 이루어진 '온라인 그루밍'은 12건(11.1%)이었다. 오프라인 그루밍 성범죄의 주요 결과를 보면, 앞에서 살펴본 것처럼 아는 사람에 의해 일어나는 비율이 높았다. 친구나 이웃, 학교, 학원, 보육원생 등 친족 외 면식 관계가 40.8%로 가장 높았고, 친족 36.7%, 온라인에서 맺어진 관계 6.1%, 비면식 일회성 관계 10.2%로 나타났다. 피해자의 평균 연령은 13.7세였고, 4세부터 19세까지의 연령 분포를 보였다. 사건 발생지의 경우, 그루밍 성범죄자 54명 중 본인의 집에서 범죄를 저지른 비율이 51.9%에 달하는 반면, 일반 성범죄자는 31.5%로 나타났다. 또한 그루밍 성범죄는 피해자의 집에서 발생한 비율도 14.8%에 달했다(일반 성범죄의 경우 5.6%). 가해자와 피해자의 집에서 범죄가 발생한 비율이 일반 성범죄에 비하여 높다는 것은 가해자와 피해자의 관계적 측면을 이해할 수 있게 해 준다. 즉, 가해자의 집에 피해자가, 피해자의 집에 가해자가 드나들 수 있다는 것은 상호 간의 혹은 가해자와 피해자의 가족 간의 관계가 긍정적이었음을 짐작케 한다. 그루밍 성범죄는 비폭력적 방법으로 피해자를 유혹한다고 하였다. 이러한 방식으로 가해자는 피해자를 자신의 집으로 유인하여 범행하는 경우가 많다. 실제로 필자가 분석한 사건들에서 가해자들은 반려동물, 간식, 게임 등을 이용하여 피해자를 유인하였다.

초등학교 3학년인 A의 부모는 모두 맞벌이를 하였다. 집에 오면 아무도 없는 날이 많았다. 어느 날 옆집에 한 아저씨가 이사를 왔는데 예쁜 강아지도 있었다. 아이는 단번에 강아지에게 사로잡혔다. 첫날 만난 후로 아이는 자주 아저씨 집에 놀러 갔다. 아저씨는 간식도 주며 아이가 강아지와 실컷 놀게 해주었다. 바로 옆집이었던지라 부모도 대수롭지 않게 여겼다. 그런데 어느 날부터 아저씨가 이상한 요구를 하기 시작했다. 자꾸 몸을 만지게 해 달라는 것이다. 아무것도 몰랐던 아이는 "그럼 조금만 만지세요."라고 허락했다. 옷 위로 만지던 손은 옷 안으로 들어갔고, 상체에 머물렀던 손은 점점 아래로 내려갔다. 아이는 하지 말라고 했지만 아저씨는 그러면 집에 못 오게 한다며 계속 아이의 몸을 만졌다. 아이는 엄마에게 말하면 오히려 그 집에 계속 놀러 갔다고 혼이 날까 봐 무서워 말하지 못했다. 급기야 남자는 아이에게 성관계를 요구했다. 아직 성관계가 무엇인지 몰랐던 아이는 아저씨가 시키는 대로 하다가 너무 아파 아저씨를 밀치고 일어나 집을 나왔다. 그 뒤로 아이는 다시는 그 집에 가지 않았고, 학교 교사에게 이야기하여 신고가 이루어졌다.

그루밍 성범죄자는 적절한 보호를 받지 못하고 방치되어 있는 취약한 아동을 찾아내고 접근한다. 아직 성적 행위의 의미를 모르는 아동은 가해자의 유인과 교묘하고 집요한 요구에 성적 학대 행위에 동의하기도 한다. 그루밍은 일련의 단계를 거치는데, Welner(2010)가 제시한 6단계는 다음과 같다. 1단계 피해자 고르기, 2단계 피해자에 대한 정보 수집하기, 3단계 (피해자가 원하는) 욕구 충족시켜 주기, 4단계 고립시키기, 5단계 관계를 성적으로 만들기, 6단계 통제 유지하기(비밀 유지)이다. 피해자를 선정할 때는 취약점을 파악하는데, 피해자의 외로움, 가출, 빈곤, 지적장애, 폭력, 방임, 저연령 등 피해자의 궁박한 상황을 인식한다. 부모의 보호와 감시가 소홀한 아동이 가해자에게는 더 선호하는 대상이 된다(한숙희, 정희진, 조아미, 2020).

가해자는 관계를 성적으로 만들기까지 아동이 원하는 것을 들어주며 신뢰 관계를 만들고 고립시키는 과정을 거친다. 오프라인 그루밍의 지속 기간을 보면, 3년 이상 그루밍이 지속된 사건이 그루밍 성범죄 54건 중 40.4%나 되었다. 이틀에서 일주일은 4.8%, 1달 이상 1년 미만 19%, 1년 이상 2년 미만 11.9%, 2년 이상 3년 미만 7.1%였다. 5년 이상이나 그루밍이 지속된 사건도 21.5%나 되었다. 이와 같이 그루밍 성범죄는 피해가 폭로되지 못하고 장기간 지속되는 경향을 갖는다(윤정숙, 이태헌, 김현숙, 2019). 성적 길들이기는 매우 교활한 방식으로 진행되기 때문에 아동이 그 덫에서 빠져 나오기가 결코 쉽지 않으며, 비정상적인 성 접촉을 정상화하는 과정에서 아동의 자기상과 대인

관계상이 왜곡되어 심각한 발달 왜곡을 초래할 수 있다(김태경, 2021).

그루밍은 방식에 따라서 대면 그루밍(오프라인 그루밍), 온라인 그루밍, 스트리트(street) 그루밍, 또래 그루밍으로 분류된다. 이 중에서 스트리트 그루밍은 보다 최근에 등장한 방식으로 아동 성매매나 아동 음란물 제작 등을 목적으로 조직화된 집단이 개입하여 길거리에서 그루밍에 취약한 여아에게 접근하여 이들을 길들이는 경우이다. 또래 그루밍 역시 성적 착취나 학대를 목적으로 아동·청소년 가해자가 또래 피해자를 길들이는 경우를 지칭한다(윤정숙, 2020). 스트리트 그루밍이나 또래 그루밍에서 가해자는 자신들이 접근할 수 있는 취약한 피해자를 찾는데, 가출 청소년은 표적이 될 위험성이 높은 취약성을 지닌다. 가출 청소년이 성매매에 빠지게 되는 경로 중 대표적인 것으로 가출팸을 들 수 있다. 가출을 하고 싶은 청소년은 아는 친구나 선배·후배를 통해, 혹은 SNS에 가출을 함께 할 사람이나 재워 줄 사람을 찾는다는 글을 올려 함께 생활할 집단을 구한다. 이들 중에는 우두머리가 있기 마련인데, 처음에는 숙식을 제공하며 환심을 사지만 이내 돌변하여 "네가 쓴 만큼 벌어서 갚으라."며 성매매를 알선한다.

중학생 B는 집에 있기 싫었다. 외동딸인 B는 부모가 혐오스

　　　　　　　　사악한 본능 어디에서 오는가 _ Chapter 셋

러웠다. 맞벌이로 바쁜 아빠와 엄마는 자신에게 용돈을 주는 것 말고 해 주는 것이 아무것도 없었다. 그러면서 요구하는 것은 많았다. 자신은 집에 있으나 마나 한 존재였다. 그런 B에게 집 밖은 재미있는 놀거리가 넘치는 곳이다. 가족보다 더 가족 같은 친구도 있었다. B는 그저 친구랑 놀고만 싶었다. 어느 날 B와 놀던 친구가 오빠들을 데리고 왔다. 고등학생 오빠들이다. 오빠들은 오토바이도 있었다. 오토바이를 타고 달리니 속이 뻥 뚫리고 신이 났다. 오빠들이 사는 방에 가서 술을 마셨다. 집에 가기도 싫고 그냥 친구와 놀고만 싶었던 B는 오빠들 방에 머물 렀다. 오빠들이 밥도 시켜 주고 술도 사 줬다. 옷을 사 입으라 며 몇 만 원씩 주기도 했다. 참 좋은 오빠들이었다. B는 핸드폰 도 꺼 두고 집에 돌아갈 생각은 하지도 않았다. 하지만 일주일 이 지나자 오빠들이 돌변했다. B의 핸드폰을 뺏더니 지금까지 쓴 돈을 갚으라며 협박했다. 겁이 난 B가 집에 가서 돈을 받아 와서 돌려주겠다고 하자 벌어서 갚으란다. 알고 보니 그 오빠 들은 가출한 여학생들을 데려와 조건만남을 시키는 무리들이 었다. 이때부터는 B가 어디를 가든 한 명이 따라붙었다. 숙소 밖을 마음대로 나가지도 못했다. 그들과 머무는 동안 성폭행까 지 당했다. 어느 날 밖에 나온 사이 자신을 따라온 남자를 따돌 린 B는 무작정 택시를 타고 집으로 향했다. 그렇게 B의 가출은 끝이 났다.

SNS와 같은 온라인 매체가 발달하면서 아동·청소년이 성범죄에 노출될 위험성이 훨씬 높아졌다. 성적 목적을 가진 남성이 아동·청소년에게 접근할 수 있는 방법이 용이해졌기 때문이다. 단지 머물 곳을 찾는 아동·청소년의 요청에 잠재적 가해자는 자신의 목적을 숨기고 숙소를 제공하겠다며 접근한다. 필자가 만난 한 여중생은 서울에 있는 자신을 데리러 강원도에서 온 남성도 있었다고 한다. PC방에서 글을 올렸는데 몇 시간도 되지 않아 한 남성이 자신을 데리러 왔고 PC방 값을 내 준 것도 모자라 며칠 동안 숙식을 제공해 주었다고 한다. 하지만 아니나 다를까 이 남성의 목적도 성적 욕구의 충족이었다. 이전에도 다른 아동을 데려온 적이 있는 듯 남성의 집에 머리끈이나 빗 같은 여성 물품들이 여러 개 있었다고 한다. 아예 아이들이 좋아할 만한 물건을 구비해 놓고 환심을 사서 경계를 허문 뒤 자신의 욕구를 채운 것이다.

요즘 아이들의 일상은 온라인 매체를 떠나서는 이루어질 수 없다. 학계에서는 디지털 시대의 새로운 세대를 일컫기 위해 '디지털 네이티브(Digital Native)'라는 용어를 사용하기도 한다. 디지털 네이티브는 1980년대 이후 출생하여 태어나면서부터 디지털 환경을 경험하고, 디지털 언어와 기술을 자유자재로 사용하며 디지털이 '새로운 것'이 아닌 원래 태어날 때부터 '있는 것'으로 여기는 집단을 말한다(전수아 외, 2021). 간혹 기차를 타

사악한 본능 어디에서 오는가 _ Chapter 셋

고 출장을 갈 때면 칭얼대는 아이를 달래기 위해 엄마가 핸드폰으로 아이가 좋아하는 영상을 틀어 주는 것을 보고는 한다. 아이는 핸드폰에서 눈을 떼지 못한다. 디지털 세상은 기성세대에게는 선택이지만 아이들에게는 살아가는 세상 그 자체이다. 상황이 이럴지니 조사를 받으러 오는 아이들의 손에서 핸드폰을 쉬게 해 주는 일로 실랑이가 벌어지기도 한다. 잠시라도 틈이 생기면 핸드폰으로 게임을 하거나 친구와 채팅을 한다. 좋은 점도 있다. 때로는 아이들의 정보력에 놀라기도 한다. 무엇이든 찾아볼 수 있는 최첨단 기기를 장착한 아이들은 때로는 나도 모르는 신문화를 이야기해 주곤 한다. 아이들에게 배운다. 최첨단 시대를 살아가는 최첨단 인간으로 성장하는 것은 어쩌면 당연하고 바람직한 일이다. 하지만 좋은 점이 있으면 그만큼 나쁜 점이 있는 것이 세상의 이치이다. 아무 때나 접속할 수 있는 온라인 세상에는 아이들을 노리는 나쁜 정보와 나쁜 어른들이 너무 많다. 아이들이 구사하는 성 관련 용어들을 듣고 무슨 말인지 몰라 되물었던 적이 한두 번이 아니다. 어디에서 그런 말을 배웠냐고 물으면 아이들은 아무렇지 않은 듯 웹사이트를 거론한다.

성에 대한 호기심은 청소년기 발달단계에서 경험하는 자연스러운 현상이다. 요즘 같이 무분별한 정보들을 아무런 제약 없이 찾아볼 수 있는 시대에 청소년이 스스로 이러한 정보에서 자신을 보호하기를 기대하는 것은 무리일 듯싶다. 아직은 어른의 보호가 필요한 시기이다. 청소년기의 어원은 라틴어 'adolescere'에서 유래한 것으로 '성숙한 사람으로 성장해 간다'는 뜻이다. '질풍노도의 시기(time of storm and stress)'라는 유명한 말을 모르는 사람은 없을 것 같다. 여러 심리사회적 발달로 이 시기를 설명할 수 있겠지만, 뇌의 발달적 측면을 보면 혼란스럽고 충동적인 청소년의 행동을 좀 더 잘 이해할 수 있다. 뇌의 부위 중 전전두엽은 논리적·이성적 판단을 담당한다. 그런데 이 부위는 20대 초반에 이르기까지 계속 발달한다(신명희 외, 2013). 신체의 급격한 발달 등으로 청소년은 자신이 마치 어른이 다 된 것처럼 느끼지만, 여전히 뇌는 미성숙하다. 스스로를 통제하고 책임질 준비가 덜 된 것이다. 하지만 청소년은 자기 일은 자기가 알아서 하겠다며 부모를 멀리한다.

아동·청소년의 경우 아직은 보호가 필요한 취약성이 여기에 있다. 이러한 취약한 틈을 파고드는 것이 성범죄자들이다. 특히 디지털 매체가 일상이 된 아동·청소년은 온라인 세상에서도 성범죄에 쉽게 노출된다. 그루밍은 온라인에서도 이루어진다. 2000년대 들어서면서 컴퓨터 사용이 보편화되고 온라인에서의 그루밍이 사회문제가 되면서 온라인 그루밍을 본격적으로 연구하는 학자들이 등장하게 되었다(윤정숙, 2020). 국내에서는 2018년 디지털 성착취가 자행된 'n번방 사건'으로 디지

사악한 본능 어디에서 오는가 _ Chapter 셋

털 성범죄에 대한 경각심이 일어났다. n번방 사건은 SNS 계정을 해킹하거나 협박해서 얻어 낸 성착취물을 공유하는 단체 채팅방을 운영한 사건으로, 피해자의 대부분이 아동·청소년이었다(김정연, 2021). 가해자들은 여성들에게 성착취 영상을 찍도록 협박하고 그 영상을 판매하였다. 이러한 조직적인 디지털 성범죄가 아니더라도 아동·청소년은 일상 속에서 쉽게 디지털 성범죄에 노출된다.

요즘 아이들은 SNS를 통해 인간관계를 맺는다. 처음 대화를 나눈 날 사귀고 '오늘부터 1일'을 선언하기도 한다. 초등학교 6학년인 A는 채팅으로 고등학생 오빠를 만났다. 둘은 사귀기로 했다. 단, 오빠가 한 가지 조건을 내세웠다. 해 달라는 건 무엇이든지 들어주기가 조건이었다. A는 아무 생각 없이 수락했다. 대수롭지 않게 여겼기 때문이다. 하루, 이틀, 오빠와의 채팅은 언제나 즐거웠다. 오빠는 다정하고 잘 챙겨 줬다. 그러던 어느 날, 오빠가 물어봤다. 키스 해 봤냐고. 왠지 안 해 봤다고 하면 오빠가 자기를 별로라고 생각할 것 같아서 A는 해 봤다고 했다. 몇 번 해 봤냐고 묻는다. 많이 해 봤다고 했다. '만나지도 않을 건데 거짓말 좀 하면 어때.' 싶었다. 오빠는 매일 이상한 걸 물어봤고 A는 거짓말 반 진담 반으로 대답했다. 그런데 첫날 약속했던 걸 이야기하며 오빠가 '가슴' 사진을 찍어 보내 달라고 했다. 처음에 A는 싫다며 안 보냈는데 오빠의 요구는 집요했다. "약속을 했으면 지켜야지 왜 안 지켜." "너 그런 애인 줄 몰랐다." "안 보내 주면 학교로 찾아간다." 오빠의 요구는 계속되었다. 채팅은 안 해 버리면 그만이지만 학교로 찾아온다는 말은 무서웠다. 얘기하다가 어느 학교인지 말해 버린 것이다. 왠지 이 오빠는 집까지 알아내서 찾아올 것 같았다. 버티고 버티던 A는 사진을 줘 버리고 오빠랑 끝내야겠다는 생각에 결국 사진을 찍어 보냈다. 오빠와의 관계를 끝내려고 보낸 사진이 지옥 같은 생활의 시작이 될 줄을 A는 정말 몰랐다. 이 날부터 오빠는 악마가 되었다. 또 다른 사진과 동영상을 요구했고, A가 싫다고 하면 오빠는 사진을 유포하겠다며 협박했다. 겁이 난 A는 오빠의 요구를 계속 들어 줄 수밖에 없었다.

온라인 그루밍은 그루밍에 의한 성범죄가 온라인을 기반으로 이루어진다는 점에서 차이가 있을 뿐 '아동을 성적 만족의 대상으로 삼으려는 욕구에 의해 동기화된 성적 학대의 준비'라는 기본 개념은 동일하다. 온라인 그루밍과 오프라인 그루밍의 중요한 차이점 중 한 가지는 오프라인 그루밍은 가해자가 아는 사람인 경우가 많은 반면, 온라인 그루밍은 '익명성'을 전제로 한다는 점이다. 즉, 가해자는 낯선 사람이며 피해자에게 제시한 정보조차 거짓일 가능성이 매우 높다. 범죄자들은 편안하게 자신의 집에서 피해자에게 접근하고 손쉽게 피해자를 선택한다(신현주, 2020). 온라인 그루밍도 일련의 단계를 보인다. 1단계 우정 형성, 2단계 관계 형성, 3단계 위험 평가, 4단계 독점, 5단계 성적인 단계이다. 우정 형성 단계에서 가해자는 아이에게 사진을 보내도록 요청하고 관계를 형성하며, 가정이나 학교에 대해 이야기하고, '내가 너의 가장 친한 친구'라는 환상을 만든다. 다음으로 아이의 부모나 보호자에 의해 발각될 위험성을 평가하고 독점 단계에 이르러 아동의 강한 신뢰를 확보하여 가해자에게 의존하도록 고립시킨다. 성적인 단계로 접어들며 가해자는 비로소 "키스해 본 적 있어?" "너를 만져 본 적 있어?"와 같은 대화를 나누며 관계를 성적으로 만든다(신현주, 2020). 아동은 상대방에 대한 강한 신뢰를 가지고 요구를 들어주고 비밀을 공유하지만, 가해자는 이를 이용하여 아동이 자신에게서 벗어나지 못하도록 협박한다. 온라인 그루밍이 성착취로 이어지는 것이다.

이와 같이 온라인 그루밍은 실질적인 접촉이 없이도 성착취가 이루어진다. 음란 사진 전송, 신체 특정 부위 촬영 사진 전송 요구, 웹캠을 이용한 성적 대화 및 녹화 등을 통해 성착취가 발생할 수 있다(전수아 외, 2021). 2021년 여성폭력 실태조사[*]에서 만 14~18세 여성 청소년 1,000명을 대상으로 온라인 그루밍

---

[*] 여성가족부(2022). 여성폭력 통계.
  통계 정의: 온라인 그루밍이란 성인이 인터넷에서 알게 된 미성년자와 온라인상에서

피해 경험을 조사한 결과, 온라인 그루밍 피해를 경험한 경우는 10%로, 이들 중 성적인 대화를 나눈 경우는 96명(9.6%)이었고, 이후 오프라인에서 성적인 요구를 받은 경우가 4명(0.4%)인 것으로 나타났다. 온라인상에서 성적인 대화를 나눈 경우에 한하여 얼굴, 신체가 포함된 사진, 동영상을 보내거나 화상 통화를 한 적이 있는 경우가 27명(28.1%)이었고, 12명(12.5%)이 실제로 만났으며, 이들 중 9명이 성적인 대화나 행위를 요구받은 것으로 나타났다. 디지털 성착취, 디지털 성범죄의 심각성에 대한 인식이 널리 이루어지고 있지만 여전히 발생률은 급증하고 있다. 경찰청의 범죄통계에 따르면, 아동·청소년 성착취물 범죄율이 2019년 734건(8%)에서 2020년 2,619건(29.9%)으로 급증하였다. 2021년에는 1,626건(19.2%)으로 다소 감소하였지만 여전히 높은 수치이다.[**]

그루밍 성범죄는 그 특성상 아동이 피해를 폭로하기까지 오랜 시간이 소요되어 범죄가 장기화되고 신고된 후에도 폭로를

또는 직접 만나서 성적인 접촉을 하기 위해 일상적인 대화를 나누며 신뢰감을 쌓는 행동을 의미한다. 만 14~18세 여성 청소년 중 온라인에서 낯선 성인 또는 연령 미상의 상대방과 1대 1 대화 도중 또는 그 이후 오프라인에서 성적 요구를 받은 경험자 비율이다.

[**] 여성가족부(2022). 여성폭력 통계.
'아동·청소년성착취물' 범죄는 「아동·청소년 성보호에 관한 법률」 위반으로 입건된 사항이며, 아동·청소년은 19세 미만의 피해자를 의미한다.

철회하는 경우가 있다. 온라인 그루밍 성범죄는 신고율이 저조한 편인데, 온라인상에서 가해자와 친밀한 관계를 형성한 피해자가 가해자에 대해 정서적으로 굉장히 의존하게 되어 피해 사실을 깨닫지 못하거나 알면서도 신고를 꺼리는 경우가 많기 때문이다(전수아, 2021). 이는 오프라인 그루밍 성범죄의 경우에도 마찬가지이다. 이러한 '신뢰' 관계가 아니더라도 피해자가 전송한 사진과 동영상으로 가해자가 협박을 한다면 유포에 대한 두려움으로 피해자는 신고를 못하고 가해자의 요구에 순응할 수밖에 없다.

아동 · 청소년 대상 성범죄의 양상이 변화하면서 2021년 「아동 · 청소년의 성보호에 관한 법률」이 개정되어 '온라인 그루밍'에 대한 처벌 규정이 마련되었다. 또한 아동 · 청소년 대상 디지털 성범죄의 사전 예방과 증거능력이 있는 자료 확보를 위해 사법경찰관리가 신분을 위장하여 수사할 수 있는 특례 규정이 신설되기도 하였다(김정연, 2021). 오프라인 그루밍 성범죄를 처벌하기 위한 법률 개정도 추진되고 있다(연합뉴스, 2023. 1. 9.). 성범죄자 기소율이 여전히 낮은 현실을 볼 때 아쉬운 점도 있지만 성범죄의 특성을 반영한 법률 개정은 바람직한 일이다. 하지만 안심할 일은 아니다. 앞서 살펴본 성범죄 통계는 우리 사회가 여전히 성범죄의 위험에 취약하다는 경각심을 갖게 한다. 많은 연구와 정책들이 마련되어 실시되고 있지만, 현장에서 성폭력 피해 아동들을 만나는 필자로서는 여전히 그런 방안들이 부족하게만 느껴진다. 오프라인 세상과 온라인 세상, 이 두 세계를 사는 현 시대인으로서 이와 같이 교묘하고 잔혹한 범죄로부터 우리 아이들을 어떻게 지켜야 할지 고민이 깊어진다.

사악한 본능
어디에서 오는가

Chapter

넷

·

남궁혜정

10

데이트폭력,
폭력도 사랑의 표현이 될 수 있는가

그날도 민철은 두어 시간 눈을 붙였을까. 정신없이 울려 대는 알람을 끄기를 여러 차례, 그러다 저도 모르게 몸을 부르르 떨며 시계를 본다. '아, 지각이다.' 후다닥 일어나 눈곱만 간신히 떼고 달렸다. 오늘도 지각했다가는 정말 잘릴지도 모른다고 생각하니, 발에 모터를 단 듯 정신없이 뛰고 또 뛰어 가까스로 세이프……. 닫히려는 문을 두들겨 열고 버스에 몸을 싣는 데 성공! '우와, 다행이다. 시간 안에 들어갈 수 있겠는걸.' 민철의 바람처럼 출근 시간 중에 큰 이변은 발생하지 않았고, 오히려 10분이나 일찍 도착했다. 가게 문을 열고 환기를 시키고 나자 사장님이 도착했고, 하루는 순조롭게 시작됐다. 그제야 민철도 '휴~' 하며 안도의 한숨을 내쉬었다.

이 하루는 무척이나 바빴고 일이 많았다.

"민철아, 오늘 이게 무슨 일이니. 배가 등짝에 붙었겠다. 얼른 뭐라도 먹고 와라."

사장님의 재촉하는 말에 시계를 보니, 3시도 훌쩍 지나 있었다.

"네. 다녀오겠습니다." 하고 가게 문을 열며 나서는데 핸드폰이 울렸다. 영주다. '무슨 일이지. 오늘은 운동도 가고, 공부도 하겠다고 한 것 같은데.' 하며 전화를 받았다. 그는 "여보세요." 라는 말을 채 끝내지 못했다. 전화기 속으로 들려오는 울음소리에 이건 또 무슨 일인가 했다.

"왜? 무슨 일 있어?"

"흑흑… 나 죽을 것 같아. 얼른 와."

"나 지금 일하는 중인데, 아직 안 끝나서 못 가. 근데 무슨 일 있어?"

"너 지금 안 오면 나 죽어 버릴 거야."

"야. 무슨 말을 그렇게 해. 나 아직 일 하는 중인 거 몰라? 그리고 이제 3시간만 있으면 끝나니까, 조금만 기다려 봐. 그럼 끝내고 금방 갈게. 응?"

"넌, 내가 죽는다는데, 그깟 일이 대수야? 당장 와. 안 오면 나 진짜 죽어 버릴 거야."

늘 이런 식이었다. 출근해서 일을 하다 보면, 벨이 울리고,

그래서 받으면, 이렇게 '죽을 것 같다' '죽어 버릴 거다'라는 말을 하기를 여러 차례. 늘 그래 왔으니 '안 간다고 별일이야 있겠어.'라는 생각도 들지만, 안 갈 수는 없었다. 만약 안 갔다가 영주가 뱉은 말처럼 그게 정말 현실이 되면 민철은 살 수 없을 것 같았다. 그래서 그때마다 사장님한테 사정을 말하곤 달려갔다. 어떤 사장님은 "그래. 얼른 가 봐. 별일 아닐 테니까 너무 걱정하지 말고, 조심히 다녀와."라며 위로를 해 주기도 했고, 어떤 사장님은 "한두 번도 아니고, 이래서야 어떻게 같이 일을 하니."라며 대놓고는 아니었지만 그만 나오라는 식으로 얘기해 일을 그만둬야 할 때도 종종 있었다.

　아무튼 이날도 사정사정해서 두어 시간을 걸려 집으로 돌아갔다. '별일이 아니길, 아무 일도 없길⋯⋯.' 속으로 빌고 또 빌었다. 다행히도, 어쩌면 늘 그랬던 것처럼, 아무 일도 일어나지 않았다. 그보다 민철이 집에 들어서자,

　"왜 이렇게 늦게 왔어. 나 얼마나 무서웠는지 알아?"라며 화를 낸다.

　"무슨 일인데, 무슨 일 있었어?"

　"낮잠을 잤는데, 꿈을 꿨어. 나쁜 꿈이었어."

　"뭐라고? 꿈 꾼 것 땜에, 너 나쁜 꿈 꿨다고 이 난리를 친 거야? 일하는 사람을 오라고 하면서?"

　민철은 너무 화가 나고 어이가 없었다.

그런데 이런 민철의 태도에 영주는, 자신이 느낀 두려움이 마치 아무것도 아니라고, 별일 아니라고 무시하며 얘기하는 것 같아 참을 수 없었다.

"뭐라고? 이까짓 거라고?"

"내가 언제 이까짓 거라고 했어? 근데 정말 이까짓 걸로 일하는 사람을 그렇게 급하게 오라고 해? 안 오면 죽겠다고 협박하면서?"

"그래. 무서웠다고. 무서워서 죽을 것 같았다고. 근데 너 때문이잖아. 내가 그렇게 무서운 꿈꾸는 거."

"네가 나쁜 꿈을 꾸는 게 다 나 때문이라고?, 그래, 너 죽겠다고 했지. 죽을 거라고 나 협박했지. 그래, 차라리 죽어. 그냥 너 죽고 나 죽자."

'영주가 행여 목숨을 끊으면 어쩌지, 정말 그러진 말아야 하는데…… . 제발 그렇게까지는 하지 말았으면…… .' 하는 생각에, 번번이 아니었고 늘 별일 없이 지나갔지만, '그래도 혹시나' 하는 생각에 혼비백산하며 달려왔다는 사실이, 지금 민철의 머릿속엔 남아 있지 않은 듯했다. 그저 별것도 아닌 일에 금방이라도 큰일이 날 것처럼 불러 대는, 그래서 일상을 살아 내기가 너무 버겁다는 생각이 뇌리에 꽂히며, '더는 이 순간을 견딜 수 없다.' '그래, 이제 다 끝내야겠다.'는 생각만이 민철의 머리에 가득한 듯했다. 민철은 급기야 들고 있던 휴대폰으로 영주의

사악한 본능 어디에서 오는가 _ Chapter 넷

머리를 내리쳤다.

"아…!"

영주는 비명을 질렀다. 그리고 수분이 흘렀을까.

"계십니까?"

누군가 영주의 집 문을 두드렸다. 그 소리에 민철도 자신의 행동을 멈췄다. 문을 열었다. 경찰이다. 문 앞에 경찰이 서 있었다.

"주민 신고가 들어와서 왔습니다. 잠시 들어가 봐도 되겠습니까?"

경찰의 눈에는 제 머리에 피가 흐르는지도 모른 채 몸을 세워 앉으려는 영주가 들어왔다. 민철의 눈에도 이제야 피 흘리며 몸을 일으키는 영주가 보였다. 그리고 방금 전까지 두 사람의 상황이 얼마나 격렬하고 처참했는지를 짐작케 할 만큼 방이곳저곳에, 그곳에 있지 말아야 할 물건들이 흩어져 있었다. '또 못 참았구나.' 하는 생각이 민철의 머릿속을 스쳤지만, 이미 엎질러진 물이었다.

그렇게 민철은 영주를 폭행한 현행범으로 경찰의 손에 이끌려 경찰서로 향했다.

민철과 영주는 6~7개월 전부터 한 집에서 함께 생활하고 있는 연인 사이다. 두 사람은 4년 전에 학업을 중단한 학교 밖 청소년을 대상으로 하는 한 연극 프로그램에서 처음 만났다. 민철은 영주를 보자마자 첫눈에 반했고, 그래서 영주의 곁을 맴돌았다. 그러다 용기를 내서 사귀자고 제안을 했고, 수줍게 다가오는 민철의 순수한 모습에 영주도 그 제안을 받아들였다. 그러나 영주는 한 사람을 만나 그와 편안하고 안정적인 관계를 만들어 가는 게 정신적으로 다소 어려웠다. 그녀는 경계선 성격장애를 앓고 있다고 했다. 그래서 사소한 일에도 좀처럼 화가 가라앉지 않고 폭발해서 자해를 할 때도 많았다면서 이런 자신을 이해할 수 있는지 물어 왔다. 당시 민철은 경계선 성격장애가 뭔지 몰랐다. 단지 예쁜 영주가 좋았고, 그래서 일단 이해할 수 있다고, 그게 뭐든 괜찮다고, 좋다고 했다. 그러나 그런 민철의 마음은 채 한 달을 넘기지 못했다. 힘들었다. 이해할 수 없었다. 그래서 헤어지자고 했었다. 그렇게 민철의 이별을 통보받은 영주는 다시 자해의 소동을 빚었지만, 그때는 "더 이상 연락하지 마."라고 말한 뒤 SNS를 비롯한 연락처를 모두 삭제한 터라 사실상 영주가 어떤 일을 겪었는지 민철은 자세히 알지 못했었다.

이쯤에서 민철이 살아온 이야기도 한번 들여다봐야 할 것 같다. 민철은 왜 학교 밖 청소년이 된 걸까. 언제, 왜 학교를 그만둔 걸까. 그렇다면 그는 그동안 누구와 어떻게 살아온 것일까.

민철이 학교를 그만둔 건, 고등학교 2학년 때였다. 민철은 수

사악한 본능 어디에서 오는가 _ Chapter 넷

도권의 한 특성화고등학교에서 자동차정비를 공부하고 있었다. 그 공부가 쉽고 재밌기만 한 건 아니었지만, 하루라도 빨리 집을 나와 독립을 하려면 일단 공부를 해서 관련 자격증을 취득한 뒤, 취업을 나가는 게 급선무라고 생각했다. 그런 마음이 든 뒤로는 딴 맘 먹지 않고 나름 열심히 하고 있었다. 그만큼 민철은 하루 빨리 집을 떠나고 싶었다.

민철이 집을 떠나고 싶은 데는 나름의 이유가 있었다. 민철은 아빠와 새엄마와 함께 살았다. 아빠는 민철이 다섯 살이던 해에 엄마와 이혼을 했다. 이혼을 한 건지 엄마가 아빠를 피해 일단 도망치듯 떠난 건지 그건 정확하지 않다. 다만 민철의 기억 속에 집이 꽤 잘 살았던 것 같은데, 그건 다 아빠가 엄마 이름으로 사채까지 끌어 방탕하게 생활을 했던 탓이며, 이후 더 이상 돌려막기도 불가능해진 상황에서 엄마가 민철을 데리고 급하게 베트남으로 갔던 거라는 얘기를 훗날 엄마로부터 들었다. 당시 엄마는 민철을 말도 잘 통하지 않는 베트남 외가에 남겨 두고 다시 한국으로 돌아갔다. 아빠가 엄마 이름으로 빌린 채 갚지 못했던 빚을 돈을 벌어서 갚아야 한다고 했던 것 같았다. 아무튼 민철은 다섯 살에 말도 안 통하는 베트남 외가에서 아빠가 민철을 데리러 베트남에 오기 전까지 일 년 남짓 지냈다.

그렇게 집으로 돌아갔을 때, 집엔 엄마가 아닌 다른 아줌마가 있었다. 아빠는 엄마라고 부르라고 했던 것 같다. 그때부터 민철은 아빠와 엄마가 아닌, 아빠와 새엄마와 함께 살기 시작했다. 민철을 집으로 부른 것도 아빠의 자발적 의사가 아닌, 새엄마가 데리고 오라고 했기 때문이라고 했다. 새엄마가 불렀든, 아빠가 데리고 들어왔든, 민철은 아빠의 손에 이끌려 한국으로 다시 돌아왔지만, 민철의 기억엔 아빠는 민철을 끔찍이도 싫어했던 것 같았다. 부모라면 절대 하지 말았어야 하는 말들, 이를테면 "너는 아무래도 내 자식이 아닌 것 같다. 네 피검사해서 내 자식 아니면 너랑 네 엄마, 둘 다 칼로 찍어 죽여 버릴끼다. 그때는 내가 도끼로 네 대가리 쪼사뿐다."와 같은 말을 서슴지 않았다. 그리고 어떤 날은 민철이 컴퓨터를 하는 게 맘에 안 든다며 컴퓨터를 내동댕이쳐서 부수었고, 어떤 날은 칼을 휘두르며 죽여 버린다고 난동을 피우기도 했다. 새엄마가 이런 아빠를 말리기도 했지만, 크게 도움이 되지는 않았다.

아무도 민철을 도울 수는 없을 것 같았다. 그리고 민철 역시 어느 누구도 믿을 수 없을 것 같았다. 이런 상황에서 누굴 믿어야 할까. 다섯 살 어린 민철을, 물론 민철이의 외할머니이고 외삼촌이고 이모들이었지만 민철이 말을 해도 아무도 알아들을 수 없는, 민철 또한 그들의 말을 좀처럼 이해할 수 없는 상황에 그냥 놓아두고, 아빠가 찾으러 올 때까지 일 년 남짓 연락도 없는 엄마를 믿고 의지해야 할 것인지, 자신을 찾으러 먼 길을 나서긴 했지만, 픽 하면 자기 자식이 아닌 것 같다며, 친자 검사를

사악한 본능 어디에서 오는가 _ Chapter 넷

해서 자식이 아닌 게 판명나면 죽여 버리겠다고 협박을 해 대는 아빠를 믿고 의지해야 할지, 시간이 지날수록 민철은 이 모든 상황이 원망스러웠다.

민철은 학교를 다니면서 특별히 문제를 일으키지는 않았다. 아니 문제를 일으켰다. 그러나 민철이 먼저 문제를 만들지는 않았다. 하지만 누군가 민철을 무시하는 말투로 얘기를 하거나 자신을 소외시키는, 그래서 버림받았다는 느낌이 드는 순간이 오면 견딜 수가 없었다. 그러면 어느새 폭군처럼 변하곤 했다. 누군가는 이런 민철에게 분노조절장애를 갖고 있다고 말하곤 했다. 그런 상황이 되면 민철은 죽고 싶었다. 민철을 끔찍이 싫어했고, 민철 또한 엄청나게 싫어했던 아빠와 똑 닮은꼴이 된 것 같아서, 그건 민철에겐 죽기보다 싫은 일이어서, 그곳에서 멀리 달아나고 싶었다. 그러나 그 피를 물려받았으니 도망간다 해도 결국은 그 자리가 아닐까 하는 생각에 멈춰서는 순간, '확! 죽어 버려야겠다.'는 생각에 치닫곤 했다.

다시 민철이 학교를 그만두게 됐던 그 시점으로 돌아가 보자. 아무튼 그날도 민철은 학교가 끝나고 아르바이트를 갔다가 11시가 다 될 무렵 집에 들어섰다. 그런데 뭔가 시끌시끌했다. 오늘도 아빠랑 새엄마는 같이 술을 마시는 모양이었다. 뭔가 서로 마음에 안 드는지 언성이 높아지고 있었다. 이런 상황에 집 안에 머무는 건 민철에게 전혀 득이 되지 않는다는 것은 그간의 경험으로부터 충분히 체득된 일이었다. 그래서 다시 옷을 챙겨 입고 밖으로 나왔다. 한 시간 정도 밖에서 좀 더 서성이다 들어가면 집 안의 분위기도 정리돼 있을 것 같아서였다. 그렇게 한 시간 남짓의 시간이 흘렀고 민철은 다시 집으로 들어섰다. 역시나 집은 조용했다. 그런데 예상과 달리, 집에 두 사람이 없었다. 대신 이불 위에 술상이 엎어져 있었고 그야말로 난장판이었다. 그래서 정말 '좆같다'는 생각이 들었다. 순간 이걸 치워야 하나 싶기도 했지만, 싫었다. 정말 하기 싫었다. 그래서 민철은 제 방으로 들어가 누웠다. 얼른 잠에 들어 이 모든 상황으로부터 일단 벗어나고 싶었다. 그래야 좀 살 수 있을 것 같았다.

그렇게 잠으로 도망친 지 얼마나 흘렀을까. 갑자기 누군가 민철의 옆구리를 걷어차는 듯한 통증에 깜짝 놀라 눈을 떴다. 아빠였다.

"야, 이 새끼야. 저건 치우지도 않고 너만 자빠져 자? 그렇게 자빠져 자니 잠이 잘 오냐?"

자다 무슨 일인가 싶었다. 아니, 사실 그런 생각도 할 겨를이 없었다. 그냥 그렇게 한참을 발로 채이고 맞다가, 일단은 이 상황은 피해야겠다 싶어서 대충 짐을 들고 도망치듯 나왔다. 그리고는 친구 집으로 가서 일단 눈을 붙였다. 그런데 다음 날도 집으로 돌아갈 순 없었다. 아빠의 그 매서운 눈빛과 사정없이 걷어차던 그 발길질이 자꾸 눈앞에 아른거렸고, 금방이라도 다시 퍼부을 것만 같았다. 무서웠다. 아니 두려웠다.

그래서 엄마랑 딱히 연락을 하며 살진 않았지만, 엄마가 있는 서울로 일단 올라갔다. 그때까지만 해도 그게 아빠와 마지막이리라고는 생각하지 못했다. 두려움이 좀 가라앉으면 다시 가려고 했다. 무엇보다 학교는 마쳐야 했고, 그래야 취직을 할 수 있다고 생각했기 때문이었다.

그렇게 일주일 정도의 시간이 흘렀다. 나름 떨리는 마음을 붙잡고 아빠에게 전화를 했다. 일단 죄송하다고 말하고 다시 돌아가려고 했다. 그런데 아빠의 반응은 전혀 예상치 못한 것이었다.

"여보세요. 아빠."

"아빠? 누가 네 아빠야?"

"죄송해요. 저 오늘 집에 가도 돼요?"

"야, 이 새끼야. 올 필요 없어."

"죄송해요. 내일부터는 학교도 가야 할 것 같고요. 너무 오랫동안 못 가서."

"학교? 너 학교 잘렸어."

"네? 제가 학교를 잘려요?"

"그래. 이 새끼야. 너 집 나간 사이에 내가 가서 자퇴서 냈어. 이젠 너 갈 학교도 없으니까. 앞으론 내 눈앞에 나타나지 마.

내 눈에 띄기만 해 봐. 죽여 버릴 테니까."

뚜뚜뚜…….

더 이상 전화기 속에 아빠는 없었다. 그리고 돌아갈 집도 함께 사라졌다.

이젠 또 어떻게 해야 하나. 다시 막막해졌다. 민철은 당시 엄마를 찾아왔고 급한 마음에 지난 일주일은 엄마 집에서 신세를 지기는 했지만, 엄마도 당시 재혼을 해서 같이 사시는 아저씨가 있었기에 그곳에서 막무가내로 버틸 수는 없었다. 그렇다고 아무것도 없이 올라온 이 상황에서 다른 방도도 없었다. 그래서 엄마의 도움으로 일단 고시원을 얻어서 살아보기로 했다. 그러고는 처음으로 달라져야겠다는 생각도 했다. 그래서 학업을 중단한, 일명 학교 밖 청소년을 위한 프로그램을 찾아 뭐든 배워 보기로 했던 것이다. 그리고 그곳에서 영주를 만났다. 한 달 간의 짧은 연애로 끝나기는 했지만, 두 사람의 인연은 이렇게 시작됐던 것이다.

그 뒤로 민철은 닥치는 대로 아르바이트를 해서 생활비를 벌었고 나름 열심히 살아왔다고 했다. 그러나 그러던 중에도 예전처럼 누군가 자신을 무시하는 듯한 말을 하면 화가 났고, 그 화를 참을 수 없어 한바탕 소동을 일으킨 뒤에는 그곳을 나오기가 일쑤였다.

그렇게 살아가던 중에 입영통지서가 나왔고 남들처럼 군에

사악한 본능 어디에서 오는가 _ Chapter 넷

입대했다. 그런데 그곳은 더 힘들었다. 당시 누가, 왜, 어떤 이유로 그런 말을 했는지 잘 기억은 나지 않지만, 배식을 받으려고 줄을 섰고 배식을 받아 가는데, 누군가 민철을 향해 말했다. "민철이는 참 이기적이구나."라고. 순간 뭔지 모를 억울함이 올라오면서, 이럴 때마다 민철에게 도돌이표처럼 찾아오는 생각의 굴레가 씌워졌고, 폭포수가 쏟아지듯 내뱉기 시작했다.

"어쩌라구. 부모 잘못 만나서, 부모한테 배운 적이 없어서 난 이기적이다. 그래, 내가 이기적이어서 어쩔 건데. 이타적이고 배려적인 거? 그게 뭔데. 난 그런 거 배운 적 없다고. 그런데 나보고 어쩌라고."

이렇게 한번 터지고 나면, 민철은 그 다음을 어떻게 수습해야 하는지 몰랐다. 한동안 이런 말들을 무수히 쏟아 놓으며 들고 있던 식판을 던지고 난동을 부리고 나면, 그러고 나면 상황은 종료되는 것 같았다. 민철은 이런 자신의 행동을 '발작'이라고 불렀다. 그 날 이후, 민철은 훈련에서 제외됐다. '힐링캠프'에 배치되어 상담을 받고 정신과 치료를 받았다. 그렇게 두어 달 있다가 자대배치를 받기 전에 의가사제대를 해서 집으로 돌아왔다. 그렇게 군을 나오면 모든 게 다 이전으로 돌아가고 나은 삶을 살 줄 알았는데, 그 뒤로는 다른 괴로움이 생겼다. '남들은 다 견디고 버텨 내는 군 생활도 제대로 못해 의가사제대한 바보, 멍텅구리, 한심한 놈아.'라는 생각이 들었다.

그렇게 해서 민철은 다시 사회로 나왔다. 군에서 발작을 일으켜 힐링캠프에 있으면서 상담도 받고 정신과 치료를 받으면서 잠시 잊고 있던 한 사람이 떠올랐다. 영주, 바로 영주였다. 당시 짧은 만남이었지만, 영주는 자신이 경계선 성격장애를 앓고 있다고 했다. 다섯 살 땐가 부모님이 이혼하고 엄마랑 같이 살고 있지만, 엄마는 자신이 힘들 때 좀처럼 어떤 도움도 주지 못했기에 믿을 수 있는 사람이 아니라고 했었다. 그러나 당시에는 영주의 그런 얘기들에 귀를 기울이기엔 민철이 스스로도 너무 힘들었던 때라고 생각했다.

그러나 지금은 상황이 달라졌다. 물론 종종 발작을 일으켜 군 생활을 제대로 하지 못해 의가사제대를 하기는 했지만, 힐링캠프에서 상담을 받으면서 심리적으로 위로도 받았고, 관련된 심리학 서적이나 정신의학 책들을 읽으며 어떻게 감정을 조절하고 치유해 가야 하는지 알기에 지금은 영주를 이해하고 도울 수 있을 것 같은 생각이 들었다. 그래서 휴대전화를 뒤적였다. 아직 번호가 남아 있을까 하는 마음으로. '휴. 다행이다. 아직 번호가 남아 있다. 설마 번호가 바뀐 건 아니겠지.' 하는 마음으로 번호를 눌렀다. 신호음이 울렸다. 그리고 누군가 전화를 받았다.

"여보세요."

'우와, 영주다.' 그렇게 해서 두 사람의 두 번째 인연이 다시 시작되었다. 다행인 걸까. 불행인 걸까.

　민철이 영주에게 전화를 건 당시는, 영주의 삶 또한 너무 고단해서 엄마를 떠나고 싶은 마음이 굴뚝같았던 때였다. 영주 엄마는 영주의 정신과 진단을 믿지 않았다. 그보다는 귀신에 들린 거라고 했다. 물론 심각한 자해를 해서 정신병원에 입원을 시켰던 적도 있지만, 여러 차례 반복된 입원에도 별다른 진전이 보이지 않고 자살 시도 및 자해가 반복되자, 이건 현대의학으로 치료할 수 있는 질병이 아닌, 영적으로 악귀가 쓰인 것이라고 믿었다. 그래서 영주를 데리고 이곳저곳 기도원을 전전했고, 심지어는 영주에게 있는 악귀를 쫓는다는 명목하에 남자 성도들이 있는 가운데서 바지를 벗기는 성추행도 서슴지 않았다. 영주는 이 생활을 참을 수 없었다. 그래서 그날 걸려 온 민철의 연락을 한 치의 망설임도 없이 덥석 받았던 건지도 모르겠다. 그렇게 두 사람은 다시 만났고, 같이 살기로 했다.

　두 사람이 같이 살기로 한 이상, 민철은 영주의 삶을 책임져야 한다는 생각을 했다. 결혼을 한 건 아니지만, 그래도 한 집에서 같이 사니 자신이 가장이라고 생각했다. 그래서 그날부터 더 열심히 일을 했다. 그리고 영주에게 필요해 보이는 좋은 강의를 찾아 들어 보라고 하고, 예전에 읽고 도움을 받았던 좋은 글과 책도 찾아 읽어 보라고 했지만, 영주는 민철의 마음을 아는지 모르는지 그닥 열심이지 않았다. '힘들다면서, 힘들어서 죽을 것 같다면서, 도움이 되는 거니까 하라고 하는데 왜 안 하는 거지?' 민철은 그런 영주를 이해할 수 없었다.

그래서였던 것 같다. 민철이 영주에게 폭력을 행사하기 시작했던 것이. 아무리 말을 해도 못 알아들으니까, 정말 도움이 되는 방법을 찾아 '이렇게만 하면 된다'고 알려주는데, 그냥 그렇게 해 보기만 하면 되는데 그걸 안 하니까, 너무 답답하고 또 답답하니까 어쩔 수 없는 거 아니냐고 했다. 그러면서 민철은 울부짖으며 말했다.

자신은 정말 정말, 영주를 많이 사랑한다고. 영주 또한 자신을 정말 사랑하고 두 사람은 헤어질 수 없는데, 왜 다들 두 사람에게 헤어지라고 하는 건지 모르겠다고. 그러면서 말한다.

"선생님도 우리 보고 헤어지라고 할 거죠?"

상담자는 내담자에게 헤어져라 마라 결정해 주는 사람은 아니다. 적어도 필자는 그렇게 생각했다. 다만, 민철이 영주를 계속 만나고 싶다면, 그리고 민철의 말처럼 영주를 진정으로 사랑한다면, 영주를 건강하게 만났으면, 본인의 불안을 속절없이 쏟아 내고 "이 모든 건 널 위한 거였어."라며 모든 책임을 영주에게 돌린 뒤, 그로 인해 민철이 경험하는 모든 힘듦을 영주에게 갖가지 폭언과 폭력으로 쏟아 붓는 것이 아니라, 민철이 경험하는 불안을 스스로 들여다보며, 차라리 자신의 불안을 함께 나눌 수 있는 사람이 됐으면 좋겠다는 상담자의 바람을 전했다.

그런 상담자의 말에 민철이 냉큼 알았다고 했을까. 물론 그럴 리 없을 터였다. 민철은 다시 과거로 돌아갔다. 지금껏 늘 그래 왔던 것처럼. 자신을 온전히 안아 주지 않았던 부모, 특히 자신에게 걷잡을 수 없는 폭언과 폭력을 퍼부었던 아버지에 대한 원망과 분노로 자신의 부족함을 돌리기 시작했다.

그런 건 배운 적이 없다고 했다. 화를 참는 것, 화가 났다는 것을 알아차리고 그걸 말로 표현하는 것, 자신이 불안하다는 것을 인식하고 그 또한 말로 전달하는 것, 그런 것들을 자신은 단 한 번도 배운 적이, 배워 본 적이 없다고 했다.

그래서 물었다.

"그래서 계속 모르는 상태로, 계속 부모님 탓하며, 계속 영주를 힘들게 하며, 난 배운 적이 없으니, 그냥 이게 내가 하는 사랑의 방법이니 참고 나를 만나야 한다고 말하려고?"

순간 정적이 흐른다. 그리고 민철의 볼 위로 눈물이 또르륵 흘러내린다.

"선생님."

"응?"

"지금까지 제가 영주를 위한다고 했던 거, 그거 내가 불안해서, 나 편하자고 했던 걸까요?"

"물론, 그것만은 아니겠지. 정말 영주가 걱정됐을 거야. 영주를 돕고 싶었겠지. 그런데 그게 영주도 원하는 방법이었을까?"

이 날, 이 시간의 이야기가 민철의 지금까지의 생각들을 모조리 바꾸지는 않았을 것이다. 그 뒤로도 민철은 여전히 자신이 불안해서인지, 영주가 원해서인지 분별하지 못한 채, 일단 "다 너 잘 되라고 하는 거잖아."와 같은 말을 내뱉곤 했다. 그러나 이전과 달리, 그렇게 말을 뱉고 행동을 하고 어느 정도 시간이 흘러서, 또는 그런 말이나 행동을 하고는 얼마 지나지 않아, '다 너 잘 되라고 하는 건데 왜 말을 안 듣는 거야.'와 같은 태도가, 실은 민철이 자신이 갖고 있는 불안함이거나 조급증 때문이었다는 것을 인식할 수 있는 날이 늘었고, 그렇게 인식이 되면 이를 혼자만 알고 마는 것이 아닌, 자신이 가졌던 생각이나 감정을 영주에게 말로 표현함으로써 영주가 지속적으로 자신의 탓인 양 느끼지 않을 수 있게, 그리고 그런 상황에서 영주 나름대로 자신을 지키기 위해 극단적인 행동을 하는 빈도 또한 줄어드는 상태라고 하였다.

두 사람 모두 아동기에 부모와 안정적인 관계를 경험하기보다는 부모로부터 버림받거나 학대받은 경험을 갖고 있어서, 이를 토대로 세상은 믿을 수 없는, 믿어서는 안 되는 곳인 것처럼 끊임없이 의심하고 경계하는 태도를 갖고 살아온 듯 보인다. 이에 더해 자신을 돌보지 않았던 부모에 대해 지속적으로 원망하고 배운 적이 없기에 할 수 없고, 앞으로도 해 나갈 수 없다는 '과거에 사로잡힌' 생각이 특히 민철을 계속 그 자리에 머물게 해 왔던 듯 보인다.

민철이 살아온 과거, 그 경험을 바꿀 수 있는 사람은 없을 것이다. 그러나 민철이 '지금 이 순간', 내가 하고자 하는 것을 찾아, 내가 할 수 있는 방법들로 하나씩 풀어 가다 보면, '과거'를 향해 억울하고 원망스럽기만 한 시선들이, 그 순간 힘들고 아팠던 어린 민철을 보듬어 줄 수 있는 조금은 더 따뜻한 시선으로 변해 가지 않을까 싶다. 그런 날이 오면, 민철이도 드디어 '과거'에서 벗어나 '오늘'을 살아갈 수 있지 않을까 하는 바람을 가져 본다.

Chapter

넷

11

가정폭력,
훈육으로서 사용하는 폭력이라면 괜찮은가

"네. 상담소입니다."

"선생님, 저 지난 가을에 상담받았던 태정수 씨 아내예요. 잠깐 통화 괜찮으실까요?"

"네. 안녕하세요. 무슨 일 있으세요?"

"태정수 씨가 지난달에 떠났어요."

"떠나요? 어디를……."

"……."

"혹시……."

"네. 그래도 선생님 덕분에 가족들과 화해도 하고, 가던 날도 편안하게 떠난 것 같아요. 그래서 상황이 정리된 뒤에는 연락을 드리는 게 좋을 것 같은 생각이 들어서 연락드렸어요. 그동안 감사했습니다."

태정수.

그는 지난해 봄, 취업 준비 중이던 딸과 경제적인 문제로 언쟁을 높이게 됐고, 그 과정에서 순간 욱하는 마음에 들고 있던 컵을 내동댕이쳤다. 아빠의 이런 모습에 딸 영은이도 참지 않고, "뭐하는 거냐!"며 목소리를 높였는데, 이게 시발점이 됐다. 물론 영은이는 아빠와 맞서 똑같이 물건을 던지거나 폭력을 쓰는 행동을 하진 않았다. 그러나 영은이의 태도가 아빠를 더 화나게 했던 것 같다. 태정수 씨의 손이 올라갔고, 영은이의 뺨을 때렸다. 영은이를 향해 컵도 던졌다. 영은은 자신의 뺨을 때리고 자신을 향해 컵을 던진 아빠를 경찰에 신고하겠다고 으름장을 놨고, 이에 아빠도 물러서지 않았다. 그러고는 되레 윽박질렀다.

"신고해. 씨발년아. 네 목을 따 버릴 테니까."

그 뒤, 영은이는 휴대폰을 열었다.

1. 1. 2.

그렇게 해서 태정수 씨는 '재물손괴'와 '폭행'이라는 이름으로 경찰에 신고되었다.

그러나 영은은 아빠가 처벌을 받기를 원했던 건 아니다. 단지 아빠가 자신의 행동을 돌아볼 수 있었으면, 그리고 그동안 아빠로 인해 상처받은 마음에 대한 사과를 받고 싶었다. 그래서 아빠에 대한 처벌을 원치 않는다는 처벌불원서를 제출하고,

사악한 본능 어디에서 오는가 _ Chapter 넷

대신 상담을 받을 수 있게 해 달라고 탄원서를 써서 냈다.

　그러고 나서 어느 가을, 태정수 씨가 상담소 문을 열었다.
　"안녕하세요."
　인사하며 들어오는 태정수 씨는 작은 체구에 몸이 한쪽으로 기울어, 한눈에 보기에도 건강이 좋지 않은, 어딘가 불편해 보이는 모습이었다. 그는 5년 전 뇌경색으로 왼쪽이 마비되기 전까지는 한평생 운전을 하며 생활해 왔다고 했다. "운전이라면 눈 감고도 할 정도로 자신이 있는데, 이렇게 한쪽이 굳어 제대로 움직이지도 못하는 사람을 누가 고용해 주겠냐. 그러니 나는 할 수 있어도 아무도 안 불러 주니, 집에서 할 일 없이 빈둥빈둥 시간만 죽이고 있는 거 아니겠냐."며 신세한탄을 하듯 말했다.
　"그래도 5년 전에 그렇게 쓰러졌을 때, 우리 마누라가 고생 많았죠. 일도 그만두고 내 옆에서 간병하면서, 그래서 내가 업고 다니잖아요. 선생님, 이래 뵈도 내가 보드라운 남자예요."
　"그러게요. 그런데 그렇게 보드라우신 분이 어쩌다 따님한테는 이렇게 무서운 말을 하셨을까요."
　"아이코 그건, 화가 나니까 어쩌다 한 말이지. 걔는 별것도 아닌데 그런 걸 신고해 갖고 이 난리를 쳐요. 그러지 않아요?"
　"그런가요? 제가 자세한 상황은 몰라서, 그날 상황이 어떻게 된 건지 얘기를 해 주실 수 있으세요?"

"걔가 아직 취직을 못해서, 지금 취직을 하려고 준비 중에 있다고 하는데, 그러니까 돈이 없잖아요. 그래서 걔 핸드폰 요금이랑이 다 내 계좌에서 빠져 나간다구요. 그런데 그게 연체됐다고 지랄지랄 하는 거예요. '저 취직 준비하는 거 안 보이냐. 이렇게 연체돼서 신용불량자되면 취직은 어떻게 하냐.' 나 참기가 막혀서."

"그래서 홧김에 컵을 던지신 거예요?"

"그 컵도, 걔한테 던진 것도 아녜요."

"……."

"내가 일을 하고 그러면 걔가 나한테 그러겠냐고요. 내가 일도 못하고 집에서 있으니까 지가 날 무시하니까 그러는 거 아니겠냐고요."

"아, 따님이 태정수 씨를 무시한다는 생각이 드셨나 봐요."

"무시한다는 생각이 드는 게 아니라, 무시하니까 그러는 거죠. 그러니까 아빠한테 뭐하는 거냐고 그딴 소리를 하는 거지. 안 그래요? 근데 그것도 다 지난 일이고. 선생님, 내가 보드라운 남자라고 했잖아요. 그 일 아니면, 다른 날은 잘 지내요. 이래 봬도 보드라운 남자라고요."

이렇게 얘기하면서, 본인의 휴대폰을 열어 그동안 딸과 주고받았다는 문자메시지를 보여 준다. 그런데 딸의 메시지는

사악한 본능 어디에서 오는가 _ Chapter 넷

1년도 더 전의 어느 날로, 최근의 일상을 공유하는 것 같지는 않았다.

자신에게 변화가 필요하다고 생각해서 자발적으로 상담소를 찾는 경우도, 상담자라는 낯선 대상에게 자신이 갖고 있는, 소위 '문제'를 드러내는 건 쉽지 않다. 그보다는 지금 자신이 겪고 있는 여러 가지 힘든 문제들을 해결해 주기를 원하고, 그 해결은 상담자를 찾은 내담자 본인이 아닌, 외부 환경이나 타인의 행동을 바꾸기 위한, 또는 바꿀 수 있는 방법을 찾아 주길 바라는 경우를 좀 더 많이 본다. 그런데 이렇듯 스스로는 변할 마음이 거의 없고, 도대체 뭘 잘못했다는 건지, 도대체 뭘 변하라는 건지에 대한 인식이 거의 없는 경찰, 검찰, 그리고 법원을 통해 의뢰되는 내담자의 경우는 자신의 문제를 드러내기보다는 "사실은 그게 아니라."라고 말하면서 상담자가 알고 있는 사실이, 그게 다가 아니라, 사실은 다른 얘기가 있고, 그래서 결국은 이 사건의 문제는 자신이 아닌 상대방에게 있다고 설명하는 경우가 보다 보편적이기는 하다. 물론, 이 또한 모두가 그런 건 아니다.

이곳에 있는 태정수 씨도 자신과 딸의 문제 또는 갈등을 온전히 드러내 놓고 이를 해결하기에 필요한 것들을 고민하기를 원하지는 않아 보였다. 단지 '감히' 아빠를 신고했다는 것에, 그래서 불편한 몸을 이끌고 이렇게 상담소를 찾아야 한다는 것에 화가 난 듯 보였다. 하지만 여기서 화를 내고 자신에게 부과된 상담 명령을 준수하지 않으면, 과태료가 부과될 수 있다는 말에, 가뜩이나 지난 5년간 일을 하지 못해 돈벌이도 없는 상태인데, 어쩔 수 없이, 일단은 '보드라운 남자'라는 말로 너스레를 떨며 시간을 흘려보내려는 것 같았다.

그래서 태정수 씨에게 묻기로 했다.

"따님이 별일 아닌 걸로 신고를 해서 억울하신 것 같은데, 제가 따님을 만나서 같이 얘기를 하는 건 괜찮으신가요?"

"당연하죠. 만나 보세요. 걔도 나랑 얼마나 친하게 지내고 있는지 얘기할 거예요."

그렇게 해서 이 사건의 피해자인 딸을 만나는 것과 관련해서 태정수 씨의 동의도 구했다. 그러고는 딸 영은에게 전화를 걸었다. 영은 또한 "그러잖아도, 아버지가 또 어떻게 얘기할지 궁금하기도 하고, 걱정도 돼서 만나 뵙고 싶었어요."라며 단숨에 만남에 동의했고, 그렇게 딸을 만났다.

"사실, 이번 일은 별일 아니라는 거 알아요. 사실 별일이 아니기 때문에 신고할 수 있었어요."

"어떤 얘긴지, 조금 더 자세히 해 주시겠어요?"

"큰 일로 신고를 하면, 제가 아무리 처벌불원서를 쓴다고 해도, 처벌을 받을 수 있으니까······."

그렇게 영은은 말끝을 흐렸다.

그러고 나서 이어간 이야기는 이랬다. 일곱 살 무렵부터 아
빠에게 맞기 시작했다고 했다. 이유는 딱히 없었다. 이유라면
아빠가 술에 취해 있었다는 것, 그리고 노름을 해서 노름빚이
많았다는 것, 아마도 노름으로 빚을 지게 되는 날이면 술에 더
많이 취해야 했고, 그렇게 취한 날이면 집에 들어와서 영은과
오빠 그리고 엄마에게까지 모두에게 폭력을 휘둘렀다. 또 언젠
가부터 부엌칼을 꺼내 들고 죽겠다며 한바탕 난리를 피우는 바
람에 집에 있는 칼이란 칼을 모조리 숨겨야 하기도 했다. 물론
아빠가 모든 날 그렇게 폭군처럼 굴었던 것은 아니라고 했다.
노름을 하지 않고 술을 마시지 않는 날은 간식을 챙겨 주기도
하고, 농담도 하는 등 재밌는 아빠이기도 했다고 했다. 그러다
가도 밖에서 누군가 부르면 단숨에 나갔고, 그런 날은 다시 노
름판이나 술판을 차리는 날이기에 이내 무슨 일이 일어날지 몰
라 가슴을 졸여야 했다. 이렇게 가족이 가슴을 졸이는 걸 아는
지 모르는지, 아빠의 노름과 술판은 계속됐고, 급기야 영은이
중학교에 입학하던 해 노름빚을 갚지 못해 빚쟁이에 쫓기던 영
은의 가족은 고향인 울산을 떠나 서울로 이사를 했다.

그렇게 빚쟁이로부터 해방이 되는 줄 알았다. 그러나 어떻

게 알았을까. 빚쟁이들은 서울 집을 찾아냈고, 태정수 씨뿐 아니라 영은에게도 아빠가 어딨냐고 윽박지르거나 시도 때도 없이 전화를 걸어 아빠 있는 데를 알려 주지 않으면 학교든 어디든 찾아가서 살 수 없게 만들 거라며 협박을 했다. 그러나 이 순간, 이런 공포에도 영은의 기억 속 아빠는 "미친 년, 신경 꺼."라며 오히려 욕하며 화를 냈기에 혼자서 바들바들 떠는 것 외에는 할 수 있는 것이 없었다. 그 시간이 어떻게 지나갔는지 영은은 정확히는 몰랐지만, 아빠 대신 엄마가 밤낮으로 식당일을 하며 자신과 오빠를 벌어 먹였고, 그러던 중 빚을 갚았는지 어느 날부터 빚쟁이들의 전화나 협박은 없어졌던 것으로 기억했다.

그리고 태정수 씨는 버스회사에 취직해서 다시 버스 운전을 시작했다. 그런데 그러다 뇌경색으로 쓰러지면서 그 모든 수발을 엄마가 들어야 했고, 자기 몸을 못 움직이는 불편함과 그 괴로움을 다시 엄마에게 퍼붓는 아버지가 너무 미웠다고 했다. 그런 상황에도 묵묵히 아빠의 수발을 드는 엄마를 보면 답답했고, 아빠도 자신도 오빠도 모두 두고 엄마가 어디든 떠나 이 힘듦에서 벗어날 수 있었으면 하는 생각도 했다고 했다. 그러나 혹여라도 이런 얘기를 하면 아빠는 "내가 뭘 어쨌는데!"라며 지금껏 단 한 번도 미안하다고 한 적이 없다면서, 이런 아빠와 어떻게 살아야 할까 하는 생각이 든다고 하였다.

그렇다면 노름으로 온 가족을 그렇게 힘들게 했던 태정수 씨

사악한 본능 어디에서 오는가 _ Chapter 넷

의 노름은 이제 끝났을까. 영은이 더 화가 나고 용서가 안 되는 건, 지금도 돈만 생기면 온라인도박을 한다는 것이다. 물론 지금은 돈을 벌지 않아 자신의 수중에 돈이 없으니, 그리고 더 이상 돈을 빌릴 곳도 없으니 어딘가에 빚을 내서 하지는 않지만 아빠의 도박이 진행형이라는 것, 그러면서 작년까지도 학교를 다니면서 아르바이트를 하며 지내다 지금 잠시 취업준비로 일을 놓고 있는 건데, 그걸로 이러쿵 저러쿵 잔소리하는 아빠를 보고 있자면, '본인이 지금까지 우리한테 어떻게 했는데 저렇게 잔소리를 하며, 아빠 노릇을 하려고 하지?'라는 생각이 올라와 참을 수 없다며, 울먹였다.

"저도 알아요. 아빠가 저를 많이 좋아한다는 것, 그런데 가끔 참을 수가 없어요. 자기 아프다고 엄마를 쥐 잡듯 소리치며 짜증내는 아빠의 모습을. 그리고 그런 아빠를 받아 주는 엄마의 모습을. 그래서 더 짜증을 내는 것 같기도 해요. 그런데 아빠가 미워서만은 아니고, 아빠도 알았으면 해요. 자기가 가족들에게 얼마나 큰 상처를 줬었는지, 그리고 그냥 미안하다고 사과만이라도 했으면 좋겠어요. 그럼 모두들 받아 줄 마음은 있는데……."

"아빠를 경찰에 신고하려 했지만, 이번 기회에 아빠가 가족과의 관계를 다시 한번 돌아봤으면 하는 마음인가 봐요."

"네. 근데 이 상담으로 아빠가 그럴 수 있을까요?"

"사실 저랑 엄마는 피해자 상담도 받고 있어요. 그리고 그 상담을 하면서 도움을 많이 받았어요. 사실 아빠한테도 그런 기회를 주고 싶었어요."

그랬다. 아빠와의 관계 속에서 많은 상처가 있지만, 그 아빠 안에 있는 상처도 보듬어 주고 싶었다. 그러면서 사과도 받고 싶었다. 그때는 미안했다는 그 말을……

태정수 씨는 딸이 무슨 말을 했을까 궁금해했다. 괜한 말을 해서 자신이 더 난처해지지는 않을지 눈치를 살피는 것도 같았다.

"영은이도 잘 지낸다고 하죠?"

"따님이 무슨 말 했는지, 궁금하세요?"

"아녜요. 됐어요."

괜스레 긁어 부스럼이 될까 싶은 태정수 씨는 급히 말을 끊는다.

태정수 씨는 3남2녀 중 셋째로 태어났다. 위로 두 명의 누나와 한 명의 형이 있고, 아래로도 두 명의 동생이 있지만, 그중 아버지, 어머니가 모두 같은 형제는 없다. 태정수의 어머니는 아버지의 두 번째 부인이었다. 누나와 형은 친부와 전처 사이에서 태어났다. 전처와 사별을 한 뒤, 아버지는 어머니와 재혼을 하셨고, 태정수 씨가 태어난 것이다. 그러나 아버지는 태정

사악한 본능 어디에서 오는가 _ Chapter 넷

수 씨가 두 살 정도 됐을 때, 세상을 떠나셨다. 너무 어린 나이에 아버지를 잃은 태정수 씨는 사실상 친부에 대한 기억 같은 건 없다. 그리고 다섯 살인가 여섯 살인가 됐을 때, 어머니는 당시 집에서 머슴을 살던 서 씨와 재혼을 하셨다. 그리고 동생이 태어났다. 지금껏 없던 아버지가 생겨서 좋을 줄만 알았다. 그러나 서 씨는 매일 밤낮으로 술을 마셔 댔고, 태정수 씨를 때렸다. 왜 맞는지, 어떻게 하면 안 맞을 수 있을지 그런 건 몰랐다. 그냥 네가 싫다고 했고, 그냥 네가 뭘 잘못했다고 했고, 그냥, 그냥, 그냥 때린다고 했다. 그곳에 더 있을 수가 없었다. 더 버틸 수가 없었다. 그냥 미웠다. 모두가 미웠다. 자신이 맞아도 아무런 방어막이 돼 주지 못하는 엄마가 미웠고, 엄마가 서 씨와 사는 것을 말리지 않은 형과 누나가 미웠다. 형과 누나는 태정수 씨보다 많게는 스무 살 이상씩 차이가 나서 엄마가 서 씨와 살림을 차렸을 무렵에는 이미 결혼을 했거나 외지에 나가서 살았다. 그래서 더더욱 태정수 씨를 보호해 줄 수 없었다.

그래서 중학교에 입학하고 얼마 지나지 않아, 도망치듯 집을 나와 버렸다. 처음엔 숙식이 제공된다고 해서 중국집에서 배달을 하며 근근이 지냈고, 이후엔 막노동을 했다. 그러다 누군가가 이렇게 몸 쓰는 일 말고, 운전을 해 보면 어떻겠냐고 하는 말에 벌어 둔 돈으로 운전을 배워서 면허를 땄다. 그 뒤로는 택시회사에 들어가 택시 운전도 하고, 버스회사에 들어가 버스 운전도 했다. 때로는 회사 출퇴근 버스를 몰기도 했고, 관광버스로 사람들을 여행지까지 실어 나르기도 했다.

열심히 살았다. 그러나 누군가 자신의 앞을 막아서거나 무시한다고 느껴지는 건 참을 수가 없었다. 그래서 종종 싸웠다. 그게 누구든, 자신의 앞을 막아서는 사람과는, 자신을 무시한다고 여겨지는 사람과는. 그러다 어느 날인가는 영동고속도로 위에서 자신이 운전하던 관광버스 앞으로 끼어드는 화물차 운전자를 그냥 지나치지 못해 본인 또한 화물차 앞으로 끼어들면서 크게 싸움이 붙었다. 알고 있다고 했다. 그게 얼마나 위험한 일인지. 얼마나 많은 사람의 목숨이 달린, 절대 해서는 안 되는 일인지. 그러나 참을 수가 없었다. 아니, 그 순간엔 그런 생각 같은 건 없었다. 그냥, 단지, 자신의 앞을 막아선 저 놈을 가만둘 수가 없었을 뿐이다.

천만다행으로 인사사고는 나지 않았다. 그러나 그 자체로 너무 위험한 일이었기에 그 일로 조사를 받았고, 구치소에 수감됐다. 그렇게 구치소에 수감돼 있을 때, 엄마와 누나가 찾아왔다. 엄마는 하염없이 울었다. 그러나 태정수 씨는 눈물이 나지 않았다. 여전히 원망스러웠고, 이런 상황에 왜 나타난 건가 싶었다. 하지만 엄마와 누나가 변호사를 선임하고 애를 쓴 덕분에, 집행유예로 풀려날 수 있었다. 그 뒤로도 몇 차례 다른 사람들과 싸워서 경찰서 유치장에 있다가 풀려난 적이 있고, 그

사악한 본능 어디에서 오는가 _ Chapter 넷

때도 번번이 엄마와 누나가 찾아와서 해결해 줬다.

생각해 보면 고맙지 않은 것은 아니나, 고맙지 않았다. '내가 누구 때문에 이렇게 집을 나와서 개고생을 하며 산 건데.'라는 생각이 떠오르면, 나 때문에 얼마를 울었든, 얼마나 애를 썼든, 그런 건 댈 것도 아니란 생각이 들었다. 그래서 그 이후에도 따로 연락을 하거나 만났던 적은 없었다. 그리고 앞으로도 만나지 않으리라 생각했다. 그들에 대해서는 좀처럼 용서가 되지 않았고, 용서할 수 없을 것 같았다.

아내와는 관광버스를 운전하던 시절에 손님들을 태우고 잠시 들렀던 부산의 대형 갈비 식당에서 우연히 만났다. 아내는 식당에서 주차관리요원으로 일하고 있었다. 손님들을 식당 안으로 들여보내고 차 안에서 쉬고 있던 태정수 씨에게 "요기는 해야 하지 않겠냐."며 음식과 커피까지 챙겨 주는 게 아닌가. 이런 친절함이 낯설고 생소했지만, 좋았다. 지금껏 살면서 가족에게서도 받지 못한 챙김이란 생각이 들었다. 이런 따뜻함을 조금 더 오래 느끼고 싶었다. 그래서 간혹 부산 쪽으로 가는 일정이 잡히면, 자신의 순번이 아니어도 자원해서 운전대를 잡았다.

그렇게 연애를 시작했고, 결혼도 했다. 좋았다. 이 얼마 만에 생긴 내 편, 가족인가. 잘 살고 싶었다. 지금까지의 삶과는 달리, 정말 행복하게 살고 싶었다. 그러나 태정수 씨의 이 낭만적인 생각이 뿌리를 내리기에 세상은 결코 녹록하지 않았다. 아이가 생긴 이후엔 사는 게 더 어려웠다. 자야 했다. 그래야 내일도 운전대를 잡을 게 아닌가. 깜빡 졸기라도 하는 날엔, 짜증이 확 올라왔다.

"에이씨, 애 새낀 왜 저렇게 우는 거야!"

그럴 때면 태정수 씨는 옷을 주섬주섬 챙겨 입고 집 밖으로 나섰다. 회사 한 켠에서 비번인 동료들이 술잔을 기울이고 있다. '에이씨 모르겠다.' 동료들에게 술잔을 받아 들고 한두 잔 기울이다 집으로 들어간다. 그래도 내일 아침이면 다시 운전대는 잡아야 하니까.

그러나 시간이 흐르면서, 잠을 못 이루고 뒤척이는 날뿐만 아닌, 동료가 같이 술 한잔 하자니까, 또는 내가 한잔 하고 싶어서, 그냥 집에 들어가기 싫어서, 술잔을 붙드는 날은 늘었고, 또 많은 날은 술에 취해 몸을 가누지 못해 가족의 부축을 받으며 들어가야 하는 날도 많았다. 그리고 술에 취해 운전대를 잡을 수 없는 날도 늘어만 갔다. 그런 날이면 회사 대신 노름판을 기웃거리기도 했다. 가끔은 따는 날도 있었지만, 더 많은 날은 갖고 간 돈을 몽땅 잃었고, 그 자리에서 급한 마음에 급전을 융통하기도 했다. 한 판만 잘 댕기면 모두 갚을 수 있다고 믿었기에 돈을 빌리는 마음도 그렇게 마음 쓸 건 아니었다. 그러나 그렇듯 쉽게 딸 수 있고, 쉽게 부자가 될 수 있는 거라면, 세상 모두

사악한 본능 어디에서 오는가 _ Chapter 넷

가 노름판으로 가지 않을까.

태정수 씨도 그랬다. 노름빚은 점점 늘어 갔고, 그에 따른 빚 독촉도 날이 갈수록 심해졌다. 그런 날이면, 술 없이는 살 수가 없었다. 그러면 또 한잔을 기울였고, 그런 날이면 영락없이 판도라의 상자는 열렸다. '난 왜 이렇게도 운이 지지리도 없는지.' '부모 복 없는 놈이 다른 복이라고 있을 리가 있나.'

이 모든 걸 끊어 내고 싶었다. '그냥 내가 세상을 뜨는 수밖에.' 이런 생각에 치닫다 보면, 아마도 어느 샌가 칼을 꺼내 들고 죽겠다고 하는 모양이다. '죽이겠다는 것도 아니고, 내가 죽겠다는 건데, 그리고 내 팔자가 너무 기구해서 술을 좀 마셨고, 그러다 보면 홧김을 욕을 좀 할 수 있는 거지, 그게 뭐 그리 큰일인가.' 태정수 씨는 그렇게 생각해 왔다. 그게 가족에게 그렇게 큰 상처이고, 그 또한 폭력일 수 있다는 걸 단 한 번도 생각해 보지 못했다. 이번 일로 상담소를 찾기 전까지는 말이다.

그리고 그렇게 생각을 했었기에, 상담소에 와서도 딸과의 관계를 어떻게 풀어야 할지, 딸이 어떤 게 힘들었을지, 이런 걸 고민하고 묻는 게 아닌, "별일 아닌데." "걔는 괜히."라는 말을 하며, 그냥 정해진 시간이 흘러가기를 바라고 있던 것이다.

아빠의 저런 생각과 태도에 답답하고 힘들었던 영은은 자신의 입장을 아빠에게 전해 달라고 했다. 본인이 그렇게 말했다고 해도 좋으니, 아빠가 자신의 행동을 돌아볼 수 있음 정말 좋겠다고 했다.

그래서 얘기를 꺼냈다.

"태정수 씨, 지난번에 따님 다녀간 건 아시죠?"

"네. 뭐라고 해요?"

"따님 말로는, 집에서 죽겠다고 칼을 휘두른 적이 있었다는데, 그런 일 있으셨어요?"

"칼은 누가 휘둘러요. 걔 이상한 소리 하고 갔네."

"술 드시고 죽겠다고 칼 꺼내서 휘두르고, 술 드신 뒤에 오셔서 이런 저런 걸로 화내시면서 따님 때리고, 그래서 많이 맞고 지냈다는데, 그런 적 없으셨어요."

"없어요. 내가 걔를 을마나 이뻐하고 애지중지하는데, 선생님, 이래 뵈도 제가 보드라운 남자예요."

"그러게요. 저도 태정수 씨가 보드라운 남자라는 거 믿어 드리고 싶은데, 따님은 그동안 아빠한테 상처를 많이 받았던 거 같아요."

"우리 집사람 부를까요? 진짠지 아닌지, 한번 들어보실래요?"

"아, 오실 수 있으세요?"

"지금 이 근처 공원에 있을 거예요. 전화해 볼게요."

공원에 있으셨던 게 맞나 싶게, 마치 문 밖에서 기다렸다가 들어오는 사람마냥 이내 문이 열리고 태정수 씨의 부인이 들어

왔다. 지금까지의 상황을 간단히 얘기하자, 태정수 씨는 다급한 듯 묻는다.

"아니지? 내가 때리긴 뭘 때렸냐?"

"때렸잖아. 영은이가 말하는 게 맞지 뭐."

"내가 때렸다고? 이 사람이 괜한 사람 잡네."

"그냥 솔직하게 말해. 때리긴 했잖아."

"그래. 내가 때렸다. 지가 말대답하고 하니까 애비가 때릴 수도 있지. 뭘 그런 것 갖고 이 유난을 떠냐. 그리고 내가 칼을 은제 들었냐."

"칼은, 누구를 죽인다고 했던 건 아네요. 자기가 힘드니까 죽겠다고 집에 있는 칼을 꺼내서 난리를 친 거지. 그러긴 했잖아"

"그래. 내가 니를 죽인다고 했냐. 영은이를 죽인다고 했냐."

"그 상황이 초등학생밖에 안 된 영은이는 너무 무섭지 않았을까요?"

"……."

"술에 취한 아빠가 들어와서 칼 들고 죽겠다고 하는데, 칼을 들었으니 가까이 가서 말릴 수도 없고, 그렇다고 안 말릴 수도 없고, 그래서 하지 말라고 하면 욕하고, 칼을 안 들었을 때도 들어와서 욕하고 때리고, 그럼 아이는 당연히 무섭죠."

"그래. 나도 무서웠어. 그러니 영은이는 당연히 무서웠겠지."

"태정수 씨. 그때 중학교 때, 왜 집을 나오셨다고 하셨죠?"

"그 얘긴 왜 해요?"

"왜 나왔다고 하셨어요?"

"그건 다르죠. 서 씨는 계부잖아요. 계부가 그렇게 때리고 욕하는데 살 수가 있어요?"

"그렇죠. 살기 힘드시죠. 그런데 태정수 씨는 친부잖아요. 친부가 때리는 건 어떻게 견디고 살 수 있으세요?"

"내가 때리는 건 다르죠. 난 친분데."

"친부니까 더 잘해 주셔야죠. '서 씨가 친부였으면 더 잘해 줬을 텐데, 저렇게까지 날 때리지는 않았을 텐데.' 그렇게 생각하셨던 거 아니예요?"

"……."

"영은이는 어떡해요. 계부도 아닌데, 이렇게 술만 마시면 욕하고 때리고, 영은이는 어디에 이유를 대며 살아갈까요."

"내가 뭘 그렇게까지 했다고."

"그리고요. 계부고 친부고를 떠나서, 태정수 씨는 견딜 수 없어서 그 길로 집을 나오셨잖아요. 그런데 영은이는요. 그렇게 밉고 무섭지만, 아빠 곁을 떠나지 않고, 그 옆에 있네요. 그리고 아빠도 살아오면서 받았을 상처가 있지 않을까 얘기하면서 아빠의 얘기를 들어 달라고 저한테 부탁까지 하고 갔네요. 그래서 아빠 마음이 위로를 받으면, 아빠가 옛날에 자신이 했던 행동들을 생각하며 '그때는 아빠가 미안했어.'라는 말을 듣고 싶다네요. 어떻게 영은이 마음이 어떤 건지 전해졌을까요?"

언제부터인가 태정수 씨는 눈물을 흘리고 있었다. 그 시간을 마치고 상담소 문을 나설 때, 부인이 손을 꼬옥 잡아 주고 있었다.

그로부터 2주가 흘렀다. 태정수 씨가 상담소 문을 열고 들어왔다.

"보드라운 남잡니다."

오늘은 표정이 밝다. 딸에게 미안하다고 말하기는 너무 자존심 상했지만, 선생님이 얘기를 해야 된다고 해서, 얘기를 안 하면 모른다고 해서, 드디어 딸에게 미안하다는 얘기를 했다면서, 쑥스럽게 말을 꺼냈다. 자신이 그렇게 미워하던, 절대 용서하지 않겠다고 말했던 서 씨와 자신이 결코 다르지 않은 모습이었다는 걸, 지금까지 한 번도 생각하지 못했다고 했다. 아니, 사실은 지금도 그 사실은 받아들이고 싶지 않다고 했다. 본인은 친부와의 기억이 없으니, 그냥 계부에 대한 기억이라고만 생각했지, 친부도 같은 행동을 하면, 그게 계부든 친부든 상관없이 똑같이 견딜 수 없는 상처를 주는 것이라고는, 그게 똑같은 폭력이라고는 생각하지 못했다는 것이다.

며칠 뒤 영은이도 상담소를 찾았다. 생전 처음, 아빠가 '미안하다'고 사과를 했다는 거다. 아빠가 상담을 받고 자신을 돌아

보기를, 그래서 가족들에게 미안한 것을 미안하다고 말할 수 있기를 바란다고는 했지만, 그게 정말 가능한 일일 거라는 기대는 없었다고 했다. 그런데 그게 가능해진 것이다. 그렇게 영은이도 아빠를 향해 굳게 걸어 잠갔던 문을 조금씩 열어 보려 한다고 했다.

'내가 엄만데.' '내가 아빤데.' '설마 부모가 자식에게 해되는 걸 시키겠어요?' 의도적으로 자식에게 해가 될 만한 걸 시키지는 않을 것이라 믿고 싶다. 그러나 태정수 씨가 그랬던 것처럼, '내 힘듦'을 추슬러야 하니까, 때로는 술로, 때로는 도박으로, 그리고 때로는 또 다른 것으로, 그런 내 행동이, 나만 돌보려는 그 행동이, 의도하지는 않았지만, 이미 폭력을 행사하고 있는 것은 아닐까.

12

존속폭행,
아이는 어쩌다 괴물이 되어 가는 것인가

따르릉, 따르릉…… 전화벨이 울린다.

"여보세요."

"선생님. 엄마가 나갔어요."

"응?"

"엄마가 또 나갔다구요."

"지원아. 천천히 얘기해 봐. 엄마가 나가셨다니 무슨 얘기야? 무슨 일 있었어?"

"거봐요. 내 말이 맞죠? 엄마는 약속을 안 지킨다고 했잖아요. 안 나간다고 해 놓고, 그렇게 약속해 놓고, 또 나갔다구요. 엄마는 약속을 안 지킨다고 했잖아요. 어떡해요. 엄마가 나갔다구요. 전화도 안 받아요. 어떡해요."

"엄마가 나갔어요." "엄마가 전화를 안 받아요."라는 말만을 반복하며 지원이는 울고 있다. 무슨 일이 있었는지를 묻고 확인하는 건 지금으로선 다소 어려워 보인다. 일단은 지원의 울음이 잦아들 때까지 잠시 기다려 보기로 한다. 그렇게 얼마의 시간이 흘렀다. 지원이의 울음도 잦아든 듯 했다.

그래서 다시 대화를 시작했다.

지원이가 얘기한 오늘 아침 풍경은 이랬다. 오늘은 정말 학교를 가려고 했다. 딱 한 판만 하고 진짜 가려고 했다. 그래서 엄마한테도 딱 한 게임만 하겠다고 했다. 엄마도 그러라고 했다. 그래서 컴퓨터를 켜고, 게임을 시작했다. 생각처럼 풀리지 않았다. 이 기분으로는 도저히 학교를 갈 수가 없었다. 한 판만 더 해야겠다고 생각했다. 그리고 이긴 다음에 가뿐한 기분으로 가야겠다고 생각했다.

그런데 그런 내 맘도 모르고 엄마는 그만하고 가라고, 오늘은 간다고 하지 않았냐면서 나를 건드린다. 화가 났다. 참을 수 없다. 그래서 순간, "에이 씨발. 미친년아. 시끄러워."라고 뱉어 버렸다. 엄마는 "너 욕 안 한다고 했잖아."라고 말한 뒤, 문을 닫고 나가 버렸다. 그때까지만 해도 '오늘은 조용히 끝났네.'라고 생각했고, 하던 대로 게임을 다시 시작했다. 그런데 어느 순간 보니, 이상하다. 집이 조용하다. 엄마가 없는 것 같다. 방문을 열고 나가서 거실이며 다른 곳을 둘러본다. 아무도 없다.

사악한 본능 어디에서 오는가 _ Chapter 넷

엄마가 나간 거다. 엄마는 거짓말쟁이다. 분명히 상담에서 내가 싫다고 말했고, 앞으로는 안 나가겠다고 했다. 그런데 지금 엄마는 나가고 없다. 불안하다. 이번엔 이 불안을 참을 수 없다. 그래서 엄마에게 전화를 걸었다. 하지만 엄마는 늘 그랬 듯 받지 않는다. 예전 같으면 곧바로 경찰에 전화를 했겠지만, 지금은 경찰도 믿을 수 없다. 그래서 상담자에게 전화를 건 것이다.

이렇게 아침에 있었던 일을 한참 동안 쏟아 내서인지, 지원이의 목소리는 처음보다는 많이 차분해진 듯했다.

"그랬구나. 얘기하고 나니까 지금은 좀 참을 수 있겠어?"

"네."

"그럼 오늘 한 얘기는 다음 시간에 엄마랑 같이 왔을 때 다시 얘기해도 될까? 그때까지 기다릴 수 있겠어?"

"그런데 엄마 안 들어오면 어떡해요."

"엄마, 들어오실 거야. 지금쯤은 엄마도 그렇게 나가신 거 후회하실지도 모르지. 우리 지원이가 엄마한테 욕한 걸 후회하고 있는 것처럼. 조금만 더 기다려 보자."

"네."

"그럼 다음 시간에 다시 얘기하자."

"네."

뚜……. 전화를 끊었다. 지원이는 이제 엄마가 돌아올 때까지 기다릴 것이다. 그랬으면 좋겠다.

엄마가 집을 나가서 전화를 안 받는다면서 울고 있는 지원이는 지난 봄 체육시간에 선생님과 갈등이 생긴 이후로는 본격적으로 학교에 가지 않겠다고 버티면서 아침마다 엄마와 전쟁 아닌 전쟁을 치르는 중이다. 그러다 기분이 상하고 그 상한 기분을 주체할 수 없는 지경에 이르면 엄마에게 욕설을 하거나 손에 잡히는 건 모조리 던졌고, 이를 제지라도 할라치면 엄마에게도 발길질을 하거나 주먹질을 하면서 일단 화를 쏟아 내곤 했다. 이제 더 이상은 이 상황을 어찌할 수 없는 엄마는 도망치듯 집을 빠져나왔다. 이렇듯 난리 끝에 엄마가 집 밖으로 나가고, 지원이의 눈앞에서 사라지면, 자신을 제발 내버려 두라며 소리치던 지원이의 모습은 온데간데없이, 엄마가 받을 때까지 수십 통의 전화를 해 댔으며, 그러다가 안 되면 경찰에 전화를 해서 '엄마가 나갔다' '엄마가 전화를 안 받는다'며 같은 얘기를 반복해 댔다.

지원이는 처음부터 이렇게 폭력적이며, 감정 조절이 어려운 아이였을까? 그게 아니면, 지원이는 도대체 언제부터 왜 이렇게 돼 버린 걸까?

지원이네 가족은 엄마, 아빠와 지원이, 이렇게 세 식구다. 그러나 아빠가 건설현장을 관리·감독하는 일을 하고 있어서 평소에는 지방에서 생활하는 일이 잦아서 지원이는 평일에는 주로 엄마와 생활하는 편이다. 엄마는 결혼하면서 하던 일을 그만뒀기에 지원이가 태어난 이후 줄곧 지원이 옆에서 모든 것을 함께해 왔다. 특히 엄마는 교육에 관심이 많은 편이라 연령에 맞게 지원에게 필요한 교육을 제공해 왔고, 지원이도 그런 엄마의 제안에 별다른 거부감 없이 잘 따라 줬다. 적어도 5학년 때 테니스 수업을 안 가겠다며 떼를 부리기 전까지는 그랬다.

5학년 어느 날, 지원이는 늘 가던 테니스 수업을 가기 싫다며 안 가겠다고 떼를 썼고, 엄마는 그래도 선생님이랑 약속을 한 건데 갑자기 안 가면 어떡하냐며 가야 한다고 맞섰다. 그 상황에 화가 난 지원이는 바닥에 떨어져 있던 막대기를 들고 '때린다'는 제스처를 취했고, 이런 지원이의 태도가 너무 어이없던 엄마는 "그래 때려 봐."라고 했는데, 지원이가 진짜 때리자 멍까지 들어서 순간 이걸 어떻게 해야 하나 하는 생각이 들었다고 했으며, 이것이 지원이가 엄마를 때렸던 첫 번째 행동이었다. 당시 엄마를 때리면 안 된다며 아이를 혼냈고, 그 뒤로는 이전과 크게 다르지 않게 엄마의 말을 따르며 그럭저럭 잘 지냈던 걸로 당시를 회상하였다.

그런데 지원이와 엄마와의 더 큰 문제는 그 다음 해 가을에 일어났다. 컴퓨터 게임을 시작한 지원이는 당시 유행하던 게임을 할 수 있게 해 달라고 졸랐다. 하지만 엄마는 "그 게임은 19세 이상이 하는 게임이라 안 돼."라면서 허락하지 않았다. 그러자 지원이는 5학년 그 어느 날처럼 다시 떼를 부리며 막무가내였고, 도무지 그 상황을 버틸 수 없었던 엄마는 집을 나와서 마트로 향했다. 일단 그 자리를 피하고 싶었기 때문이다. 그렇지만 집을 나선다고 상황이 해결되는 건 아니었다. 그때부턴 지원이의 전화가 시작되기 때문이다. 그날도 엄마가 집을 나선 뒤부터 엄마의 전화는 쉴 새 없이 울리기 시작했다. 지원이다. 엄마는 전화벨을 외면했다. 받는다고 해서 상황이 달라질 게 없기 때문이다.

머릿속이 복잡해서 아무것도 할 수 없지만, 엄마는 그냥 마트 안을 돌고 또 돈다. 그렇게 한참을 도는데 또 전화벨이 울린다. 그런데 이번엔 지원이가 아니다. 전화를 받았다. 인근 지구대였다. 엄마가 전화를 받지 않자, 지원이가 이번엔 경찰서로 전화를 건 모양이다. 이런 일 또한 처음 있는 일은 아니라 그리 놀랄 일은 아니지만, 이번엔 경찰의 독촉이 시작된다. 지원이가 계속 전화를 해서 엄마를 찾아 달라고 하면서 끊지 않아 다른 업무를 볼 수 없으니, 아이한테 전화가 오면 제발 받아서 해결을 하란다. 이내 전화벨이 울렸고, 이번엔 지원이다. 컴퓨터 게임 시켜 달라고 안 할 테니, 빨리 들어오란다.

오늘도 엄마는 지원이의 일회용 약속을 받아들고 집으로 발길을 옮겼다. 집으로 돌아온 엄마는 장 봐 온 것들로 서둘러 저녁을 준비했다. 그렇게 준비한 저녁을 함께 먹으면서 낮에 돌연 나갔던 부분에 대한 미안함도 덜고, 지원이와의 서먹함도 풀고 싶었다. 지원이도 비슷한 마음이었는지, 저녁을 잘 먹었다. 이때까지만 해도 오늘이 이렇게 저무는 줄 알았다. 그런데 식사를 마친 지원이가 심심한 듯 방과 거실을 왔다 갔다 하더니 갑자기 엄마를 향해 묻는다.

"왜 또 나간거야? 내가 그렇게 나가는 거 싫다고 했는데, 왜 또 나가서 내 전화를 안 받는 거야?"

"지원아, 그래서 엄마가 나중엔 전화 받았잖아. 그리고 이제 우리 잘 지내기로 다시 약속했잖아."

이렇게 두 사람의 언쟁은 다시 시작됐다. 지원이의 화는 다시 폭발했고, 버둥대면서 발길질을 하는 상황에서 옆에 놓인 거울을 발로 차서 발이 거울 사이에 끼는 끔찍한 일이 벌어졌다. 지원이가 서 있던 곳은 금방 피바다가 됐다. 엄마는 119에 전화를 했고, 구급차에 실려 이송되는 순간에도, 지원이가 수술실에 들어가 있는 동안에도, 이 모든 게 자신의 탓인 것만 같았다. '그깟 것 그냥 하게 해 줄 걸. 그것 좀 하게 한다고 크게 잘못되는 것도 없는데, 그냥 하게 해 줄 걸.' 하면서 제발 무사했으면 하는 바람으로 기도하고 또 기도했다.

8시간에 걸친 수술이 끝났다. 앞으로 8주간 입원해서 치료를 받아야 한다고 했다. 이 일로 아킬레스건이 파열되기는 했지만, 일상생활을 하는 데는 크게 지장은 없을 거라는 주치의의 소견에 이만하길 정말 다행이라고 생각했다. 감사했다.

지원이도 순간 자신이 화를 참지 못하고 했던 행동이 가져온 이 엄청난 일에 놀랐고, 막상 병원 침대에만 누워 아무것도 할 수 없음에 답답했다. 빨리 퇴원해서 친구들과 뛰어놀고 싶었다. 그러나 밖으로 나가 놀 수 없던 지원이는 바깥 놀이 대신 노트북을 열고 PC 게임에 더 집중했다. 그러는 사이, 체중은 점점 늘었고, 이제는 움직이는 게 오히려 더 귀찮아졌다.

8주가 지나 퇴원을 했지만 밖은 추운 겨울이었다. 그래서 나갔다가 혹시 미끄러지기라도 하면 큰일이라 남은 겨울은 그냥 집 안에서 지내기로 했다. 대신 친구들이 가끔 지원이를 만나러 집으로 들렀고, 얼른 봄이 와서 중학교에 입학하면 그때부터는 다시 신나게 놀자고 했다.

그렇게 봄이 왔고, 중학교에 입학했다. 지원이는 아주 모범적인 학생은 아니었지만 비교적 평범한 생활을 이어 갔다. 지난 겨울 사고 이후 집에서만 지내는 게 답답했던 터라, 학교에 가서 친구들과 수다도 떨고 노는 것도 재미있었다. 하지만 5월의 어느 날, 한 체육시간 새로운 일이 불거지면서 이런 일상도 순식간에 무너지고 말았다.

사악한 본능 어디에서 오는가 _ Chapter 넷

선생님은 이번 체육대회를 앞두고 각 종목별로 팀을 짜고 있는 중이었다. 그런데 갑자기 지원이를 보더니 "너, 떠들었으니까 뒤에 나가 서 있어."라고 하시는 게 아닌가. 지원이는 억울했다. '친구가 말을 걸어와서 대답을 해 준 것뿐인데, 왜 나만. 왜 나한테만 뭐라고 하는 거지?'라는 생각에 순순히 벌을 서고 있을 순 없었다. 그때는 정말이지 친구가 말을 걸었기 때문에 대답을 한 것일 뿐, 결코 떠들려는 의도가 없었다. 그러니 이런 입장은 전달해야 하는 게 아닌가 생각했다.

"저 안 떠들었는데요."

"말대답하지 말고 뒤로 나가. 나가서 뒤돌아 서 있어."

"저 안 떠들었다구요."라고 지원이도 한 번 더 목소리를 높여 대답했다. 그저 한 번 더 목소리를 높여 내 입장을 전했을 뿐이다. 그런데 선생님은 여전히 지원이의 입장은 들어주시지 않았다.

"너, 내 말 안 들었잖아. 뒤에 나가 서 있어."

지원이는 너무 창피했고 화가 났다. 다음 날 아침이 되어서도 어제의 기분은 이어졌고, 이런 기분으로는 학교에 갈 수가 없었다. 그래서 이틀 동안 버티면서 학교에 가지 않았다. 그렇지만 학교를 안 다닐 생각은 아니었기에 이틀 뒤에 교복을 입고 가방을 챙겨 학교로 갔다. 그런데 아뿔싸. 가는 날이 장날이라고, 오늘이 신체검사가 있는 날이란다. 게다가 우리 반 신체

검사를 맡은 사람은 다름 아닌, 그 체육 선생님.

지원이는 그곳에 한 시도 있을 수가 없었다. 지난 가을의 사고 이후 먹기만 하고 움직이지 않아 몸은 불 만큼 불어 있었는데, 바로 그 체육 선생님 앞에서 체중계에 올라가야 하다니. 그건 참을 수 없을 만큼 수치스러웠다. 그래서 그 길로 지원이는 출석체크도 하지 않고, 조퇴를 하겠다는 말도 없이 그냥 집으로 와 버렸다.

다짐에 다짐을 하고 나선 지원이가 집으로 들어오자 엄마는 당황했고, 어찌할 바를 몰랐다. 때마침 아빠는 아직 출근 전이었다. "그렇게 학교가 가기 싫으면 학교는 됐고, 아빠랑 같이 현장이나 가자."라며 아빠는 지원이를 자신이 일하는 건설 현장으로 데리고 갔다. 그때까지만 해도 학교를 안 간다는 생각에 기분이 나쁘진 않았다. 그러나 막상 나간 아빠의 일터는 지원이가 지내기엔 무료한 환경이었다. 아빠와 함께 일하시는 분들이 말을 걸어 주고 용돈을 주고 해서 그런 면은 좋았지만, 심심했다. 인터넷이 잘 터지지 않으니 게임을 맘대로 할 수도 없고, 그렇다고 다른 놀 거리가 있는 것도 아니었다. 3일 이상을 이렇게 버티는 것은 쉬운 일이 아니었다. 그리고 더는 이렇게 버틸 수 없을 것 같았다. 차라리 학교가 나을 것 같은 심정이었다. 그래서 아빠한테 앞으로는 학교에 잘 다니겠다고 얘기하고 집에 데려다 달라고 해서 집으로 돌아왔다.

사악한 본능 어디에서 오는가 _ Chapter 넷

이때까지도 지원이는 자신이 아빠랑 있던 3일이 체험학습으로 대체되어 출석이 인정된 줄 알았다. 그런데 엄마가 미리 서류를 내지 않았고, 그래서 그 3일은 무단결석 처리가 되었다. 이것도 화가 났다. 물론 초등학교 때도 병원에 입원해 있느라 학교를 못 간 날은 꽤 오랜 기간이었지만, 그건 입원해 있느라 그랬던 거고, 지난 번 체육 선생님과의 일이 있은 뒤에도 학교를 빠지긴 했지만 그때도 병원에 가서 진료확인서를 끊었기에 병결 처리됐고, 무단결석은 아니었다. 그런데 그렇게 학교는 가야한다고 하더니, 아빠와 함께 현장에 가 있던 3일 동안 아무런 조치를 안 해서 무단결석이 되게 하다니, 그렇다면 앞으로는 아무런 이유 없이 학교를 안 가도 된단 말인가라는 생각이 지원이의 머릿속을 스쳐 갔다.

그 뒤로 지원이는 종종 학교를 빠졌다. 애초에 학교를 안 갈 생각은 아니었지만, 늦게까지 게임을 하거나 게임 영상을 보고 핸드폰으로 이것저것 하며 놀다 보면 새벽녘이 돼서 잠이 들 때가 많았다. 아침이면 엄마는 일어나라며 깨웠지만 그때마다 지원이는 일어나기보다는 자는 데 깨운다며 욕설을 퍼붓기 일쑤였고, 그래서 그냥 두고 나가면 엄마와는 별일이 생기지 않지만, 그럼에도 불구하고 깨우는 행동을 지속하면 손에 잡히는 뭔가가 날아오거나 엄마를 발로 차고 때리는 행동도 서슴지 않았다.

하지만 엄마는 할 수 있는 게 없었다. 섣불리 아이의 행동을 제지하거나 어떻게 하라고 말을 할 수가 없었다. 간혹 '그러면 안 되지, 이렇게 해야지'라는 식으로 한 마디 거들라치면 지난 가을의 그 사고가 떠올라 고개를 절레절레 저었다. 그러면 결국에는 그 어떤 말도, 어떤 행동도 할 수가 없었다. 주변 사람들이 아무리 그 일은 엄마 때문에 일어난 건 아니라고, 죄책감을 갖지 말라고 해도, 엄마는 그럴 수 없었다.

일단 지원이의 불어난 체구를 보는 것 자체가 괴로움이었다. 그 사고가 일어나기 전까지는 매일은 아니어도 주기적으로 운동을 했고, 그래서 비교적 날렵했었다. 그런데 사고 이후 좀처럼 움직이지 않고, 먹은 뒤에는 줄곧 앉거나 누워서 컴퓨터나 핸드폰만을 들여다보는 생활이 지속되다 보니 체중이 눈에 띄게 늘었고, 아이는 점점 움직이는 걸 귀찮아했다. 그리고 지원이도 이런 자신의 귀차니즘과 둔함은 엄마 때문이라고 했다. 엄마 또한 어느 정도는 자신 때문인 것만 같았다. 그러나 이 모든 게 설령 엄마 때문이라고 해도, 계속 이렇게 살게 내버려 둘 순 없었다.

하지만 엄마는 할 수 있는 게 없었다. 그래서 괴로웠고, 이번엔 엄마가 폭발할 것만 같았다. 그럴 때면 엄마가 할 수 있는 건 지원이와 일단 떨어지는 것, 바로 집 밖으로 나가는 것이었다.

그러다 가을, 지원이의 큰엄마가 엄마에게 말했다.

"지원이 때문에 고생이네. 지원이도 엄마 없이 지내 봐야 엄마가 얼마나 소중한지 알지. 또 그러면 나가서 며칠 있다가 와. 지원이는 내가 데리고 와서 봐 줄 테니까."

지원이 엄마는 처음 이 말을 들을 때까지만 해도, 자신이 정말 집을 떠날 거라고 생각하지 못했다. 그것도 지원이를 두고, 혼자. 그러나 지원이랑 하루가 멀다 하고, 아니 하루에도 수차례 부딪치다 보니 정말 벗어나고 싶었다. 그래서 그날도 지원이랑 한판 부딪친 뒤, 집을 나섰다. 그러고 나서 차에 올라타 시동을 걸고, 출발했다. 어디든 여기만 아니면 됐다. 그리고 남편과 지원이 큰엄마에게 전화를 했다. 집을 비우겠다고. 그날 밤은 엄마 대신, 아빠가 집으로 돌아왔다. 그리고 지원이의 짐을 챙겨 큰집으로 데리고 갔다. 엄마가 올 때까지 혼자 있을 수 없으니, 당분간 큰 집에서 지내라는 것이었다.

지원이에게 큰집은 감옥이나 다름없다. 큰엄마와 큰아빠는 모두 엄격한 데다 뭣보다 게임이나 핸드폰을 맘대로 할 수가 없다. 그래서 큰집에 있는 동안은 학교를 갈 수밖에 없었다. 적어도 큰집보다는 학교가 더 편하니까. 그래서 처음엔 엄마가 빨리 왔으면 했고, 엄마에게 너무 미안했다. 그런데 시간이 지날수록 이 마음도 달라졌다. '엄마도 화난다고 나만 두고, 나를 버리고, 집을 나간 거 아닌가.' '그렇다면 나는 왜 내가 하고 싶은 대로 게임을 하면 안 된다는 건가.' '나는 왜 꼭 학교를 가야 한다는 건가. 나도 내 마음대로 할 거다.'

지원이가 학교를 잘 다니고 있다는 소리에 엄마는 2주 뒤 집으로 돌아왔다. 그리고 지원이도 집으로 돌아왔다. 그러나 지원이의 일상은 돌아오지 않았다. 지원이는 여전히 지키지 못할, 어쩌면 지킬 생각이 없는 약속을 했다. 내일은 학교에 갈 거라는.

그러나 오늘 밤 다시 컴퓨터를 켜고, 그 앞에 앉는다. 그 컴퓨터가 언제 꺼질지, 언제 끄고 잠자리로 들어갈지는 알 수가 없다. 더 이상 엄마는 그런 지원이를 어찌할 수가 없다. 이제 이곳은 지원이의 세상이다. 적어도 아빠가 퇴근하지 않는 평일에는 말이다.

그러나 아빠가 오는 주말은 상황이 다르다. 큰아빠와 큰엄마가 엄격했던 것과 비슷하게. 지원이의 아빠도 엄격한 편이다. 그래서 아빠가 있을 땐, 지원이도 소리를 지르거나 욕을 하지 않는다. 덩달아 엄마의 목소리도 활기를 찾는다. 지원이의 눈치를 크게 살피지 않아도 되기 때문이다.

사실 아빠는 지원이가 엄마한테 어느 정도 무례하게 구는지 알지 못한다. 그러던 어느 날이었다. 그날도 지원이는 학교를 안 갔다. 그리고 학교에 가라는 엄마에게 욕을 퍼붓기 시작했

사악한 본능 어디에서 오는가 _ Chapter 넷

다. 그러더니 갑자기 옆에 있던 야구방망이를 들었고, TV 쪽으로 휘두르는 게 아닌가.

"지원아, 안 돼."

"씨발, 아무 말도 하지 마!"

지원이의 화는 좀처럼 가라앉지 않았고, 들고 있던 야구방망이도 내려놓을 것 같지 않았다. 엄마는 불안했다. 그 순간, 지원이의 야구방망이는 결국 TV를 향했고, TV는 와장창 깨졌다.

"뭐 하는 거야?"

언제 들어온 걸까. 거실엔 아빠가 서 있었다. 아빠를 발견한 지원인 깜짝 놀란 듯, 밖으로 뛰쳐나갔다. 엄마는 지원이를 쫓아 나갔고, 이 모든 게 컴퓨터 때문이라고 생각한 아빠는 컴퓨터를 들고 아래층으로 내려왔다. 그러다 지원이와 엄마를 마주쳤다. 아빠 또한 순간 욱하고 올라오는 감정을 추스르지 못한 채, 컴퓨터를 바닥으로 내동댕이쳤다. 컴퓨터는 산산조각 났다.

이 상황들은 도대체 어디서 어떻게 시작된 걸까. 아빠는 이 상황을 버티기 어려웠다. 그래서 그렇게 지원이와 엄마를 남겨둔 채, 자신만의 공간으로 돌아갔다. 바닥엔 부서진 컴퓨터가 있고, 그 길 위엔 지원이와 엄마가 남겨졌다. 조금 뒤 지원이도 집으로 들어갔다. 결국 그 자리엔 엄마만 남았다. 부서진 컴퓨터 잔해들을 치우고, 엄마도 집으로 들어갔다.

그런데 그때부터 지원인 엄마를 볶는다.

"내 컴퓨터 어떡할 거야? 컴퓨터 사 내. 사 내라고!"

좀처럼 뭘 어떻게 해야 할지 모르는 엄마는, "아빠한테 얘기해 볼게."라고 말한 뒤, 방으로 들어갔다. 아빠가 들어오기 전에 있었던 야구방망이를 휘둘러 TV를 부순 그 상황에 대해서는 전혀 알 바가 아니라는 듯, 이제는 부서진 컴퓨터가 엄마 때문이라고 말하며, 이 또한 엄마 때문인 상황에서 엄마는 너무 무기력하다. 다음 날, 엄마는 아빠에게 전화를 건다. 아빠는 엄마의 안부를 몇 마디 묻더니, "사양 좋은 걸로 사 줘."라고 얘기한다.

지원이는 한바탕 소동을 벌인 뒤, 게임하기에 더 좋은 사향의 컴퓨터를 한 대 얻었다. 결국 이 소동의 승자는 단연코 지원이가 되었다. 기분이 좋아진 지원이는 오늘 밤도 지키지 못할, 지킬 마음이 없는 약속을 한다. "내일은 학교에 꼭 갈게."

내일이 되면, 지원이는 자신이 한 약속을 지킬까. 내일은 그 약속을 지켰으면 좋겠다. 그러나 내일도 지원이가 그 약속을 지키기는 어려울 것이다.

물론 이 짧은 에피소드들로 지원이의 삶을 단정적으로 말할 순 없다. 그러나 지원이의 짤막한 이야기들 속에서, 지원이는

사악한 본능 어디에서 오는가 _ Chapter 넷

말한다. "억울해요. 난 너무 억울해요." 도무지 저 녀석은 뭐가 억울하다는 걸까. 제 할 말 다 하고, 제가 하고 싶은 건 다 하는 것 같은데 도대체 뭐가 억울하다는 걸까.

그러나 다시 들여다보면, 지원이 주변의 있는 이들 가운데, 아이의 말에 귀 기울여 준 사람이 있었던가. 엄마에게 첫 번째 폭력을 행사했던 날도, 엄마는 지원이가 왜 테니스 수업에 가고 싶지 않은지 묻지 않았다. 그보다는 선생님과 약속된 일이니 오늘은 일단 가야 한다고 했다.

두 번째로 19세 이상 이용 가능한 게임을 하겠다고 했을 때도, 그 게임이 어떤 게임인지, 아이의 연령상 할 수 있는 게임이나 조금 낮은 버전의 게임으로 바꿀 수 있는지에 대해서 대화를 하기보다는 일단 안 되는 부분을 언급하는 것이 먼저 이루어졌다.

그리고 본격적인 등교 거부와 그로 인한 엄마와의 갈등의 불을 붙인 체육선생님과의 일 또한, 지원이가 경험한 억울함을 이해하기보다는 지원이의 태도를 앞세워서 지원이가 고쳐야 하는 행동을 지적하는 게 먼저였던 건 아니었을까. 그러는 동안, 정작 지원이가 스스로의 행동을 들여다볼 기회는 주지 않았던 것은 아닐까.

지원이 엄마도 알고 있었다. 지원이와 싸운 뒤 자신이 그렇게 나가 버리면, 지원이는 이내 불안해져서 그때부턴 엄마를 찾고 또 찾는다는 걸, 그럼에도 자신이 지원이의 전화를 받지 않으면 좀 더 힘이 센 경찰을 이용해서 전화를 받도록 할 거라는 걸, 그동안의 경험들을 통해 이미 알고 있었다. 그러면 엄마는 방금 전까지 지원이 앞에서 쩔쩔매는 겁쟁이 엄마에서 목소리를 바꿔 조건을 내걸었다. "앞으로 네가 컴퓨터 게임을 안 한다고 하면 들어갈게." 또는 "네가 엄마한테 욕하지 않고 함부로 안 한다고 하면 들어갈게."라면서.

이 상황에 지원이 또한 생각한다. 엄마의 조건을 받아들이지 않으면, 엄마는 들어오지 않을 거란 걸, 지난번에도 몇 주간 자신만 집에 남겨둔 채 어딘가로 떠나지 않았던가. 그래서 지킬 수 있는, 또는 지키고자 하는 마음에서가 아닌, 엄마를 집에 들어오게 하려면 어쩔 수 없기에 일단 대답을 먼저 해 버린다. "알았어. 이제 컴퓨터 안 할게." "이제 욕 안 할게."

그러나 아마 두 사람 모두 알고 있을 거다. 이러한 대화는 서로에 대한 불신만 쌓아 갈 뿐이라는 걸. 그리고 서로는 서로를 믿지 못하고 여전히 불안해 한다는 걸. 그렇게 일단 묵혀 뒀던 불안이, 그리고 쌓여만 가는 불신이 지원이를 점점 더 큰 괴물로 만들어 가고 있는 건 아닐까.

Chapter

다섯

·

이은주

13

사이비 종교,
그들은 왜 교주가 되었나

사이비 종교 관련 범죄

기복 신앙이 내재되어 있는 우리 사회에는 사이비 종교 관련 범죄가 만연해 있다. 이 장에서는 대표적인 사이비 종교 관련 범죄를 살펴보도록 하겠다.

일제강점기 '백백교' 사건

'백백교'는 일제강점기인 1920~1930년대에 존재했던 사이비 종교다. 전정운이라는 사람이 1912년에 자신을 금강산 도인이라고 칭하며 함경도 문천군에서 〈백도교〉라는 사이비 종교를 창시했다. 그리고 그의 아들 전용해가 형제들을 제거하고

1923년에 아버지의 뒤를 이어 경기도 가평 등을 근거지로 백백교를 창시했다.

전용해는 1923년 조선총독부로부터 공식적으로 포교 허가를 받아 3대 교지를 만들었다. 백백교의 주요 교리는 이러하다. 백백교를 믿으면 몸과 마음이 결백해지고 일체중생은 모두 선남선녀가 된다. 전 세계는 신의 심판을 받게 되는데, 서양은 불로 망하고 동양은 물로 망하며, 백백교도만 구원받는다. 30척 이상의 대홍수 재앙이 있은 후에 동해에 새로운 섬이 생겨나는데 이곳은 기린과 봉황이 춤추고, 불로초가 있고, 교도들은 질병이 없어 불로장수하며, 극락과 같은 생활을 하게 된다는 허황하기 그지없는 내용이다.

일제의 폭압 통치에 시달리면서 희망 없는 삶을 살던 일부 가난한 농민과 어리석은 민중에게 백백교의 달콤한 교리는 한 줄기 구원이고 복음이었다. 거기에 궁궐을 방불케 하는 대회당은 믿음을 주었다. 백백교에 끌려 온 수많은 사람이 재산을 빼앗기고 부인과 딸은 교주에게 헌상되었다.

교주 전용해는 무려 14년간이나 음란과 살인극을 자행했다. 그는 학식이 없는 무지한 인간이었지만 사람의 심리를 교묘하게 이용해 마음을 끌어들이는 재주가 있었다. 폐금광에 금을 숨긴 다음, 자신(교주)의 힘으로 금광이 다시 터졌다는 식으로 사람을 모았다. 간부들을 각지에 보내 예쁜 딸을 가진 부모들

사악한 본능 어디에서 오는가 _ Chapter 다섯

을 골라서 백백교에 입교시킨 뒤 그 딸을 전용해의 시녀로 바치게 했다. 전용해는 이렇게 끌어들인 젊은 여성들을 첩으로 거느리다가 살해하는 것을 능사로 삼았다.

공범 만들기

백백교는 표면상 정상 종교인 양 여러 제도를 도입한 척했지만, 신도들의 이탈 방지와 범죄가 들통날 우려가 있으면 교도들을 여지없이 살해했다. 엽기적이고 가공할 살해 암매장이 저질러진 동기를 보면 이렇다. 교주 전용해의 명령에 복종하지 않는 경우, 숨어서 불평하거나 탈교할 기미가 있다고 밀고된 경우, 재산을 모두 헌금했다고 해 놓고 남은 재산이 있음이 발각된 경우, 공범 만들기 수단인 윤간이나 살인을 거부한 경우 등 쥐도 새도 모르게 산중으로 연행해 구덩이를 파고 생매장했다.

살인에는 항상 복수의 신도를 동원해 공범을 만들었다. 그런 다음 교주가 버린 첩은 간부가 간음하고, 간부의 간음이 끝나면 신도 모두를 윤간 공범자로 만들어 이탈할 마음을 먹지 못하게 했다. 전용해가 도피하기 직전 그가 살던 경성 앵정정 마굴에는 첩 32명이 그를 에워싸고 있었다고 한다. 그는 아기가 생기면 운신에 방해가 되고 신격이 손상된다며 병아리 죽이듯 영아 살해도 서슴지 않았던 살인마였다.

백백교 범죄는 '사소한' 일로 세상에 드러나게 되었다. 조부와 부친이 백백교에 빠져 여동생을 교주에게 첩으로 바치고 전 재산을 빼앗긴 유곤룡이란 청년이 교주 면담을 요구하고 일제 경찰에 고발하면서 전모가 드러나기 시작했다. 경찰은 8개월 에 걸쳐 전용해의 은신처와 전국 각처의 백백교 비밀장소에서 시체 346구를 발굴했다.

1937년, 사건이 드러나면서 당시 사람들에게 어마어마한 충 격을 가져왔고, 일본은 물론 중국과 미국을 거쳐 전 세계에 이 사이비 종교의 횡포가 알려졌다. 1941년 1월에 마무리된 백백 교사건 선고 공판에서는 혼자서 170명을 죽인 김서진, 167명 을 죽인 이경득, 127명을 죽인 문봉조 등 간부급 살인마들에게 사형이 선고되고 나머지 10여 명에게는 징역형이 선고되면서 346명을 살해한 희대의 살인마 사교 사건이 막을 내렸다.

교주 전용해는 수사망을 피해 도주하다가 1937년 4월 7일 경 기도 양평 용문산에서 자살한 시체로 발견되었다. 일제는 전 용해의 시신을 거둬 범죄 연구용으로 삼기 위해 머리를 잘라서 포르말린 용액 속에 넣어 보관했다. 광복 후 국과수로 전해 오 다 '문화재제자리 찾기'의 사무총장 혜문 승려 등이 인간의 존 엄성을 침해한다며 국가를 상대로 폐기를 요구해, 전용해의 머 리는 2011년 10월 화장 처리되었다. 우리나라의 극단적 사이 비 종교 범죄의 시작은 이 백백교부터라고 할 수 있다.

사악한 본능 어디에서 오는가 _ Chapter 다섯

1960년대 '용화교' 사건

'용화교'는 1960년대에 여자 신도 강간과 금품갈취 등으로 문제를 일으킨 사이비 종교다. 서백일(1888~1966)이라는 사람이 광복 즈음에 창시했고, 1955년 김제시 모악산에 용화사라는 절을 짓고 본부로 삼아 정착했다. 그는 자신이 사람들을 미륵에게 인도하는 사람이라고 주장했다.

교주 서백일은 여자들을 출가하게 해 여수좌라 불렀는데, 이 여수좌들은 사실상 서백일의 첩으로 그 숫자가 500여 명에 달했다고 한다. 그는 천지개벽이 일어나면 미륵이 강림하고 세상에 큰 재앙이 닥치는데, 그때가 되면 용화사 주변에 와야 안전하며 모악산 일대가 전 세계의 수도가 된다고 말했다.

1962년, 여수좌 2명이 서백일을 고소해 당시 사회에 큰 파장을 일으켰다. 서백일은 1년 6개월 형을 선고받았으나 건강상 이유로 10개월만 복역하고 형집행정지 처분을 받았다. 형집행정지 중에도 여전히 범행을 계속하던 그는 1966년, 과거 신도였던 20대 청년 소윤하의 칼에 찔려 죽었다. 당시 언론 보도에 따르면, 소윤하는 교주에게 자기 누나와 여동생이 당했으므로 참을 수 없어서 죽였다고 했다.

1987년 '오대양' 집단자살사건

'오대양' 집단자살사건은 사이비 종교에서 운영하던 회사에서 발생한 사건이다. 1987년 8월 29일에 경기도 용인군(현 용인시 처인구) 남사면 북리 오대양 공예품 공장에서 발생한 집단자살 사건이다. 공장 내 식당 천장에서 오대양 대표 박순자와 가족, 종업원 등 추종자 32명이 집단 자살한 시체로 발견됨으로써 당시 사회에 큰 충격을 안겨 주었다. 남자 4구, 여자 28구. 손이 묶이거나 목이 졸린 사체 등 자살과 타살 정황이 뒤섞인 상태였다.

1992년 '휴거' 소동

1992년 10월 28일, 바로 '휴거'의 날이었다. "다가올 미래를 준비하라."에서 '다'와 '미'를 딴 다미선교회에서 지구 종말이 닥치며, 이를 믿는 자들은 하늘로 올라가는 '휴거'를 경험하게 된다고 선언한 날이었다. 노스트라다무스가 예언한 1999년 7월보다 7년 먼저 일어난다고 예고된 이 종말론에 수많은 사람이 빠져들었다. 멀쩡한 회사원이 전 가족을 데리고 잠적하는가 하면, 이 종말론 교회에 나가지 못하게 하는 부모를 원망하며 음독자살한 여학생도 있었다. 전 재산을 팔거나 재산의 대부분

사악한 본능 어디에서 오는가 _ Chapter 다섯

을 매각해 교회에 바치고, 10월 28일까지만 연명할 재산을 들고 기도에만 몰두하는 사람이 한두 명이 아니었다. 전국적으로 따지면 수천 명에 달했고, 해외 지부도 있었다.

'영생교회' 집단자살 사건

1998년 10월 5일 오전 6시경에 강원도 양양군 낙산대교 건설 현장 부근에서 승합차에 타고 있던 사이비 종교 신도 7명이 분신자살한 사건이다. 이들은 종교적인 이유로 자살한 것으로 드러났으며, 이 사건으로 인하여 사이비 종교의 반사회성이 또다시 부각되었다. 특히 IMF 사태로 실직자가 속출하고, 가정이 해체되는 등의 문제가 심각한 상황에서 종말론이 또다시 대두되고 있던 시점이었기 때문에 이 사건은 충격적이었다.

사이비 종교의 개요

사이비 종교(Pseudo-religion)는 글자 그대로 겉으로 보기에는 정상적인 종교 같지만 본질은 정상 종교가 아닌 종교를 일컫는 말이다. 유사 종교라고도 한다. 이단과 유사한 말로 쓰이기도 하지만, 이단은 주류 종교와 배치되는 교리를 가진 종교를 뜻하며, 사이비 종교는 '종교의 탈을 쓴 범죄집단'을 지칭한다.

사이비 종교는 전 세계적으로 퍼져 있으며, '믿음' '희망' '사랑' '진리'와 같은 모호하고 긍정적인 가치를 이용해 범죄와 사건·사고를 일으킨다. 분명 믿음, 희망, 사랑, 진리와 같은 긍정적인 내적 가치는 사람이 위기 상황이나 위기를 더 이상 견디지 못하는 상황에서도 인간이 위기를 극복하는 힘이 되어 준다. 이는 종교의 가장 큰 역할이자 가치다. 그러나 이를 이용해 폭력 및 범죄를 유도하는 종교가 바로 사이비 종교로 이는 사이비 종교를 판단하는 가장 큰 잣대이기도 하다. 사이비 종교는 교주가 '나는 선하다. 신은 교주인 내 편이다.'라는 확신에 기반해서 상대를 악마화하고 그것을 정당화하는 복잡 미묘한 교리가 합쳐져 폭력과 범죄로 나타난다고 할 수 있다.

사이비 종교는 일반적으로 강간, 금품 갈취, 사기죄 등의 범죄와 밀접한 관련이 있으며, 교주의 신격화, 금품의 강요, 그리고 사이비 종교의 가치관을 사회에서 건전하게 받아들여지는 가치관과 개인의 가치관보다 상위에 둘 것을 강요한다. 또한 종교적 맹신을 이용해 사람을 이용하고 그로 인한 가정 파괴나 강력 범죄 등을 유발하거나 주도하고 있다.

교주를 신의 대리인이나 사도라고 자칭하면 사이비라고 봐야 한다는 주장이 있으나, 이런 교리는 이후 설명하겠지만, 저자는 정상 종교에도 있는 특성 중 하나이기 때문에 사이비 종교의 구별법으로는 그다지 올바르지 않다고 생각한다.

현재 우리나라 「헌법」[*]에 의해 규정된 종교의 자유 원칙에 별다른 부칙이 없기 때문에 범죄 행위에 대한 수사와 처벌 이외의 직접적인 규제는 없다. 그나마 대중매체나 주위 소문 등으로 교세가 위축되기도 하지만, 다수는 이것과 상관없이 범죄를 멈추지 않는다는 것이 심각한 문제다.

사이비 종교는 기존 정상 종교에서 떨어져 나온 경우가 많아서 겉만 보면 정상 종교와 같아 보인다. 하지만 실제로는 모체 종교의 교리를 무시하고 신도들을 착취하고 있고, 사회에 악영향을 끼치고 있다.

일단 탈퇴가 자유롭지 못하다면 100% 사이비 종교다. 특히 무리한 요구(주로 금품이나 성상납 등)를 한다면 100% 사이비라 보면 된다. 탈퇴 부분이 핵심적인데, 현대 사회에서 종교란 철저하게 '자발적' 신앙을 요구하기에, 탈퇴가 자유롭지 못하다는 이유 하나만으로도 명백히 사이비 종교다. 기성 종교 중에서도 이슬람의 경우, 일단 사이비 종교라고 인식되지 않음에도 불구하고 현대 사회에서 아주 크게 비판받는 이유 중 하나가 이런 사이비 종교에서 행해지는 것과 똑같이 믿음을 저버리고 변절한 사람(배교자)에 대한 살해를 적극 실천하려는 사람들이 이

<small>* 대한민국 「헌법」 제20조 1항 모든 국민은 종교의 자유를 가진다. 2항 국교는 인정되지 아니하며, 종교와 정치는 분리된다.</small>

종교 내부에 팽배하기 때문이다. 외부적으로는 테러 행위를 벌이는 경우도 있다. 대표적인 예가 옴진리교이다.

정상 종교의 예를 들자면, 기독교는 물질적인 것을 요구하긴 하지만, 강제성은 없다. 성경에 있는 "하나님은 즐겨 내는 자를 사랑하시느니라."(고후 9:7)라는 구절 때문에 오해하는 사람도 있고, 실제로 이 구절만 따서 헌금을 강요하는 일부 목사가 있기는 하지만, 이 말의 맥락은 바로 앞에 있는 성경구절 "각각 그 마음에 정한 대로 할 것이요 인색함으로나 억지로 하지 말지니"(고후 9:7)를 보면 하기 싫은데 눈치 보여서 하는 헌금은 할 필요 없다는 얘기다. 이는 '헌금을 내는 자를 사랑한다.'가 아니라 '헌금을 즐기어 내는 자를 사랑한다.'인 것이다. 또한 예수는 부자들이 거들먹거리며 내는 많은 돈보다 가난한 과부가 전 재산으로 드린 동전 두 닢을 더 가치 있다고 하였다. 즉, 그 정성과 진심이 중요하지 액수가 중요한 것이 아니라는 것이다. 물론 사목이나 운영을 해야 하는 교회 재정 입장에서는 현실적인 액수도 중요하겠지만 말이다. 그리고 입교와 탈교가 자유로운 편이고, 명예살인 같은 비정상적인 행위는 하지 않는다.

중요한 것은 종교가 인생에 말도 안 되는 악영향을 끼치면 그건 100% 사이비 종교라는 것이다. 예를 들면, 지독한 남녀차별, 과한 금품 요구, 특정 의복 착용 강요, 강제 결혼, 주거 환경의 극단적인 제한 등 말도 안 되는 행위들로 인해 일상생활에 심각한 지장을 주면 사이비 종교라고 생각하면 된다.

우리나라 사람들의 종교성은 세계 어느 민족보다 열정적이고 다양한 특성을 보여 준다. 이러한 열정적인 종교 성향 때문에 우리나라의 사이비 종교들은 적극적인 포교 활동으로 많은 사람을 현혹하고 있다. 국제종교문제 연구소 자료에 따르면, 현재 100만 명 이상이 200여 종의 사이비 종교 집단에 빠져 있다. 전통적인 샤머니즘은 우리나라 사람들의 종교성과 결부되어 신비한 능력을 동경하게 만드는데, 이 성향은 사이비 종교의 교주를 신격화하고 절대화하는 요인으로 작용하게 된다. 또한 유교적 성향은 종교 공부에 관심을 두게 하여 성경공부와 성경해석에 대한 '욕구'를 갖게 하는데, 사이비 종교 집단은 이러한 욕구를 잘 파악하여 성경에 대한 철저한 공부를 한다는 명목으로 사람들에게 접근한다.

사이비 교주들의 공통점

자기애성 성격장애

인간은 선천적으로 인정욕구 중 하나인 자기애를 가지고 태어난다. 이러한 자기애 욕구는 영유아기 때 부모와의 애착 안정 여부에 따라 충족되기도 하고 손상을 입기도 한다. 자기애가 손상된 경우 이를 회복시키기 위한 계속적인 노력으로 이상화된 부모상을 형성하여 이를 통해 손상된 자기애를 다시 찾으려는 작업이다. 하지만 자신의 자기애가 충족되지 못하고 극복할 수 없을 만큼 심각한 심리적 상처가 있을 경우에는 긍정적 자기애로 발전되는 것이 아니라 자신을 과대하게 부각시켜 '부정적 자기애'가 형성되어 잘못된 야망을 가지게 만들어 과대망상적인 사람이 되어 간다.

자기애적 성격장애의 대표적 증상은 자신의 중요성에 대한 과대망상적 생각을 가지고 다른 사람의 평가에 대하여 과민한 반응을 보인다. 사이비 교주들의 심리적 역동 기저에는 웅대한 자기 혹은 과장된 자기가 형성되어 있는데, 자신이 메시아로서 문제 많은 세상을 구원할 구세주라는 과대망상적 사고를 지니는 경향이 있다. 과대망상적인 사고는 교주 1인 독재 체제를 구축하여 절대적 권력을 갖게 하고 자신을 신격화한다.

자기애적 성향을 가진 사람들의 정서 상태를 보면 항시 즐거운 기분에 들떠 있거나 다른 사람이 가지고 있는 것에 대한 시기와 질투의 감정을 지니고, 자신이 당연히 받아야 할 것을 받지 못한 것에 대한 분노감을 보인다. 또한 다른 사람에게 칭찬받으려는 강한 욕구를 지니고 있고, 지루함과 공허감을 자주 느끼게 되어 항상 자극적인 것을 찾으려 한다. 이들은 자신의 감정을 적절하게 표현하지 못하고 쉽게 우울해 하거나 불안해한다. 만약 감정 표현을 하더라도 정제된 표현이 아닌 극적인 표현으로 논쟁이나 싸움에 이르게 된다. 절대적인 카리스마를 가진 존재로 우상화된 교주는 항상 칭송받으려는 욕구를 지니게 되고, 공허감을 달래기 위해 자극적인 교리나 의식들을 추구하는 경향이 있다.

사이비 교주들은 자기애 성향의 착취성과 특권의식, 지도력과 권위의식, 우월성과 거만, 자기몰입과 자기동경 등의 특권의식 요소들을 지니고 있어서 교인들의 재산을 착취하기도 하고, 성적으로 착취하기도 한다. 호색적 자기애의 형태는 정욕적이고 호색적인 성향을 취한다. 대표적인 예로, 섹스 안찰*이 있다. 얼마 전 넷플릭스에 공개된 JMS의 범죄를 다룬 다큐멘터리 〈나는 신이다: 신이 배신한 사람들〉을 보면 더욱 잘 알 수 있다.

가해에 대한 비정상적 공포: 가해적 공포

인간은 태어나면 양육 과정에서 다양한 경험을 하게 된다. 이때 바깥 세계로부터 자신의 욕구를 충족시켜 주는 선한 대

---

* 기도받는 사람의 몸을 어루만지는 행위

상을 경험하게 되면 인간은 그 선한 대상과 동일시하고자 한다. 반면, 바깥 세계에서 자신의 욕구를 충족시켜 주지 않는 악한 대상을 경험하게 되면 인간은 환상 속에서 그 악한 대상을 공격한다. 인간은 환상 속에서 악한 대상을 파괴하려는 행위를 하려 한다. 이러한 공격적 행위가 반복되는 경우 인간은 자신이 공격한 그 악한 대상이 자신을 다시 공격하리라는 불안을 가지게 되는데, 이것이 가해적 공포(persecutory anxiety)다.

사이비 종교나 이단의 교주는 이처럼 악한 대상과의 경험으로 바깥 대상에 대한 공격적인 환상을 수없이 시도했을 것이다. 그들이 악한 대상에 대해 공격한 횟수가 많으면 많을수록 가해적 공포를 더 심하게 느낀다. 이와 같이 가해적 공포가 심할 경우 사이비 교주는 점점 바깥 세상으로부터 멀어지면서 은둔하게 되고, 점차 바깥의 공격으로부터 자신을 보호하려는 집단 히스테리적 성향을 보이게 된다. 바깥 대상이 악함으로 가득할수록 생존하기 위해 당연히 바깥 대상을 공격하려 한다. 선한 대상에 대한 경험이 있을 때 자신이 공격한 대상이 선한 대상도 공존하고 있다는 생각을 할 수 있고, 또 이로써 공격받은 대상이 얼마나 아플까 하는 공감능력이 생기며, 선한 대상을 공격했다는 죄의식도 생기게 된다. 그러나 선한 대상의 경험이 결핍되어 세상에 대한 적대감과 증오심이 가득하게 되면 악한 경험만 인출되어 악한 대상을 공격하고, 그 공격한 대상

사악한 본능 어디에서 오는가 _ Chapter 다섯

이 다시 자신을 공격할 것이라는 가해적 공포에 휩싸이게 된다. 이들은 개인적·사회적 절망에 대한 반응으로 사회나 개인에게 적대적인 감정을 지니게 된다.

이러한 공격성은 사이비 집단에서 집단 히스테리의 양상으로 변질되고 박탈감, 단절감, 공격성 등으로 이어진다. 가해 공포를 가지게 된 교주들은 자신이 공격한 대상들이 자신을 향하여 항상 공격적인 태세를 취하고 있다고 생각하여 사회로부터 도피하여 자신만의 안전한 둥지를 찾으려고 한다. 이들은 적극적으로 공격성을 표시하기보다 철수(withdrawal)하여 자신만의 세계를 구축하려 한다. 이러한 가해 공포에 휩싸이게 되는 심리기제를 가진 교주들은 공통적으로 자기애적인 성향과 결부되어 다른 사람의 아픔에 대한 공감능력이 결여되어 있고, 사회통념에서 벗어나는 행동을 하고서도 죄의식을 느끼지 못하는 행동 양태를 보이게 된다.

암울한 가정배경

사이비 교주들의 성장배경 중 많은 경우 부모로부터의 양육과정에 있어 사랑이 결핍되어 있거나 심각한 심리적 상처를 성인이 되어서도 극복하지 못하고 있음을 볼 수 있다.

아버지의 부재

어릴 때 아버지의 부재는 특히 아들의 심리적 성장 과정에 중요한 영향을 미친다. 성장기인 어린 시절에는 역할모델로서의 아버지와의 동일시를 통하여 건전한 인격이 형성되어야 한다. 그러나 이 시기에 아버지의 부재로 인한 역할모델로서의 기회 결핍은 심리적인 부작용을 가져올 수 있다.

아버지의 부재는 아들로서의 자신의 위치를 과대하게 부상시켜 대리자로서의 아버지 역할을 하게 하고, 어머니를 돌보지 않는 아버지에 대한 분노와 공격성을 지니게 한다. 이러한 공격성을 잘 해결하지 못하면 아버지와 같은 권력의 상징인 기존 사회 체계에 대해 공격적인 성향을 갖게 되고, 새로운 세계에 대한 염원을 갖게 된다. 아버지의 부재로 인한 어머니에 대한 애틋한 보호본능은 다른 여성에 집착하게 만들고, 주변에 여성들이 항상 있어야 마음 편한 심리를 갖게 한다. 많은 사이비 교주가 여성에 대한 집착을 보여서 여성성을 동경하고 여성들과의 성적인 접촉을 합리화하는 교리를 만드는 것도 이러한 심리적 기제로부터 기인한다고 볼 수 있다.

지나치게 엄격한 아버지 경험

아버지가 지나치게 엄격하여 아들에게 강압적인 양육형태로 언어적·신체적 폭력성을 보인다면, 아들은 이러한 아버지에

사악한 본능 어디에서 오는가 _ Chapter 다섯

대한 증오심과 공격성을 보이게 된다.

아버지의 부재와 마찬가지로, 너무 혹독한 아버지에게도 공격성을 보이면서 이러한 아버지의 모습은 이와 동일한 권력을 가진 대상으로 대체되어 점차 복수심을 키워 나가게 된다. 이와 같은 복수심은 세상과 자신의 공동체를 분리시켜서 자신의 공동체는 선하지만 세상은 악하다고 하는 이분법적인 사고방식을 가지는 심리적 역동을 제공해 준다.

정신질환에 취약한 가족력

정신질환의 원인 중 가장 큰 요인은 유전적인 요인과 가족의 환경이 결합되어 정신증을 유발하는 것이다. 교주 M은 나이 열다섯 살 때 그의 형이 정신질환으로 사망했고, 둘째 누나도 정신질환을 앓게 되자 그 일가가 기독교에 입교했다. 즉, 정신질환 요인이 있는 다른 가족을 보호해야만 하는 스트레스 역시 다른 가족 구성원에 대한 무거운 짐으로 작용하였을 것이다. 조현병 유전자를 지닌 가족과의 대화는 피상적이고, 감정과 사고가 일치되지 않는 이중 메시지를 통한 이중속박(double binding)의 대화 형태를 취하는 경향이 있다. 이러한 가족환경 속에서 세상을 바라보는 시각은 정상적이라기보다는 정신증적 양상인 망상적 사고로 세상을 바라볼 수 있는 소지가 있다. 따라서 자신을 메시아로 보게 되는 교주의 과대망상적 사고는 정신증을 앓고 있는 가족과의 관계와 무관하다고 할 수 없을 것이다.

신세 비관 및 가정에서의 좌절

집안의 부도, 좌절, 신세 비관 등은 이들로 하여금 세상에 대하여 부정적인 감정과 보복하려는 마음을 가지게 만든다. 이를 통해 좌절감도 많이 느끼곤 하는데 급기야는 자살 시도로 이어진다. 사이비 교주인 C도 '1970년대 중반 서울 남대문 주변에서 무역업을 하다가 부도를 내고 한동안 도피생활을 했다.' 부도나 집안의 불행한 사건, 개인적인 좌절 및 환란 등으로 인하여 어려움을 견디지 못하여 그 어려움으로부터 탈출하고자 다른 세상을 꿈꾸게 되는데, 이러한 희망은 종교적 망상을 만들어 내어 사이비 종교 집단을 만들게 하는 원동력을 제공하기도 한다. 또한 아버지의 부재로 인하여 가정에서 심리적으로 아버지의 역할을 대신해야 하는 경우 어머니를 보호하고자 하는 보호본능을 가지게 되고, 이는 여성에 대한 집착과 의존의 심리적 형태로 드러나게 된다. 아버지에 대한 미움과 분노가 강할수록 어머니에 대한 정서적 갈망은 더 집요하게 되고, 이러한 심리적 기제는 교주가 되어서 항상 주변에 여성들을 두고 의존하려는 심리와 연결된다.

사이비 종교에 빠지는 사람들의 심리

인지오류: 이분법적 세계관

사이비 교주들의 사회에 대한 인식은 전반적으로 부정적인 성향을 지니고 있다. 기존 종교에 대한 비판은 종교인들에게 공격의 대상을 분명히 설정하여 기존 종교에는 희망이 없음을 강조한다. '국가와 자신들이 처한 현실적 상황에서 변화의 가능성을 기대하지 못하며 희망이 없다.'는 시각을 가지고 있는데, 자신들의 성장 과정에서 경험한 악한 사람들의 경험으로부터 자신을 보호하려고 악한 것들을 분리시켜 악한 것들이 자기 자신에게 있는 것이 아니라 다른 대상이 가지고 있다고 설정한다. 인간은 안 좋은 경험을 하게 되면 자기 내면의 해석에 문제가 있다고 생각하는 것이 아닌 외적 상황 및 다른 대상에게 문제가 있다고 생각하면서 자신을 보호하려고 한다. 즉, 내 안의 선한 대상, 그리고 선한 자기표상을 보호하려는 생존 본능으로 내 안의 선한 대상을 악한 대상으로부터 분리하려고 한다.

사이비 종교에 빠진 사람들은 '내가 최고의 진리를 갖고 있다.' '나는 다른 사람들이 불쌍하다고 생각한다.' 등의 비합리적인 우월감을 갖고 있다. 이러한 분리는 병리적 선민사상을 갖게 하여 세상과 나를 분리시켜서 악한 세상에 군림하도록 하는 자기상을 형성한다. 사이비 교주들은 그리스도나 부처가 아닌 자신이 중심이 되어 하나님으로부터 직접 계시를 받으며 자신에 의해서만 구원을 얻는다는 과대한 자기상(self-object)을 형성하여 자신을 신격화하면서 세상과 분리한다. 교주는 자신을 악한 경험과 분리시켜 바깥 세계를 공격의 대상으로 설정한다. 이와 같은 분리는 자신만이 구원을 얻는다는 배타성과도 연결된다. 예를 들면, "여호와의 증인만이 하나님의 참 백성이요, 다른 모든 사람은 예외 없이 악마의 추종자들"이라고 말하는 것과도 일맥상통한다. 자신의 종교만 옳다는 우월주의는 이러한 이분법적 사고에 의하여 생성된다. 이러한 이분법적 사고는 자신들을 사회와 격리시켜서 신앙촌이나 천년왕국 등 자신들만의 정체성을 추구하게 만든다. 그리고 신도들로 하여금 자신들이 속한 공동체와 가족으로부터 고립되게 하여 사이비 종교 집단에만 충성하도록 강요한다.

집단무의식

유명한 심리 실험이 있다. 피험자 앞에 5명의 사람을 앉혀 놓고 엉뚱한 대답을 하게 만드는 것이다. 짧은 막대를 보여 주며 길다고 말하게 한다. 다음 피험자 차례가 되면 그 역시 긴 막대

사악한 본능 어디에서 오는가 _ Chapter 다섯

를 보며 짧다고 대답한다. 이처럼 인간은 사회적 동물이다. 수많은 휴거 사건을 일으킨 사이비 종교를 생각해 보라. 단지 그 종교에 오래 있는 것만으로도 사람은 믿을 수 없는 것을 믿고, 할 수 없는 일을 하게 된다. 우리는 주체적으로 생각하면서 살아야 한다.

'정서적 또는 경제적 자립'이 안 되는 사람은 절대적 의지처를 찾게 된다. 이들을 맹신자로 이용하려는 양쪽의 이해가 잘 맞아떨어지는 곳이 사이비 종교 집단이다. 이곳엔 놀랍게도 명문대 출신에다 고위공직자, 기업 대표나 임원, 의사, 판사, 검사, 변호사 등 내로라하는 전문직 사람들이 즐비하다. 그럴듯한 사람들을 내세워 종교적 열세를 가려 보려는 의도적인 과시 때문에 더 잘 눈에 띄기도 하지만, 실제로 멀쩡해 보이는 사람들이 많이 속해 있기도 하다.

이성적 판단능력이 없는 심리적 약자가 아니라 멀쩡해 보이는 이들도 광신도 부류에 속해 있다는 것이다. 원인은 이들은 실패한 적 없이 안전과 성공만을 추구하며 살아왔기에 성인기에도 완벽한 보호를 기대한다. 사이비 종교 집단에 가면 교주가 자신을 신격화하는 경우도 있지만 꼭 그렇지만도 않다는 걸 알아야 한다. 약한 정신력의 소유자들이 교주를 완전한 신으로 만든다. 불완전하다고 생각하는 자신을 온전히 보호해 줄 전지전능한 신으로 만드는 것이다. 그리고 그들이 만든 집단 동료들끼리 교주의 위대성을 경쟁적으로 찬양하며 자신의 믿음이 잘못됐을지도 모른다는 불안감을 없애려고 노력한다.

자본주의 속성에 깊게 물든 종교는 현대인의 불안심리를 노려서 금품을 착취한다. 인간의 불안을 제거해 주겠다는 '꿀발린 말'을 활용한다. 대표적인 예로 천도제가 있다. 조상이 내 앞길을 막지 않도록 조상을 좋은 곳으로 보내 주어야 한다는 것이다. 자금력을 과시하는 종교집단 이면에는 대부분 고가의 천도제나 굿 같은 종교의식이 있다. 또한 미신적인 종교일수록 운명론을 부정적으로 확대·재생산하고, 해당 성직자를 절대화한다. '성직자는 전생에 쌓은 공덕이 많아 대접받는 게 마땅하고, 신도들은 죄를 많이 지어 고생을 겪는 것이다. 그러므로 성직자들을 잘 섬기는 게 당연하다.'는 논리다. 이런 인과론은 미래를 위해 자신의 삶을 책임 있게 선택해서 살게 하려는 애초의 작위적인 의도와는 달리 사이비 종교에 충성하지 않는 삶은 자신을 큰 고통을 겪게 한다고 생각하게 하고, 사회적 취약자인 장애인을 더 큰 고통에 빠트리고 있다.

사람을 섬기기보다는 사람의 영혼을 이용하는 종교가 어느 시대고 활개를 칠 수 있는 것은 인간의 취약한 불안심리 때문이다. 사람은 자신의 불안을 제거하고 안전을 지키기 위해 자신과는 다른 능력을 가진 초능력자를 선망하는 경향이 있다. 질병에 대한 두려움, 죽음에 대한 공포, 실패에 대한 불안감 때문에 완전한 보호막에 들어가고 싶은 갈망과 탐욕도, 인간관계에 대한 집착과 피해의식 그리고 분노 모두 '불안한 생각'에서 나온다.

소속감 부재

우선 기존 종교의 폐쇄적인 성향으로 인해 소속감을 느끼지 못하거나, 기성 종교 지도자들로부터 심리적 상처를 받게 되면 사이비 종교에 빠지기도 한다. "기성 종교가 종교인들의 정서적·심리적·사회적 욕구를 충족시켜 주지 못하면 사이비 종교는 이 기회를 놓치지 않고 기성 종교인들을 사이비 종교집단의 추종자로 만든다." 어느 종교의 구역공동체에서는 자신의 수준에 맞는 사람들끼리 모여 경제적 수준이 낮거나 자신들의 문화와 맞지 않는 새 구역원은 일부러 들어오지 못하도록 방해하기도 한다고 한다. 종교의 대형화로 어느 한 종교인이 공동체에 소속되기가 어려운 구조적인 어려움에 힘들어하기도 한다. 사이비 종교인들은 이들에게 교묘하게 접근하여 심리적 위안과 강력한 소속감을 제공해 준다. 대한민국에서 생활하는 탈북자들 대부분은 기독교를 선택하는데, 이들이 기존 종교의 폐쇄성으로 인하여 교회에서 소속감을 느끼지 못하게 된다면 이들은 사이비 종교집단의 주요 목표가 될 수도 있다.

이미 경험한 기성 종교에 대한 실망

기독교의 경우, 제도적 편법주의가 사이비 종교에 빠지도록 하는 심리적 환경을 조성한다. 한완상은 이러한 교회에 대하여 다음과 같이 날카롭게 비판했다. "교회가 노리는 목적은 무엇인가? 말은 복음이요, 구원이요, 영생이라고 하지만, 사회 현상으로 볼 때 기존 교회가 이룩하려고 하는 목표는 교회의 물량적 확장이다. 교회의 이기주의이다. 종교가 집단 이기주의의 주체가 될 때 올바른 의미에서 종교성은 이미 떠난 것이다." 대한민국의 기독교는 역사적으로 국민에게 글자를 가르쳐 주었고, 서구 문명을 도입하여 개화 과정에 주도적인 역할을 해 왔다. 그러나 최근에 이르러 기독교는 세상 사람들에게 존경보다는 비난을 더 많이 받고 있다. 교회의 대형화로 인한 소속감 결여와 세상의 소금과 빛이 되지 못하는 틈을 이용하여 사이비 종교 집단은 기성 교회를 적당히 비판함으로써 자신들의 목적을 드러내어 순수한 종교인들에게 접근하고 있다.

제대로 된 종교교육 부족

한국인의 전통적인 유교 사상은 성직자나 상담자를 현자로 인식하게 한다. 이는 그들은 자신들의 문제에 대하여 해답을

사악한 본능 어디에서 오는가 _ Chapter 다섯

아는 사람이라는 긍정적 믿음을 갖게 한다. 그래서 성직자를 자신의 문제를 신비롭게 통찰하고 있기에 정확한 해답을 줄 것이라 믿는다. 이러한 심리는 신앙심이 좋다고 하는 종교인마저도 자신의 어려운 일과 자녀의 결혼을 위하여 사주팔자를 보는 행위를 종종 하고 있는 것에서 나타난다. 이러한 행동은 비이성적인 행위이지만 감성적(ethos)인 측면에서 무엇인가 확실한 답을 얻고자 하는 사람의 심리를 대변한다. 하지만 정상 종교의 접근방식은 종교인에게 자율성을 주어 기도와 말씀을 통하여 자율적으로 해답을 찾을 수 있도록 권면하고 있다. 어느 정도 자아가 강한 사람들에게는 이와 같은 자율적인 접근이 가능하지만, 불안이 심하거나 자아가 약한 경우 자기 혼자만 있다는 외로움을 느끼고 무기력한 느낌을 가지게 된다. 자신에게 주어진 자율성이 오히려 불안감을 조성하는 부담스러움으로 느껴질 수 있다.

샤머니즘에 대한 맹신과 의존

먼저, 우리나라 사람들은 운명에 맞서 도전하려는 것보다는 운명에 순응하여 안주하려고 하는데, 이러한 운명의존적 성향은 개인적·사회적 어려움에 맞닥뜨릴 때 퇴행하여 운둔하는 경향을 만든다. "회피심리에 기인한 사이비 종교는 현실을 외면하고 음성적인 면으로 은둔하는 경향을 만든다." 둘째로 융합 성향을 말하고 싶다. 우리나라의 사이비 종교집단은 유·불·선이 합쳐진 혼합적 교리를 가지고 있다. 기복 성향이 강하다. 이러한 기복적 신앙의 형태를 가진 사람들이 사이비 종교에 들어가서 기복적인 요구를 가지고 있기 때문에 "우리나라의 사이비 종교 집단은 축복을 남발하고 있다. 머리에 손을 얹고 축복 기도하는 것을 좋아하고, 또한 "축원합니다."라는 말을 너무 남용하고 있다. 셋째로 신비주의가 있다. 사이비 종교 집단을 주도하는 자들은 신비를 무기로 하여 사람들을 현혹한다. 많은 교주가 투시, 예언, 안찰, 안수, 방언, 축사, 환상, 치병, 몽시, 입신들의 마술적 능력을 자랑한다. 넷째로 의존성이 있다. 우리나라 사람들의 심성에 자리 잡고 있는 의존성은 교주에게 전적으로 의존하는 맹목적인 의존성을 보인다.

현재 우리 사회는 자유민주주의가 꽃을 피우고 있지만, 다른 한편으로는 예전 박정희 시대의 독재정치하에서의 효율성을 그리워하기도 한다. 주어진 자율성보다는 확실하게 자신을 얽매어 주고 속박해 주는 틀을 선호하는 성향의 사람들이 있다. 자기학대적(masochistic)인 성향을 가지고 있는 사람들은 자신의 운명을 탓하고 강력한 타인에게 의존하여 속박받는 것을 좋아한다. 이러한 사람들의 심리를 이용하려는 사이비 종교 집단은 분명한 대답과 확신으로 사람들에게 접근한다. '당신은 구원을 받았습니까?'라는 질문에 확신을 가지고 대답을 하더라도, 다시 한 번 "몇 날 몇 시에 받았습니까?"라는 질문을 받게 되면 머뭇거릴 수 있다. 사이비 집단은 구원에 대한 확신과 종말에 대한 구체적인 날짜를 제시함으로써 속박 속에서 더 편안함을 느끼는 사람들의 심리를 잘 이용한다. 뿐만 아니라 사이비 종교 집단에 빠진 사람들은 낮은 자존감을 가지고 있고, 사랑하는 사람으로부터 버림받을 것에 대한 유기 공포가 있는데, 이러한 유기 공포는 교주에게 의존하여 총애를 받고자 하는 심리로 발전하게 된다.

부족한 대인관계 기술과 그에 따른 상처 호소

진로에 대한 불안과 정체성에 대한 혼란으로 고민하는 대학생들이 확실한 미래와 대답을 제공해 주는 사이비 종교 집단으로부터 심리적 위안을 받는다고 한다. 사이비 종교에 빠진 사례 다수가 가족들 간의 사이가 좋지 않다. 가족에게서 받지 못하는 심리적 위안을 사이비 종교를 통해서 얻으려고 하는 경향이 있기 때문이다. '우리 가족은 나에 대해 너무 모르는데, 이 사람들은 나를 이렇게 잘 이해해 주는구나.' 하며 감동을 받는다. 가족은 점점 더 미워지고 이 사람들을 계속 의지하게 된다. 가족이 아니라 그들에게서 위로를 얻으니 가족과는 멀어지게 된다. 가족관계가 원만하고 신뢰가 깊으면 사이비 집단에 빠졌더라도 그들에게서 빠져나오는 데 훨씬 수월하다.

한편, 개인적으로 성폭력을 당한 경험이 있거나 잊을 수 없는 큰 상처를 가지고 있을 경우 이러한 심리적 상처를 치유하기 위해 신비하고 마술적인 힘에 의지하려는 경향이 두드러진다. 무의식적으로 자신 안의 개인적 상처들을 치유해 줄 것이라는 환상을 가지게 되어 사이비 교주의 능력이 자신의 비극적 현실을 이상 세계로 이끌 수 있다고 투사(projection)한다. 한 개인에게 있는 열등감과 가족으로부터 받지 못하는 자긍심에 대한 보상을 원하려 할 때 자신들이 원하는 부모상을 사이비 종교 집단에 들어가서 투사하게 된다. 이들은 교주가 따뜻하고 인자하여 자신의 모든 어려움을 미리 알고 충족시켜 줄 수 있는 존재로 인식하려고 한다. 이와 같이 사이비 교주가 가지고 있다고 믿는 신비하고 마술적인 힘은 사이비에 빠지는 사람이 무의식적으로 지니고 있는 환상적 생각(자신의 어려움이나 사회적 곤경을 마술적인 힘으로 극복하고자 하는 욕구)이 투사되어 반영된 것이다. 자신에게 있지 못한 것, 즉 결핍을 교주에게 투사하여 자신에게 없는 것에 대하여 있을 것이라는 환상을 가지게 되는 것이다.

사악한 본능 어디에서 오는가 _ Chapter 다섯

조현병적 증상

Freud는 세계 멸망의 환상(fantasy of world-destruction)과 세계 재건의 환상(fantasy of world-reconstruction)의 개념을 언급하였다. 사이비 종교에 빠지는 사람들은 개인의 상처와 좌절, 경제적 고통으로 절망감을 가지게 되고 고통을 주는 그들의 세계를 멸망시키고 싶어 한다. 그리고 새로운 시대를 재건해야 한다는 정신증적 망상을 가지고 있다는 것이다.

조현병 초기에는 모든 세상이 무너지는 것 같고 멸망에 처해 있는 것으로 느껴진다. 이것은 불만스러웠던 자신의 과거를 모두 부정하는 심리이며, 자신의 심리적 죽음이 바깥 세계로 투사된 상태를 의미한다. 세계의 종말 형태로 나타난 자신의 죽음은 극복할 수 없는 괴로움이다. 그래서 이 심리적 죽음 다음에는 부활이 와야 한다. 자신의 부활은 신화에서 재탄생의 모티브(motive)로 나타나기도 한다. 또한 이것은 샤머니즘의 입문 과정의 핵심이기도 하다. 자기 내부의 심리 내용을 바깥 세계로 투사해 버리는 조현병적 사고에서는 '세계 재건의 환상'으로 전환된다. 즉, 불만스럽던 이 세상은 멸망하고 만족과 보람에 찬 새 세계, 즉 유토피아가 곧 온다는 생각, 그리고 자기는 새로운 세계를 향한 어떤 위대한 사명을 띠고 왔다는 망상에 빠지게 된다. 그래서 자신은 예언자 또는 메시아라는 자기 신격화가 나타나게 된다. 이것은 철저한 자기 부정과 함께 거기에서 유래되는 세계 부정의 결과이다. 왜냐하면 이 세계의 재건과 자기의 사명은 현실이 아니라 하나의 환상이며, 그 환상은 현실 부정의 결과이기 때문이다.

경제적 곤란과 스트레스에 대한 취약성

경제적 상황의 위기로 인한 스트레스를 가지고 현재의 어려운 상황으로부터 탈출하고자 하는 심리 때문에 사이비 종교에 빠져 드는 경우도 많다. 현대인이 지니고 있는 특성 중 하나는 인내력의 부재와 충동성인데, 이로 인하여 개인은 위기나 스트레스를 이기는 능력이 점점 약해지고 있다. 이러한 인내력의 부족은 자신을 파멸로 이끌 수 있는 사이비 종교에 빠지게 만들어 자신의 문제에 대하여 깊게 고민하며 자신이 처한 스트레스 상황에서 벗어나려는 노력을 하는 것이 아닌 충동적으로 우선 현실로부터 벗어날 수 있는 곳을 찾게 한다.

대처 방안

대인관계 능력 학습 필요

종교 내 소공동체 활동은 종교인으로 하여금 종교 내에서 소외감을 느끼지 않도록 해야 한다. 사이비에 빠지는 사람 중에는 사회경제적 수준이 낮은 사람들뿐만 아니라 많이 배우고 경제적으로도 부유한 사람들도 있음을 볼 수 있다. 외현적으로 부족한 것 없는 사람들이 왜 사이비 종교에 빠질까? 이들은 현실을 부정적으로 해석하고 경쟁이 만연하다고 생각하며 이를 스트레스로 규정한다. 이에 어디엔가 소속되어 정서적 안정감과 친밀감을 느끼고 싶은 것이다. 종교가 사회에서 스트레스를 받은 사람에게 영적 성장과 심리적 평안감을 주어야 하는데, 종교에서조차도 총동원 전도주일을 지내거나, 투표로 장로, 권사 등을 선발하는 모습 등은 위안을 받기보다는 오히려 교회 내 활동에서도 스트레스와 긴장, 경쟁을 유발한다. 이로 인해 종교인들은 점점 고립화되고 개인주의화되어 간다. 이에 종교 기관에서는 연대감을 통한 사랑과 봉사실천 등을 통해 소속된 교인들의 대인관계 능력을 길러 주었으면 한다.

제대로된 종교 교육

종교 내에서의 종교 공부는 교리적 가르침을 실생활에 어떻게 적용할지에 대한 구체적 사례연구가 되어야 한다. 이에 종교인들의 생활에 적용 가능한 종교 생활 실제를 개발할 필요가 있다. 또한 종교 공부를 시행함에 있어 이론과 내용 전달만 하는 공부가 아닌 집단상담의 요소를 가미하여 자신의 이야기를 나누면서 서로 들어주고 공감해 줄 수 있는 분위기를 조성해야 한다. 자신의 이야기에 공감해 주는 다른 사람과 이야기를 나누면 심리적 불편감을 줄일 수 있고, 다른 사람의 문제와 고민을 들으면서 자신의 문제에 대한 심각성과 민감성도 줄어들게 되어 어려움을 이겨 나갈 수 있는 힘을 얻게 된다. 이렇게 집단상담적 요소가 가미된 종교 공부는 집단원 중 가족 관계에서 어긋난 대인관계가 있다면 집단 종교 공부에서 대인관계를 증진시킬 수 있는 교정적 가족체험을 할 수 있는 공간으로의 역할도 할 수 있을 것이다.

따뜻한 관심

사이비 종교로부터 탈출한 사람들에게 사랑과 인내로 감싸주는 따뜻한 환경을 조성해 줄 필요가 있다. 사이비 종교에 빠저 있는 사람들에게 교리를 제대로 가르치고 때로는 종교적 논쟁을 하다 보면 벽에다 대고 소리를 지르는 것처럼 답답함을 느낄 때가 있다. 이들에게 교리적 가르침도 필요한 일이지만, 이들에게는 자신을 믿어 주고 이해받는다는 느낌을 줌으로써 사이비 종교에 대한 의구심이 생길 때 빠져나올 수 있는 지지대의 역할이 필요하다. 우리는 사이비 종교에 빠진 사람들을 비난하고 정죄하기보다는 잃은 양 한 마리를 찾기 위해 가시덤불을 헤매며 애쓰면서 기다리는 예수의 태도가 필요하다. 이에 대한 반증으로 신천지의 전략 중 하나는 기존 교회에 들어가서 열심히 봉사하고 신앙생활을 하다가 자신이 이단에 빠졌다고 자백하면서 목회자가 사이비 종교에 빠진 자신을 대하는 태도를 경험하게 하는 것이다. "어떻게 목회자가 교인에게 이렇게 소홀하게 대할 수 있느냐. 우리 목회자는 사랑이 없다."라는 형태로 비판하여 교인들 간에 분열을 조장한다고 한다. 만약 사이비 종교에 빠졌다가 다시 제대로 된 종교에 돌아가더라도 이들을 향한 따뜻한 수용이 없이 이들에게 냉랭한 태도를 보인다면 이들을 다시 사이비 종교에 빠지게 만드는 원인이 될 것이다. 이들이 다시 돌아와서 적응할 수 있도록 도와야 한다. 이들이 다시 돌아올 때 마치 돌아온 탕자를 맞이하는 아버지의 마음처럼 너그럽게 포용하고 안아 주는 태도와 환경을 조성한다면 다시는 사이비 종교에 빠지지 않을 것이다. 이들이 자신의 개인정보에 대하여 위협을 받지 않고 안전하게 상담할 수 있는 사이비 종교 상담센터를 초종파적으로 운영하는 것도 필요하다.

예방교육

무엇보다 예방교육이 필요하다. 대부분의 종교인은 사이비 종교를 구별하기가 어렵다. 심지어 종교지도자도 사이비 종교에 대해서 언론을 통해 정보를 알게 되는 경우가 많다. 정작 전문가여야 할 종교지도자마저 사이비 종교에 대한 정보와 전문적 지식이 결여되어 있음을 볼 수 있다. 종교지도자들의 교육에 사이비 종교에 대한 정보와 교육이 제공되어야 하고, 종교인들에게도 정기적으로 사이비 종교에 대한 교육을 실시할 필요가 있다. 소 잃고 외양간 고치는 것보다 잃기 전에 미리미리 예방하는 것이 더 중요하다. 그리고 평상시 종교인들의 스트레스 지수를 낮추고 행복한 삶을 살 수 있도록 가정의 소중함도 일깨워 주어 행복한 가정을 꾸밀 수 있도록 부부상담 프로그램, 가족관계 증진 프로그램, 대화하는 법, 아버지 학교, 어머니 학교 등에 대한 교육이 개발되고 실시되어야 한다. 대부분의 사이비 종교에서는 가족에게 사탄이 들어 있다고 세뇌교육을 시킨다. 이렇게 함으로써 가족과 멀어지게 하여 고립되도록 만든다. 만일 평상시 가족관계가 원만하거나 신뢰를 바탕으로 한 의사소통이 있다면, 그리고 행복한 가정생활을 경험한다면, 사이비 종교에 빠질 확률을 줄일 수 있을 것이다.

Chapter
다섯

14
가스라이팅,
상대를 지배하는 정신적 학대

가스라이팅 범죄

계곡 살인 사건

가해자 의존 유도하는 심리적 지배

'계곡 살인 사건'의 공소 내용에 따르면, L은 수년간 피해자 Y가 가족과 교류하지 못하게 막았고, Y는 기초생활조차 제대로 영위할 수 없는데도 L의 송금 요구에 대응하기 위해 지인과 대부업체로부터 돈을 빌렸다. 또 Y는 L의 강압적인 언행과 욕설에도 원망하지 않고 자책하며 용서를 구하기도 했다. 심리적·물질적으로 우위에 서게 된 L의 각종 요구에 따르면서 그녀의 인정을 받기 위해 처절하게 노력했다고 한다. Y는 L의 내연남에게 "L로부터 꼭 인정받고 싶다. L로부터 '쓰레기 새끼, 정신병자'란 소리 안 듣고 존중받고 싶다. L이 짜증을 내고 욕할까 봐 무섭다."라고 말하기도 했다. L이 Y로 하여금 자존감과 합리적 판단 능력을 상실케 해 자신의 요구를 쉽게 거부하거나 저항하지 못하도록 심리적으로 제압했다는 게 검찰의 판단이다. 검찰 측은 "수영을 전혀 못해 다이빙을 망설이던 피해자에게 자신들을 믿고 아무런 구호 장비 없이 물속으로 뛰어내리도록 하는 데 L의 심리적 지배가 작동했다."라고 주장한다. '가스라이팅'은 그간 수사기관(경기일산서부서, 인천지검)이 L에게 살인 혐의를 적용하는 데 핵심적인 이론적 근거로 활용됐다. 하지만 심리적 지배에 의한 살인을 인정한 국내 판례가 없는 만큼 유죄 인정 여부에 대한 법조계의 전망은 엇갈린다. 2022년 7월 21일 이 사건 3차 공판에선 재판장이 "가스라이팅이 전문적인 학술적 용어가 맞냐."라고 묻기도 했다. 최근 검찰은 가스라이팅 기제 대한 신뢰성을 높이기 위해 이수정 경기대학교 범죄심리학과 교수와 이지연 인천대학교 창의인재개발학과 교수를 증인으로 신청했다.

영미권에선 정서적 학대 등 심리적 지배와 피해자의 사망 사이의 인과관계를 인정한 판례가 속속 나오고 있다. 지난 2019년 보스턴 칼리지에 재학 중 남자친구가 극단적 선택을 하도록 유

사악한 본능 어디에서 오는가 _ Chapter 다섯

도한 혐의로 기소된 한인 여성 A(24)에 대해 미국 법원이 과실치사 혐의를 적용해 집행유예 2년 6개월과 보호관찰 10년을 선고한 게 대표적이다. 외신 등에 따르면, A는 18개월 동안 남자친구 B와 사귀며 7만 5,000건의 문자메시지를 주고받았다. A는 문자메시지로 A 씨에게 "죽어라" "네가 죽으면 세상이 더 나아질 것" 등의 메시지를 보내며 언어적·정신적 학대를 이어갔다고 한다. A는 2019년 5월 20일 졸업식 날 주차장에서 투신했다. 검찰은 A가 B의 극단적 선택을 유도했고, 극단적 선택을 예견할 수 있는 상황에서 도움을 주지 않은 것이 과실치사에 해당한다고 판단해 기소했다. 기소 취하 청구를 하는 등 혐의를 부인하던 A는 선고를 앞두고 과실치사 혐의를 인정하고 검찰과 양형을 합의해 감형받았다.

이수정 교수는 "미 법원이 반복적인 심리적 학대, 즉 가스라이팅으로 피해자가 극단적 선택에 이르게 된 것에 대해 가해자의 형사책임을 인정한 대표적 판례다."라면서 "영미권 국가에선 강압적 통제와 같이 심리적으로 지배하는 행위도 처벌 대상으로 보고 있다. 사건에 적용한 사례도 다수 존재한다. A 사건을 계기로 이런 판결이 하나둘씩 나오고 있다."라고 말했다. 그러나 이를 고의에 의한 살인으로 볼 수 있을지는 별개의 문제다. 익명을 원한 대형 로펌의 변호사는 "성인이 자신의 의사와 관계없이 타인의 요구만으로 극단적 선택을 한다는 것을 법원이 쉽게 인정하기 어려울 것"이라며 "재판 내내 치열한 논쟁이 벌어질 거 같다."라고 전망했다. 반면, 김한규 변호사(법무법인 공간)는 "정상적 사고를 가진 사람이라면 수영을 못하는데 절벽에서 계곡으로 뛰어내리지 않는다. L이 Y를 뛰어내리도록 유도한 정황이 포착된 가운데 평상시 L이 Y를 심리적 지배했다는 부분이 입증된다면 작위에 의한 살인이 인정될 여지가 있다."라고 말했다.

개요

가스라이팅은 잉그리드 버그만 주연의 영화 〈가스등(Gaslight)〉(1944)이라는 영화에서 처음 소개되어 만들어진 용어로 이 영화에서는 가해자인 남편은 끊임없이 주인공인 아내를 스스로 미쳤다고 의심이 들도록 만들어 아내의 현실감각, 판단력, 기억력에 영향을 주고 스스로에 대한 확신이 약해지도록 정신적인 조종을 한다. 이렇게 결혼생활 내내 주인공인 아내가 가해자인 남편에게 당하는 것이 바로 가스라이팅이다(Cho, 2017). 이러한 가스라이팅은 타인의 감정을 지배하여 정신적으로 조종하게 되면서 피해자 스스로가 범죄 사실을 인지하지 못하는 상황에서 가해자의 범죄 실행 도구로 세뇌되어 불법행위나 범죄를 행한다는 것이 문제이다.

예시

'피해자는 자신의 피해가 학대라는 것을 인지하지 못한 채 스스로를 문제가 있는 사람이라고 믿게 되는 상황' 등을 통하여 가스라이팅이라고 의심해 볼 수 있다.

- 내가 부모님 말씀대로 밥을 흘리고 먹지 않았다면 이렇게 혼나고 맞을 일이 없었을 거야.
- 내가 너무 짧은 치마를 입어서 다른 사람들이 날 쳐다보니 까 그게 기분 나빠서 남자친구가 날 때린 거야.
- 내가 조금만 더 잘했으면 이렇게까지 상대방이 화낼 일은 없었을 텐데, 내가 잘못한 거야.
- 여기 아니면 이런 대우 받기 힘드니까 힘들어도 버텨야 해.

이와 같은 내용들을 두고 '가스라이팅당했다'는 표현을 사용 하고 있다. 피해를 당하면서 피해의 원인을 자신의 탓으로 돌 리고 있는 것이다.

- 밥 먹을 때 깨끗이 먹어야 에쁜 사람이라고 했지? 밥을 흘

리고 먹는 사람은 못난 사람이야. 그 버릇은 고쳐야 해.

- 난 다른 사람이 널 보고 나쁜 생각 하는 게 싫어. 내가 널 이렇게 생각하는데 옷차림이 이게 뭐야?
- 네가 미워서 화내는 게 아니야. 네가 조금만 더 신경 썼더라면 내가 이렇게 화낼 일이 없잖아.
- 나니까 이만큼 챙겨 주는 거야. 다른 데서는 이런 대우 못 받아.

이와 같은 내용들을 두고 '가스라이팅했다'고 표현하기도 한다. 다만, 가스라이팅이라는 의미는 '화가 나서 한 번 말한 표현'을 콕 집어서 사용하는 용어이기보다는 이와 같은 내용들이 반복되어 피해자로 하여금 '정말 내가 잘못해서 피해를 당하는 거구나.' 혹은 '가해자의 잘못이 아니라 내가 잘했어야 하는 거야.'와 같은 판단이 들 정도로 지속되는 상황을 표현하는 게 맞다고 해야 할 것이다.

가스라이팅을 피하는 방법

가스라이팅을 피하는 가장 좋은 방법은 가해자의 생각을 바꾸는 게 아닌 단절이다. 물리적 · 정서적으로 거리를 두는 것이다. 또한 상대의 지시에 "알았어, 그렇게 할게."보다는 "한번 생각은 해 볼게."라는 답변으로 판단의 주체를 상대가 아닌 자신에게 두는 것이 좋은 방법이다. 그럴 방법이 없는 상황, 즉 가족 간의 가스라이팅이나 직장에서 상하관계의 가스라이팅 등 피해자로 하여금 피할 수 없는 상황이 분명 있을 수 있기에 사회적으로 많은 관심이 필요하다. 거절의 의사를 확실하게 표현하는 게 좋다. 어렸을 때 가학적인 상태에 오랫동안 노출된 사람일수록 가스라이팅을 피하지 못하는 경우가 많다.

가스라이팅 남용

가스라이팅이라는 용어가 굉장히 애매하다. 정당한 걱정이나 비판, 충고 행위마저 가스라이팅이라는 용어에 포함시키는 부분이 생길 수 있으며, 거짓말이나 잔소리 정도의 용어로 표현해도 될 정도의 행동들도 가스라이팅이라는 용어의 사용으로 부각될 수 있음이 우려되는 상황이다. 우리는 언어에 속으면 안 된다. 충고인지 관심인지 가스라이팅인지 굉장히 애매한 만큼 자신이 상대방과의 관계에 괴로움이 있다면 이를 보다 정확히 판단하기 위해 거리를 두고 생각해 볼 필요가 있다. 신중하게 생각해 보는 습관이 꼭 필요하다. 상대방의 충고와 관심에 자신의 반성이 필요한 상황인지, 상대방의 의도이건 의도치 않은 상황이건 나의 심리적 압박으로 인해 내가 피해를 당하고 있는 상황인지 정확히 판단할 수 있어야 하며, 그 판단이 어려운 피해자들에게도 도움을 줄 수 있는 방안이 생겨야 할 것이다.

가스라이팅 말투와 화법

가스라이터는 통제와 조종이 뛰어나다. 내가 이상한 사람이고 내가 다른 사람을 힘들게 한다고 말한다. 내가 한 말로 나를 공격한다. 나에게 대안적 사실을 제안한다. 그로 인해 좋은 선택을 하는 것 같지만 내가 가스라이터에게 더욱 의존하게 만든다. 가스라이터의 말투는 사과는 하지만 조건이 붙는다. 삼각관계와 이간질을 즐긴다. 이유는 혼란을 조장하고 자기편을 만들기 위해서이다. 더불어 자신은 책임을 회피하려고 한다. 대놓고 아부한다. 특별대우를 요구한다. 예를 들어, 저녁 준비를 해 놓지 않은 아내에게 '그렇게 하는 것은 자신의 의무를 다하지 않은 것'이라며 '현모양처는 저녁 준비를 반드시 정성껏 해야 한다'고 지속적으로 주입하는 것이다. 약자에게 강하게 굴고 비교 말투를 한다. 서서히 딜레마에 빠지게 한다. 공감하는 척하고, 무책임하며, 남 탓을 일삼는다. 나를 고립시킨다.

가스라이팅의 목표는 현실 감각을 떨어뜨리고 불안하게 만들어서 중심을 잃게 만드는 것이다. 가스라이터를 더 찾게 하

사악한 본능 어디에서 오는가 _ Chapter 다섯

고, 자신이 상대의 전부이고 싶어 한다. 만약 내가 가스라이팅을 당하는 것 같다면, '내가 이상한가? 아니면 그 사람이 날 이상한 사람으로 만드는 것인가?'를 스스로에게 질문하고 깊이 생각해 본다. 가스라이팅을 다룬 영화 〈가스등〉을 보며 나의 위치를 인정하고 객관화할 필요가 있다. 모든 변화는 불편함을 느끼고 인정하는 데서 좋은 기회가 찾아온다. 잘못된 길을 가고 있다는 걸 인정하는 순간 바른 길을 찾아 나갈 수 있다. 그리고 가스라이터가 곁에 있더라도 나는 거리두기를 할 수 있다. 그 사람이 없어도 나는 결코 혼자가 아니다. 내 인생은 나 혼자 살아가야 하며 지금 내 가슴이 아픈 것을 나보다 더 아파해 줄 수 있는 사람은 없다. 내 인생의 주체는 바로 나임을 인정해야 옆에 있는 사람과 이야기를 나누고 감정을 나누며 건강한 관계를 이어 갈 수 있는 것이다.

가스라이팅 범죄

실제 가스라이팅 사례를 들어보겠다. 한 가스라이팅 가해자는 피해자에 대해 어떠한 상황에서든 '네가 문제야' '네 잘못이야' '전적으로 너의 탓이야'라는 메시지를 반복적으로 주입시킨다. 정상적인 사고판단이 가능한 사람이라면 자신의 잘못이 아닌 문제에 대해서는 부정의 반응을 보였겠지만, 가해자의 반복된 주입에 세뇌된 피해자는 판단력과 자존감이 약화돼 마치 가해자의 말이 절대적인 진실인 양 믿게 되고, 결국 모든 상황을 스스로의 잘못으로 인정하며 심한 무력감과 자책에 빠지게 된다. 심지어 가해자는 '피해자를 위한다'는 명목하에 가스라이팅을 진행하기 때문에, 피해자의 대부분이 가스라이팅을 당하고 있는 와중에도 오히려 가해자에 대한 상승된 의존도를 보이며 계속해서 가해자의 말만 신뢰하여 사회적으로 고립되는 상황에까지 처하게 된다. 이렇듯 비정상적인 심리적 통제로 보이는 가스라이팅 행위는 정신적 · 정서적 학대의 한 유형으로 볼 수 있다. 그러나 주입 · 세뇌된 가스라이팅을 통해 그 관계가 '상하관계' '복종관계' '갑을관계'로 변질되어 버린 이상, 가스라이팅 피해자는 자신이 피해를 당하고 있다는 사실을 인지하지 못한다. 특히 우려되는 부분은 다수의 가스라이팅 피해 사례가 정서 및 사고의 통제에서 끝나는 것이 아니라는 점이다. 정서적 통제 행위에서 시작된 가스라이팅이 폭행, 감금, 공갈 등과 같은 심각한 범죄 피해로 결부될 수 있는 만큼 각별한 관심과 주의가 요구되는 사안으로 보아야 하겠다.

가스라이팅 사례는 친구 · 연인 · 가족 등 친밀한 관계는 물론 학교나 직장 등 '심리적 의존관계'를 형성할 수 있는 상황에서 주로 발생한다. 가장 흔히 발생하는 대표적인 범죄 유형으

사악한 본능 어디에서 오는가 _ Chapter 다섯

로는 '데이트 폭력' '데이트 폭행'을 꼽을 수 있다.

가스라이팅을 통해 너와 나의 관계는 '사랑하는 사이' '연인 사이' '모든 것이 가능한, 허용되는 사이'라는 틀을 씌우며 일방이 타방을 심리적으로 지배하게 된다. 나아가 모든 잘못과 문제는 타인의 귀책에서 비롯된 것임을 세뇌시키고, "잘못을 했으니 벌을 받아야 한다."라며 폭언, 모욕감을 주는 발언을 하고, 사안에 따라서는 상대방에게 물리력을 행사하며 통제력을 가하기도 한다. 특히 이 과정에서 결코 용인되어서는 안 될, 용인할 수 없는 심각한 폭행(성폭행), 협박, 감시 · 감금 등의 행위가 수반되기도 한다. 이는 엄연히 처벌되는 '범죄'이다.

유형에 따른 처벌 정도를 구체적으로 살펴보면, 가스라이팅으로 촉발된 피해사례에 따라 다음과 같이 처벌될 수 있다.

- 육체적 · 정신적인 고통을 가하는 가혹한 대우로 평가될 수 있는 경우 2년 이하의 징역 또는 500만 원 이하의 벌금으로 처벌되며, 자기 또는 배우자의 직계존속에 대해 그와 같은 행위를 한 경우에는 5년 이하의 징역 또는 700만 원 이하의 벌금으로 가중처벌될 수 있다(「형법」 제273조).
- 피해자의 신체에 대한 유형력의 행사가 수반된 경우 2년 이하의 징역, 500만 원 이하의 벌금, 구류 또는 과료로 처해지며(「형법」 제260조), 상습적인 경우에는 그 형의 1/2까

지 가중처벌될 수 있다.

- 피해자로 하여금 공포심을 일으키는 해악을 고지한 사례에서는 사안에 따라 3년 이하의 징역, 500만 원 이하의 벌금, 구류 또는 과료로 처벌된다(「형법」 제283조).

- 감금 행위가 수반된 경우 5년 이하의 징역 또는 700만 원 이하의 벌금에 처해질 수 있다(「형법」 제276조).

- 폭행 또는 협박을 수단으로 피해자로부터 재물을 교부받거나 재산상의 이익을 취득함으로써 재산상 피해를 입힌 경우에는 10년 이하의 징역 또는 2천만 원 이하의 벌금으로 처벌될 수 있다(「형법」 제350조).

일부 국가에서는 가스라이팅을 포함한 정신적 통제를 엄연한 '범죄'로 정의하는 법 개정이 이루어지고 있는 추세이나, 현재 우리나라 실정법상 물리적·객관적으로 드러나지 않은 심리적인 학대 행위만을 외부적으로 입증하여 처벌하는 데에는 어려움이 있다. 그러나 구체적인 피해 양상에 따라 범죄 행위로 평가될 수 있는 가능성이 존재하는 만큼, 만일 자신 또는 주변에서 이와 같은 사례가 발생하고 있다면 피해 회복을 위한 적절하고 신속한 조치를 고려해야 할 것이다.

사악한 본능 어디에서 오는가 _ Chapter 다섯

가스라이팅 피해자의 특징

* 자존감과 자신감이 낮다. 자존감이 있고 자신감이 있는 사람은 자기 자신을 소중하게 여길 줄 알고 타인의 무시나 비난에 자신을 보호하려고 적극적으로 대처한다. 하지만 자존감과 자신감이 낮은 사람은 자신에 대한 믿음이 없고, 어떠한 것도 쉽게 결정하지 못하며, 남에게 의지하려는 성향이 있다.

* 거절을 잘 못하고, 자기주장을 잘 하지 못한다. 사회생활을 하면서 원활한 인간관계를 위해서는 때때로 상대방의 부탁을 들어 주는 것은 좋은 태도이지만, 자신에게 부담이 되거나 무리되는 부탁을 거절하지 못하고 자신의 감정보단 상대방의 감정을 먼저 살펴 매번 무리한 부탁을 들어주는 것은 자존감을 손상시키는 행위이다.

* '미안하다' '죄송하다'는 말을 자주 한다. 어떠한 상황에 있어 발생한 일에 대하여 본인의 잘못이 아님에도 모든 책임과 의무를 자신에게 있다고 생각하여 자책하고 상대방에게 미안해한다.

* 대인관계 폭이 협소하고 폐쇄적인 성격이다. 폐쇄적인 성격은 가족이나 친구들에게 자신의 성격을 숨기고, 얼마 있

지 않은 대인관계에 자신이 고립될 것을 두려워해 자신이 좋아하고 심리적으로 의지하는 관계를 잃지 않으려고 자신을 희생하게 된다.

가스라이팅 대처법

스스로 가스라이팅 피해자라는 사실을 자각한다면 얼마든지 가스라이팅에서 벗어날 수 있다. 우선, 피해자 스스로가 자신이 가스라이팅을 당하고 있는 것은 아닌지 의심해 보고 그렇다는 생각이 들면 상대방에게 당하지 않겠다는 의사 표현을 해야 한다. 상대방이 나를 너무 예민하다고 몰아세우면, "내가 예민한 것이 아니며, 다른 사람도 같은 반응을 보일 것이다. 당신이 무례한 것이다."라고 대처하는 것이 좋다. 이렇게 대처했는데도 불구하고 같은 태도로 나온다면 상대와 거리를 두는 것이 중요하다. 또한, 자신감을 가지고 자신의 판단을 믿어야 한다. 스스로에 대한 확신이 있어야 가스라이터가 하는 거짓말을 분별하고 확실하게 대응할 수 있다. 이러한 자각과 거리두기가 이뤄진 다음에는 상황을 객관적으로 봐줄 수 있는 심리 전문가, 신뢰할 수 있는 친구, 가족에게 그 피해 사실을 알리고 도움받아야 한다. 마지막으로, 늘 자신의 메타인지 능력, 즉 통찰력

사악한 본능 어디에서 오는가 _ Chapter 다섯

과 실행능력을 조금씩 향상시키기 위한 적극적인 노력을 해야
한다.

15
정신질환자의 범죄,
범죄를 일으키는 조현병 환자의 심리

조현병 환자가 저지른 사건 리뷰

사건 1. 2012년 10월 50대 여성이 흉기에 찔려 숨진 채 발견되었다. 조현병에 시달리던 30대 한의사가 "악마에게서 도망치겠다"며 어머니를 살해했다.

사건 2. 2016년 강남역 살인사건. 조현병 환자 K가 20대 여성 H를 흉기로 수차례 찔러 살해했다.

사건 3. 2019년 4월 모두가 잠든 새벽, 조현병 환자 A가 아파트에 불을 질렀다. 그는 어둠 속에 숨어 대피하던 주민들을 향해 흉기를 휘둘렀고, 모두 22명이 죽거나 다쳤다.

사건 4. 2021년 5월 5일 경기도 남양주시 화도읍에서 20대 아들이 60대 아버지를 둔기로 때려 살해한 뒤 화단에 유기했다.

최근 강력 범죄의 원인 중 하나로 조현병이 지목되고 있다. 앞의 네 사건 모두 범인은 조현병 환자였고, 이들은 범행 전 상당 기간 조현병 치료가 이루어지지 않았다. 물론 폭력으로 인한 범죄가 모두 조현병 증상은 아니다.

조현병은 과거 '정신분열증'으로 불린 질환이다. 조현병은 조율되지 않은 현악기가 불협화음을 내듯 뇌 신경계 이상으로 발생하는 정신질환이다. 조현병은 마음의 병이라기보다는 뇌에 발행한 기질성 질환이다. 국내 유병률은 1% 정도이다. 대표적인 증상이 망상과 환청, 환각이다 보니 심해지면 범행 가능성이 높아진다. 망상 속 '가상의 적'으로부터 자신을 보호하기 위해 범행을 저지르는 것이다. 증상이 점점 악화되어 최고조에 이를 때가 제일 위험하다. 그들은 자신의 환청을 더 믿고 계속 환청을 듣게 되면서 '이 사람은 나를 죽이려고 하는 아주 나쁜 사람'이라고 생각한다.

국내 조현병 환자 범죄율은 비조현병 인구의 4분의 1 정도로 낮은 수준이기는 하지만, 강력 범죄의 경우 살인은 5배, 방화는 8배 이상으로 조현병 환자 범죄율이 더 높아졌다. 범죄를 저지른 정신질환자들이 수감되는 치료감호소 입소자 절반 이상이 조현병 환자고, 이 가운데 45%가 살인죄라는 통계도 있다(대한정신장애인가족협회, 2021). 우리나라에선 중증 정신질환자 강제 입원을 가족 등 보호자가 내리는 경우가 대부분인데, 이 과

사악한 본능 어디에서 오는가 _ Chapter 다섯

정에서 환자와의 갈등은 고스란히 가족이 짊어지고 있다. 게다가 지난 2016년「정신질환자 복지서비스 지원에 관한 법률」개정으로 강제입원 요건마저 까다로워지면서 환자들이 가정 내에서 치료 시기를 놓쳐 방치되고 있다는 비판이 있다.

이에 국가책임제 도입의 필요성이 대두되고 있다. 조현병 환자의 강제입원 요건을 까다롭게 하다 보니 그 취지와 다르게 치료의 사각지대가 발생하고 있기 때문이다. 대부분의 비극적이고 안타까운 사건들은 적절한 치료를 받지 않아서 발생하는 경우가 많기에, 치료의 필요성이 큰 중증 정신질환자의 경우 입원 결정을 국가가 책임지도록 해 가족의 과도한 부담을 줄여줘야 한다. 현행법에 지자체가 중증 정신질환자를 입원시킬 수 있는 제도가 있지만 유명무실하다. 다만, 이 과정에서 인권침해의 소지가 있는 만큼 정신과전문의의 진단과 임상심리전문가 및 범죄심리전문가의 종합적이고 다면적인 심리평가가 이루어져야 한다. 또한 환자 가족과 환자 본인의 이야기를 들어보고, 조현병 환자의 입원 필요성을 보다 투명하게 검증할 필요성이 있다. 그리고 퇴원 이후에는 지역사회가 환자에 대한 정기적인 점검에 나서는 등 조현병 환자의 꾸준한 치료와 재활을 도와야 한다. 이러한 절차를 통해 입원 결정과 사후관리가 이루어진다면 환자의 인권문제와 치료문제, 국민안전문제를 함께 해결할 수 있을 것이다.

조현병 환자의 공격성과 폭력성

조현병이 있어도 치료를 제대로 받고 있다면 다른 사람보다 오히려 덜 위험하다. 조현병이 있는 사람은 타인보다는 자신을 해치는 일이 훨씬 더 많기 때문이다. 2016년 조현병 환자(28만 2,233명)의 범죄율은 0.9%로 집계됐다. 전체 범죄에서 차지하는 비중은 0.1%에 그치고, 일반인 범죄율의 5분의 1 수준으로 낮다. 우리에게 자주 노출되는 조현병 환자의 범죄는 조현병 중에서도 편집형(망상형) 조현병(paranoid schizophrenia)이 많다. 예를 들면, 환각에 빠진 노숙자가 전동차가 달려오는 지하철 선로에 어린 소녀를 밀어넣은 사건, 조현병을 앓던 청년이 열차에 올라타 사람들을 무차별적으로 학살한 사건 등이 해당된다.

조현병 환자의 공격성은 흔히 계획되지 않은 공격적 행위인 충동적 공격성(impulsive aggression)을 보이는 유형과 어떤 목적을 달성하기 위해서 의도적으로 남을 해치려 하는 계획적 공격성(premeditated aggression)을 보이는 유형 두 가지로 분류된다. 충동적 공격성을 지닌 조현병 환자는 환청이나 망상과 같은 증상에 의해 발생한 충동으로 갑자기 공격적으로 행동하는 경우이다. 이러한 조현병 환자들은 충동성이 높고 충동 조절 능력이 부족하기 때문에 외부 자극에 과잉 반응해 충동적인 공격성을 보일 수 있다. 충동적 공격성을 보이는 조현병 환자의 공격성 원인이 정신병적 증상에 있다 보니, 이 경우 항정신약물치료가 효과적이다. 예를 들면, 클로자핀(clozapine)은 조현병의 정신병적 증상과 관련된 공격성 치료에서 다른 항정신약물보다 효과가 좋다. 또 정신병적 증상과 관계없이 충동 조절의 어려움으로 인해 충동적 공격성을 보이는 환자들에게는 항경련제(anticonvulsants)와 기분 안정제(mood stabilizers)가 효과적이다. 반면에 계획적 공격성을 지닌 조현병 환자는 그들의 성격(예를 들면, 사이코패스적 성향), 최근의 스트레스 경험, 사회적으로 빈약한 지원, 어린 시절 부정적인 생활사건 경험, 물질 남용, 강도범죄경험 등과 관련되어 나타난다. 계획적 공격성을 보이는 조현병 환자들은 충동적 공격성을 보이는 환자들에 비해 타인의 정신 상태에 대한 낮은 이해(mentalizing)를 보였으며, 반사회성 성격장애 진단을 더 자주 받은 적이 있다. 이들은 정신병적 증상이나 충동 조절의 어려움과는 관계없이, 반사회적 성격이나 정신병적 성향, 현재의 스트레스, 어린 시절 학대 기억, 품행장애 진단 등 다른 요소가 그들의 공격성에 영향을 주는 경우가 많다. 이 경우는 약물 치료와 함께 꾸준하고 지속적인 인지행동치료와 심리교육이 효과적이다.

공격성 하위 유형에 따라 조현병 환자의 폭력 재발 및 재범을 유의하게 예측할 수도 있을 것이다. 그리고 조현병 환자의 공격성 하위 유형을 분류하고 그 특징을 파악하는 것은 조현병 환자의 치료 및 공격 행동 예방전략 수립에 중요할 것이다. 물론 폭력적인 행동이 일어날 가능성이 가장 높은 위험요인은 과거의 폭력적인 행동을 했던 내력이다. 다시 한번 그들의 공격성과 폭력성의 특징을 요약하면 다음과 같다.

첫째, 조현병 환자들은 일반인에 비해 특별히 폭력적이지 않다. 조현병과 폭력성에 대한 초기 논의는 1980년대였는데 이미 이때부터 나온 주장이 조현병과 범죄행위는 서로 직접적인 상관은 없다는 것이다.

둘째, 실제로 조현병 환자들이 잔인하고 폭력적인 범죄를 저지르는 경우는 거의 없으며, 대부분의 범죄는 조현병 환자가 아닌 일반 사람들에 의해 자행된다.

셋째, 조현병이 발병하기 전에 범죄나 약물남용의 병력이 없는 환자들은 병이 걸린 후에도 범죄나 폭력적인 행동을 하는 경우가 드물다. 그들 대부분의 폭력은 첫 발병 때 주로 발생하는 경향이 있다. 폭력성이 높은 첫 발병을 경험한 급성 환자의 심각한 폭력성과 제일 관련성이 높은 요인은 그들의 범죄경력이었다. 그들의 폭력성의 정도가 심할수록 범죄경력과의 연관성이 더 뚜렷하게 나타나는 특징을 가지고 있었다.

결론적으로 조현병 환자의 폭력성과 공격성은 일반 인구에 비해 높은 것처럼 보이지만 직접 관련이 있는 것이 아니고, 물

사악한 본능 어디에서 오는가 _ Chapter 다섯

질남용의 영향과 범죄경험 등이 매개된 것이며, 심각한 범죄행위는 드물다. 이때 우리가 주목할 점은 폭력성이 주로 나타나는 첫 발병인데, 폭력이 발생하는 50%의 경우가 발병 시점부터 치료를 받게 되는 시점 사이에 일어난다는 것이다. 즉, 발병 즉시 치료와 심리교육을 시작한다면 폭력성과 범죄행동은 예방이 가능하다. 그리고 조현병에 대한 진단은 가급적 빠를수록 좋으며, 즉시 치료를 받도록 하는 사회적 여건을 조성하기 위해 '사회적 낙인'의 제거를 위한 일반인 대상의 심리교육도 필요하다.

조현병 환자의 '묻지 마 범죄'는 5명 중 1명이 감형

2020년 6월 15일 서울중앙지방법원이 이른바 '서울역 묻지 마 폭행'의 피의자 L 씨(32)에 대한 구속영장을 재차 기각하면서 밝힌 사유는 "여성 혐오에서 기인한 무차별적 범죄라기보다 평소 앓던 조현병에 따른 우발적, 돌출적 행위로 보인다"였다. 최근 1년간 법원이 판결한 '묻지 마 범죄' 사건의 피고인 5명 중 1명이 조현병을 앓는다는 이유로 감형을 받았다. 우리 사회는 조현병 환자가 저지른 묻지 마 범죄의 원인을 기계적으로 정신질환에서 찾고 있는 건 아닐까? 이들의 범죄는 여성, 노인 등 사회적 약자를 노린 경우가 대다수이고, 증상도 개인마다 달라 신변 비관, 사회에 대한 불만 등이 진짜 범행 이유일 가능성이 있다. 그러므로 사법부는 조현병을 앓고 있는 범죄자의 감형에 신중해야 한다.

2021년에 1년 동안 선고된 형사사건 가운데 '묻지 마'를 키워드로 검색한 판결문은 항소심 포함 모두 26건이었다. 이 중 5건의 가해자는 조현병 등 정신질환자로 집계됐다. 이들은 주로 약자인 여성을 범행 대상으로 삼았다. 가해자 5명에게 피해를 본 사람은 모두 24명이었다. 남성이 16명, 여성은 8명이었다. 폭행 등 신체 피해를 입은 피해자 중 남성은 4명뿐이었지만, 여성 피해자 8명은 모두 강제추행, 폭행, 살인미수 등의 신체 피해를 당했다. 나머지 남성 12명은 재물손괴, 업무방해 등 비신체적 피해를 당했다. 조현병 환자가 노인을 마구 때려 죽음에 이르게 한 사례도 있었다. 지난해 10월 항소심 재판에서 조현병을 주장한 피고인은 81세 노인을 이유 없이 넘어뜨린 후 얼굴을 수차례 밟고, 피해자의 지팡이를 빼앗아 여러 번 내리쳤다. 의식을 잃은 피해자는 병원에 이송됐지만 숨을 거뒀다. 이 피고인은 여성 2명을 강제추행한 혐의를 포함해 징역 8년형에 처해졌다.

조현병 환자라고 해서 기계적으로 감형해서는 안 된다. 곽대경 동국대학교 경찰행정학과 교수는 "수사기관과 법원은 조

사악한 본능 어디에서 오는가 _ Chapter 다섯

현병을 실제로 앓는 것인지 핑계나 구실로 삼는 것인지 면밀히 따져 봐야 한다" 그리고 "개인적·사회적 원인 등을 꼼꼼히 살펴야 한다"고 말했다.

조현병 환자 VS 사이코패스

범죄는 공격적이고 폭력적인 행동만을 일컫는 것이 아니다. 법위반, 재산 피해, 강도 등 다양하다. 사이코패스의 반사회성 행동은 범죄를 저지를 가능성이 높다. 조현병이 있는 사람과 그렇지 않은 사람을 대상으로 한 많은 연구에서 사이코패스와 조현병은 관련이 없음을 보고하고 있다. 그리고 조현병 환자의 가족 중에 사이코패스가 더 많지도 않았다. 이러한 결과들은 범죄 행동과 조현병은 유전적인 관련성이 없다는 것을 시사한다.

그러나 조현병 진단을 받았든 받지 않았든 간에 사이코패스는 범죄와 연관성이 있다. 국내 연구팀이 실제 범죄를 일으킨 조현병 환자를 분석한 결과, 계획을 세우고 범죄를 저지른 조현병 환자의 경우 낮은 지능과 어린 시절의 학대 경험이 빈번한 것으로 나타났다. 충동적으로 범죄를 일으킨 조현병 환자보다 '사이코패스' 관련 및 공통 요인을 더 많이 가지고 있다는 분석이다. 계획적 공격성 집단은 충동적 공격성 집단에 비해 재범 위험도 높다. 충동적 공격성 집단이 계획적 공격성 집단에 비해 IQ가 높고 초범연령이 많았다.

국립법무병원에 입소해 있는 총 116명의 범법 조현병 스펙트럼 환자를 대상으로 범죄기록과 면담기록을 참고하여 충동적 공격성 집단과 계획적 공격성 집단으로 구분한 후, 두 집단의 인구사회학적, 심리행동특성 변인을 통계적으로 비교하였다. 비교 결과를 바탕으로 기계 학습을 통해 공격성의 하위 유형 분류 예측 모델을 만들었다. 대상자는 각각 83명의 충동적 공격성 집단과 33명의 계획적 공격성 집단으로 구분되었다. 두 집단의 인구사회학적, 심리행동특성 변인을 통계적으로 비교한 결과, 충동적 공격성 집단이 계획적 공격성 집단에 비해 IQ가 높고 초범연령이 많았다. 반면, 계획적 공격성 집단은 충동적 공격성 집단에 비해 신체적 학대와 성 학대 항목에서 높은 점수를 보였다. 또 신체적 공격성, 적대감, 개인적 고통, 무계획 충동성에 관련된 세부 항목은 충동적 공격성 집단이 계획적 공격성 집단에 비해 높았다. 반면, 정서적 학대, 신체적 학대, 성 학대, 정신병질 성향에 관련된 세부 항목에서는 계획적 공격성 집단이 충동적 공격성 집단에 비해 높았다. 또한 일관되게 어린 시절의 트라우마가 두 공격성의 하위 유형을 분류하는데 가장 주요한 영향을 끼친다는 점을 확인하였다. 이 결과는 어린 시절의 트라우마가 품행 장애, 반사회적 성격장애, 정신병질 성향에 영향을 주고 계획적 공격성으로 이어진다는 국외의 연구들과도 일치하는 결과이다(권준수, 2020).

조현병 환자들이 느끼는 감정, 즉 다른 사람들이 자신을 해칠 것 같고 자신의 마음이 어떤 통제할 수 없는 힘에 좌우된다고 느낄 때, 마치 머릿속으로 생각이 들어오는 것처럼 느껴질 때, 폭력적인 행동을 하게 될 위험은 높아진다. '지시 환청'*이라 불리는 환각은 특히 폭력적인 행동을 유발할 가능성이 많다. 이것은 자신 내부의 목소리가 외부에서 무엇을 하라고 말하는 것처럼 들리는 것이며, 대개 자신 또는 타인을 해치라는 내용이다. 이런 종류의 환각이 있고 그대로 행동하려는 경향이 있으면 폭력적인 행동을 할 가능성이 매우 높다.

조현병 환자의 범행에서 나타나는 공통점

언론에서 상식을 넘어서는 잔혹한 범죄를 보도할 때 '정신질환자의 소행'이라는 말을 사용하는데 이는 범인이 잡히지 않았

---

* 조현병 환자에게서 보이는 환청 중 하나이다. 무언가 지시를 내리는 듯한 환청에 의해 실제로 환자가 그 지시에 따르다가 상해를 입거나 입히는 사례가 있다. 때때로 망상장애와 결합해서 아예 신적인 누군가가 자신을 치밀한 계획 하에 조종하고 있다고 믿고, 그 내용대로 범죄를 저지르는 사례도 있다.

을 때 추측에 근거해서 사용하는 말이고, 엽기적인 범행 수법과 의도가 불분명할 때 '이런 행동은 정상적인 사람은 불가능하다'라는 생각이 있어서 나온 말이다.

현재 우리나라는 살인, 강간, 강도 등 여러 유형의 범죄에 걸쳐 범행 당시 행동이나 범행 수법 연구를 매우 폭넓게 진행하고 있다. 그러나 조현병 환자의 범행 수법에 대한 연구는 국내외를 통틀어 아직은 매우 미흡한 실정이다. 서종한 교수에 따르면 조현병 환자들 중 범죄를 일으킨 사람들은 주로 과도나 식칼 등의 흉기를 사용하여 범행 현장에 광범위하게 혈흔을 남기는 등 일반 범죄자들의 범행에 비해 현장이 매우 무질서한 특성을 보인다고 말한다. 그는 조현병 환자들의 살인 범행의 특징을 '비계획성' '잔혹성' '무조직성'의 세 가지로 말하고 있다. 즉, 일반 범죄자들의 범행에 비해 피해자를 과잉살해(overkill)하는 경향을 보이고, 범행 자체가 충동적인 경우가 많다(서종한, 2010).

범죄를 저지르는 조현병 환자들의 공통점을 살펴보면 대부분 3개월 이상 치료가 중단된 상태였다. 꾸준히 치료가 되고 있었다면 일어나지 않았을 범죄가 많은 것이다. 그렇다면 왜 치료가 중단될까? 약을 먹으라고 하는 가족들에 대해 '나를 정신병원에 가두려고 해' '약을 먹여서 나를 죽이려고 해' 등의 망상이 일어 가족들을 폭행하거나 집을 떠나면서 치료가 중단되

사악한 본능 어디에서 오는가 _ Chapter 다섯

곤 한다. 조현병 범죄는 대부분 가족 내에서 발행한다. 2017년 5월 이후 통계에 따르면, 조현병 환자의 범죄 19건 중 15건이 가족 내에서 일어난 것이며, 그중 12건이 부모를 대상으로 한 살인이었다. 환청과 환시, 망상으로 인해 가족이 본인을 위협하는 악마로 변했다고 생각하기 때문이다.

앞서 말한 2021년 5월 남양주의 한 다세대주택 2층에서 둔기로 머리를 맞아 추락사한 사건 역시 마찬가지다. 사건 현장에는 누구랑 대화를 하는 것처럼 이해하기 어려운 문구가 적혀 있었다. 그리고 집안 곳곳에는 아버지를 죽이겠다는 협박 문구가 적혀 있었다. 아버지 역시 사건 전부터 아들이 자꾸 자신을 죽이려고 한다고 말했었으나, 주변인들은 자신에게 문제가 생길까 봐 그를 도와주지 못했다. 이 사건 역시 치료의 중단 그리고 부모에 대한 그릇된 망상, 환청, 환시로 일어난 것이다.

조현병 범죄 예방과 치료

국민건강보험공단에 따르면 2017년 기준 국내 조현병 환자는 10만 7,662명으로 5년 전보다 약 7% 증가했다. 조현병에 걸리면 망상, 환청 등의 증상을 보인다. 조현병은 신경전달물질인 도파민의 균형을 조절하는 약으로 치료하는데, 처음 발병

시 약을 5년 정도 꾸준히 복용하면 정상적인 생활이 가능해질 정도로 좋아진다. 하지만 증상이 어느 정도 완화됐을 때 환자 스스로 다 나았다고 생각해 약을 끊는 경우가 많다. 이렇게 하면 병이 재발해 치료 기간이 훨씬 더 길어진다. 약을 규칙적으로 먹기 힘든 경우 한 달에 한 번 맞는 주사 치료를 사용할 수도 있다. 또한 뇌에 전기 자극을 가해서 사회생활을 피하거나 감정이 무뎌지는 등의 증상을 치료하는 방법도 있다.

조현병은 초기에 치료할수록 예후가 좋으므로 의심 증상이 있다면 반드시 전문가를 통해 진단을 받고, 약물치료 및 인지행동치료를 병행해야 한다. 최근 사회적으로 이슈가 됐던 범죄의 피의자가 조현병 환자라는 사실이 알려지면서 조현병에 대한 두려움이 점점 커지고 있다. 하지만 모든 조현병 환자가 반사회적 행동을 하는 건 아니다. 조현병 환자 중에서도 약을 제대로 안 먹거나, 성격장애가 동반됐거나, 알코올에 중독된 환자 등이 주로 범죄를 저지를 가능성이 크다. 조현병은 다른 정신질환과 비교해 알코올 중독, 우울증, 공황장애 등 다른 질환을 동반하는 경우가 많다. 따라서 조현병 치료와 함께 공존 병리에 대한 관리를 해야 범죄로 이어지는 것을 막을 수 있다.

그밖에 '초기 조현병 사례관리 모형' 3단계를 살펴보면 첫 번째 단계는 '입원 중 사례관리'로 정신건강 증진센터에서 입원 중인 초기 조현병을 포함한 정신이상 환자를 찾아가 병원 내부에서부터 관리를 시작하고 병원 의료진과의 사례회의를 통해 퇴원 계획과 사례관리 방향을 설정한다. 두 번째 단계는 조기 발견 조현병 집단인지행동치료 프로그램 참여다. 인지행동치료 프로그램은 인지훈련을 통해 관계사고 등의 정신증상을 조절하고 인지왜곡을 교정하는 프로그램으로 총 13~15세션으로 구성한다. 마지막 세 번째 단계는 '집중사례 관리'이다. '감사일기' '운동' '독서' 등 건강한 루틴 만들기나 '스마트폰 사례관리 앱' 등의 다각적인 치료를 통해 치료 효과를 유지하고 사회 복귀에 대한 욕구를 자극하고 생애 발달 주기에 따른 집중사례 관리가 도움이 될 것이다.

미국 뉴욕주는 조현병 환자에 의해 지하철 선로에 떠밀려 죽은 소녀의 이름을 딴 「켄드라 법(Kendra's Law)」[*]을 통과시켜, 조현병 환자가 퇴원한 후 임의로 약을 끊을 수 없게 하였다. 조현병은 발병 사실을 깨닫지 못하거나, 정신질환에 대한 편견이 높아 치료 시기를 놓치는 경우가 많다. 가족이 조현병에 걸린 것을 믿지 않으려 하고 '설마 아닐 거야'라는 생각을 많이 한다. 현재 조현병 환자의 강제입원에 대한 까다로운 법률이 치료에 대해 부정적으로 작용한 건 아닌지에 대한 연구도 필요하다.

---

[*] 「켄드라 법」은 1999년 11월부터 시행된 것으로, 외래환자 치료라고도 알려진 비자발적인 외래환자 의무에 관한 뉴욕 주법이다. 판사에게 일정한 기준을 충족하는 사람들에게 정기적으로 정신과 치료를 받도록 하는 명령을 내릴 권한을 부여한다.

조현병 환자가 입원을 거부할 경우 가족이 강제로 입원시키려 이송하면 '불법감금'으로 판단되는데, 위험성이 높을 때 즉각적인 치료가 필요한 조현병의 특성과 상충되는 부분이 있다.

치료에 바로 들어가지 않아 자해나 타해 위험성이 급격하게 높아질 때 환자 자신의 판단보다는 가족과 전문가들의 판단을 존중해 주는 것이 오히려 조현병 환자의 인권을 보호할 수 있다. 조현병 환자들을 관리하는 정신건강복지센터도 전국에 200여 곳이 있지만, 환자 본인이 관리대상자 등록에 동의하지 않으면 대상에서 제외되기에 이 또한 개선의 필요성이 있다. 조현병은 먹는 약이나 주사를 통해 꾸준히 치료하면 증상의 70~80% 이상 호전될 수 있다. 그래서 일상생활도 문제가 없게 된다. 그리고 조현병은 연령이 증가하면서 증상이 자연적으로 완화되기도 한다. 영화 〈뷰티풀 마인드〉의 실제 주인공인 존 내쉬는 조현병 발병 후 9년간의 치료를 받고 증상이 나아져 1994년 노벨 경제학상을 수상하는 쾌거를 이뤄내기도 했다. 이는 조현병 환자에 대한 주변의 배려와 관심의 산물이기도 하다.

사악한 본능 어디에서 오는가 _ Chapter 다섯

사악한 본능
어디에서 오는가

Chapter

여섯
·

정혜정

16
연쇄살인,
첫 번째 살인은 어떤 의미가 있는가

한적한 주택가의 좁은 골목길에서 두 아이가 배드민턴을 치고 있었다. 시간이 늦어서인지 어둑어둑한 길거리에 다른 사람들은 보이지 않았다. 아이들은 뿌연 가로등 불빛에 공이 제대로 보이지 않을 텐데도 뭐가 그렇게 재미있는지 떨어진 공을 주워 치다가 웃다가 또 공을 떨어뜨리다가 웃고 있었다. 다시 한번 주변에 아무도 없는 것을 확인하고 아이들에게 가까이 다가가 길안내를 부탁했다. 여기서 가장 가까운 산이 어디 있는지 물어보았다. 내일 아침 일찍 등산을 해야 하는데 어디로 가야 하는지 알려 주면 좋겠다고 하자, 아이들은 손가락으로 가르쳐 주다가 잘 모르는 듯하자 나를 끌고 골목길을 벗어나 저기서 왼쪽으로 갔다가 쭉 가라고 친절하게 알려 주었다. 고맙다고 인사를 하고, 너무 친절하게 해 줘서 부모님에게 감사 인사를 드리겠다고 집 전화번호를 물어보았다. 한 아이가 쭈뼛대며 망설이다가 번호를 불러 주었다.

그 아이에게 다가가 품 안에서 신문지로 감싼 칼을 목에 가져다 대고 조용히 따라오라고 했다. 그러지 않으면 가족들에게 전화해서 부모님을 가만히 두지 않겠다고. 눈이 동그래진 아이들은 많이 놀라 보였다. 겁먹은 두 아이는 내 뒤를 천천히 따라오기 시작했다.

그리 높지 않은 산이다. 겨울을 향해 가는 산에는 낙엽들이 빨갛게 군데군데 물들어 있었다. 낙엽이 쌓여 있는 적당한 곳에서 아이들을 한 명씩 무릎 꿇리고 손을 묶었다.

"하아, 아저씨, 잘못했어요. 제발 살려주세요. 흑흑, 하라는 대로 할게요."

그다지 높지 않은 곳인데도 숨이 찼는지, 겁에 질렸는지, 아이들은 헐떡였고, 나에게 울먹이며 소리쳤다. 얘들아, 조용히 해. 난 소리도 지르지 못했어.

"정말 잘못했어요. 제발 보내 주세요."

이런, 너무 시끄러우면 안 되는데……. 적당히 뒤통수를 한 대 쳤더니 조용해졌다.

그 사람은 밧줄을 꺼내 들고 내 손가락과 나무 기둥을 묶었었다. 엄지손가락끼리 감고 매듭을 지어 나무에 한 번 묶고, 양말 위로 두 발을 묶었다.

아이들의 손을 기억난 대로 묶었다.

그러고 나서는 등을 돌려 세웠다. 이상했지만 보이지가 않았다. 그 사람이 무엇을 하는지. 보이지 않으니 들리는 것에 예민해졌다. 부스럭거리는 소리가 났다. 순간 정신을 잃을 정도의 아픔에 머리가 하얘졌다. 처음엔 아무 소리도 들리지 않았다가, 점점 헉헉 대는 소리가 들렸다. 난생 처음 경험하는 것들이었다. 몸을 에는 싸늘한 추위도, 소리조차 내기 힘든 아픔도, 알 수 없는 치욕감도. 그날 밤은 너무나도 길었다. 아버지가 알게 되면 어떡하지, 또나를 때리실 텐데. 누나들은 뭐라고 할까. 산에 왜 따라갔냐고 물으면 뭐라고 하지? 전염병에라도 걸리는 건 아닐까? 나는 이제 정상이 아니게 되는 걸까……?

"히익. 히이익. 꺽 꺽."

아. 이런, 잠시 손에 힘을 너무 준 모양이다. 얘들아, 잠깐만. 벌써 숨이 넘어

가면 안 되지. 벌써 이러면 안 돼. 겁만 주려고 했는데. 아직 멀었어. 조금만 더 참아.

이제껏 난 착하고 조용하게 살아왔다. 남들이 싫은 소리를 해도 참았고, 아버지가 장남이라고 나만 때릴 때도 참았고, 학교에서 아이들이 놀려도 가만히 있었고, 조카들이 무시하면서 '네'라고 해 보라고 해도 웃으면서 그렇게 해 줬다.

그날도 옆집 아저씨가 따라오라고 해서 산을 따라갔던 것이고, 고등학교 때 덩치만 큰 냄새 나는 버스기사 아저씨가 강제로 성추행을 해도 가만히 있었고, 군대에서 선임병이 피부가 곱다고 만지작거리는 것도 다 참았다. 그냥 가만히 있으라고 해서 가만히 있었다. 그래야 하는 줄 알았다.

왜냐면…… 나는 약하니까. 키도 작고 힘도 없고 약하니까. 가만히 있지 않으면 아버지가 그랬던 것처럼 나를 때릴 테니까. 그러니까 참을 수밖에 없었다.

그런데 이제는 화가 난다. 언제까지 이런 일들이 일어나야 하는 걸까? 왜 내게만 이런 일이 자꾸 일어나는 것일까? 누구나 이런 일들을 겪으면서 살아가는 걸까? 나만 비참해야 하는 건가?

집에서만 지내는 것도 힘들다. 어머니는 이제 나를 보려고도 하지 않는다. 눈만 마주치면 화를 내다가 이제는 뒤돌아 한숨만 쉬고 혼잣말로 욕을 하신다.

누군가를 만나는 것은 더 어렵다. 이런 나를 좋아하는 사람이 누가 있을까? 결혼은 할 수 있을까?

그러다 내 비밀을 알게 되면 어쩌지? 내가 무언가 이상하다는 것을 알면 어떻게 하지? 소문이 나면 어쩌지? 그건 죽기보다 싫다.

소리 지르고 싶다. 날 이렇게 만든 모든 사람에게 왜 나에게 그랬는지 물어
보고 싶다.

배꼽 밑에서부터 욱 하고 무언가 치밀어 오른다. 사람들이 다 죽어 버렸으
면 좋겠다. 퍽퍽. 뭐라도 때려야겠다. 가만히 있기가 힘들다. 이 근질거리는
감각을 참기가 힘들다. 온몸에 경련이 일어나면서 감각이 무뎌진다. 내가
생각해도 내가 이상하다. 다들 정상인데 나만 이상한 것 같다.

그런데 지금 이 순간은 뭔가 다르다. 짜릿하다. 살아 있는 것 같다. 아이들의
숨이 넘어가는 소리, 차가운 가을 밤 냄새, 귀뚜라미 우는 소리, 머리가 지끈
거릴 정도로 생동감이 넘친다. 생생하게 살아 있다.

내가 마음대로 할 수 있다. 그래. 이게 바로 살아 있는 것이다. 지금은 뭐든
지 할 수 있을 것 같다.

그날 밤과는…… 다르다. 혼란스럽지 않다. 내가 무엇을 해야 할지 명확하
게 알 수 있다.

우리나라에서 가장 많은 사상자가 발생한 연쇄살인사건은
2004년부터 2006년간 서울과 경기도 지역에서 발생했던 사건
으로, 사망 13명, 중상 20명의 총 33명에 달하는 인명피해를 일
으켰다. 서울서남부 연쇄살인사건으로 널리 알려져 있는 정 씨
는 "부자를 더 죽이지 못해 억울하다."라는 본인의 말과는 달리
주로 서민층을 대상으로 범죄를 저질렀다. 특히 자신과는 아무
런 연고가 없는, 새벽 시간에 일하기 위해 출근하는 사람을, 공

부를 하러 가는 학생을, 할머니를 도와주러 나가는 손녀를 범행 상대로 삼았다. 사건이 발생했던 당시 '서울판 살인의 추억, 비 오는 목요일 괴담'으로 서울 서남부 지역을 공포에 떨게 만들기 도 했다.

연쇄살인은 살인 횟수, 피해자 수, 공간적인 특성, 범행 간격, 수법의 동일성, 범행의 동기 등에 따라 학자마다 각각 다른 정 의를 내리고 있다. 가장 일반적으로 사용하고 있는 연쇄살인의 정의는 FBI의 개념으로, "사건 사이에 냉각기를 둔 채 세 곳 이 상에서 세 차례 이상의 살인을 저지른 것"(Douglas et al., 2012)) 으로 정의하고 있다. 범행 사이에 정서적 시간의 단절을 심리 적 냉각기(cooling-off period)라고 하는데, 이는 최소한 며칠, 몇 주일, 몇 달 간의 간격을 둘 수도 있고, 30일 정도의 냉각기 가 나타난다고 보기도 한다(Douglas et al., 1992).

정 씨의 경우, 이러한 심리적 냉각기가 30일 이내인 사건이 67%로 가장 많았고, 다른 사건들은 대체로 1개월 이상의 간격 을 두고 발생하는 양상이었다. 피해자들은 여성이 25명, 남성 이 8명이며, 연령은 40%가 20대였고, 범행 지역은 정 씨의 거 주지와 약 9km 떨어진 곳부터 최대 50km 반경까지의 범위를 대상으로 삼았다. 서울 북부 6건, 서울 서남부 12건, 경기 지역 6건, 총 세 구역으로 크게 분류할 수 있는데, 살인을 성공한 후에는 수사망의 압박을 피하기 위하여 범행 구역 반경을 크게 옮겨 다녔다. 장소적 특성으로는 대체로 범행 및 도주에 용이한 익숙하고도 친숙한 지역권이 많았는데, 특히 자신의 생활권과 유사한 단독주택 형태의 주택가를 주된 범행 장소로 삼았다.

사건 초반 12건은 '새벽 시간에 혼자 귀가하는 젊은 여성'을 대상으로 칼을 사용하여 노상이나 집 현관 앞에서 공격 후 도주하는 형태의 범행이 주를 이루었다. 그러던 중 12번째 공원에서 발생한 살인사건이 대대적으로 보도되고 수사망의 압박을 받게 되자 이후 사건들은 침입사건으로 범행 패턴을 변경하였다. 범인의 주거지인 인천에서 전철을 타고, 서울 서남부 지역 전철역에서 하차하여 몇 킬로를 걸어가서 주택가를 돌아다니며 집집마다 문이 열려 있는지 문고리를 열어 보며 확인하고, 시정되지 않은 집에 침입하여 치명상을 줄 수 있는 둔기로 공격하는 형태로 수법이 변화된 것이다. 특히, 살인 행위의 진화패턴에서, 연쇄살인범 Y와 같이 인체해부도를 공부하여 관절 마디마디를 토막 내는 것과 같은 정교한 행위로 발전하기보다는 범행도구가 칼에서 둔기로 바뀌었고, 피해자들의 머리를 둔기로 내리치는 등 보다 파괴적이고 공격적인 충동을 그대로 발산하는 형태로 변화된 것으로 보인다. 정 씨는 둔기를 사용한 것에 대해 "완전범죄를 하려면 피해자가 죽어야만 나에 대해 아는 바가 없을 것이라 생각하여 둔기로 내리친 것이다. 사

사악한 본능 어디에서 오는가 _ Chapter 여섯

람의 신체 중 머리가 제일 약하기 때문에 머리를 주로 내리쳤다. 둔기로 쳤을 때 둔탁한 손맛이 느껴지고 혈흔이 분산되는 것을 보면서 쾌감을 느꼈다."고 표현하기도 했었다.

정 씨의 어린 시절에서는 유달리 성피해 경험이 많이 나타나고 있는데, 특히 초등학교 당시 경험했던 성피해에 대해 상당한 정신적 충격을 받았던 것으로 말하고 있다. 취학 아동기(6~12세)는 초등학교에 입학하면서 처음으로 다른 사람들과 관계를 형성하고 자기를 평가하며, 긍정적이고 부정적인 자신을 통합하게 된다(Harter, 1983). 이 시기는 타인의 관점에 민감해지기 시작하는 단계로, 성피해와 같은 경험은 아동에게 강렬한 죄책감과 수치심, 혼란감을 느끼게 하고(Ferguson, Stegge, & Damhuis, 1991), 학교문제, 과다행동, 퇴행행동, 악몽, 두려움과 공격적인 행동이 많이 나타나기도 한다(Kendall-Tackett, Williams, & Finkelhor, 1993). 그리고 성피해를 경험한 남성들은 대개 잘 보고되지 않거나 발견되지 않는데, 이것은 피해에 대한 수치심과 자신을 믿지 않을 것이라는 두려움, 동성애자로 낙인찍히게 되는 것에 대해 두려움을 느끼기 때문으로 알려져 있다. 그런 위험에 놓인 것은 피해자인 남성이 강하지 못해서라고 보는 주위의 반응을 예상하기 때문에 실제로도 어떤 도움이나 보호를 받지 못하는 경우가 많다(Watkins & Bentovim, 1992). 게다가, 동성애에 대한 걱정으로 성적 정체감에 대해 혼란이나 불안을 느끼며, 자신의 무기력에 대해 심하게 고통스러워하면서 부적절한 방식으로 자신의 남성다움을 확신하려고 하기도 한다(Stein, 1984). 이에 피해경험을 반복하기도 하고, 때로는 자신이 가해자가 되어 다른 피해자들을 만들기도 한다(Watkins & Bentovim, 1992).

정 씨는 초등학교 당시 성폭행 피해 경험에 대해 "그때 너무 겁이 났고 수치심 같은 것이 생겼다. 자존감이 파괴되는 느낌이었으며, 스스로가 더럽고 하찮은 인간이 되었다는 느낌이 들었다. 하지만 남자였기 때문에 이 일을 누구에게도 말할 수 없었다. 자존심이 상해서 말할 수 없었다."라고 진술하였다. 이러한 과거의 경험은 첫 번째 사건에서 의미 있게 나타나는 것으로 보인다. 정 씨의 대부분의 사건이 침입 및 비침입 사건으로 나뉘며 범행 대상과 수법이 비교적 일정하게 유지되는 것과 달리, 첫 번째 사건은 남자 초등학생 2명을 대상으로 야산에서 범행하여, 이후 23건과는 피해 대상의 연령, 범행 수법 및 도구 등에서 확연히 다른 양상을 나타내고 있다. 이후 사건들에서는 피해자를 미행하거나 자고 있는 피해자를 대상으로 하는 것과는 달리, 아이들을 적극적으로 유인하여 자신이 경험했던 성폭행 당시와 유사한 방식으로 범행하는 등 일련의 범죄 행각의 시작점에 자신의 과거 경험이 그대로 투영되어 나타난 것으로 생각해 볼 수 있을 것 같다.

또한 다소 부적절한 방식으로 자신의 남성다움을 확인하려는 경향이 나타나고 있는데, 통상의 강간사건처럼 피해자를 제압하고 난 후 의식이 있는 상태에서 성적 행위를 시도한 흔적은 발견되지 않았고, 피해자를 만나자마자 과도한 공격으로 사망에 이르게 하여, 세간에 알려져 있는 바와는 달리 실제로 강간을 시도하지는 않았다. 그러나 강간을 위해 범행 대상을 물색하였다는 진술, 피해자가 공격으로 의식을 상실한 후 성추행을 시도한 행위, 성과 관련된 언론보도 자료 수집 등 성적인 부적절감, 남성다움의 불확신감을 사건을 통해 극복하고자 했던 부분이 있지 않았을까 추측해 볼 수 있다.

정 씨는 첫 번째 사건 이후, 새벽 시간 길거리에서 혹은 주택에 침입하여 자신과 아무런 관계도 없는 방어능력이 제한적인 사람들을 일말의 죄책감 없이 살해하였는데, 그 이유에 대해 "누구나 자신의 상황이라면 범죄자가 될 수밖에 없었을 것"이라며 오히려 자신이 피해자인 양 굴기도 하였다. 오랫동안 쌓아온 사회에 대한 불만, 분노 및 증오심, 피해의식 등이 단단한 신념으로 굳어진 것으로 보이며, 자신의 범행은 사회의 잘못 때문이고, 자신은 피해자이기 때문에 괜찮다며 스스로 면죄부를 주기도 하였다. 이처럼 불특정 다수인에게 행해지는 범죄 행위 혹은 동기가 불분명해 보이는 범죄, 불특정 다수를 대상으로 무차

정 씨의 집에서 발견된 신문 스크랩

별적으로 폭력을 행사하는 범죄(박형민, 2013)는 학자들마다 용어의 정의에 다소 차이를 나타내고 있지만(이수정, 2018), '묻지마 범죄' '무동기 범죄' 등의 용어로 불린다. 세부 유형 또한 다소 다르게 나타나고 있는데, 윤선영과 이수정(2018)은 정신장애 유형, 반사회성 유형, 외톨이 유형으로 나누었고, 윤정숙 등(2014)은 현실불만형, 정신장애형, 만성분노형으로 분류하고 있다. 윤선영 등(2017)의 연구에서는 모든 묻지마 범죄자에게서 피해의식 요인이 공통적으로 발견되었는데, 이는 묻지마 범죄자의 하위유형과는 별개로 피해의식이 촉발 요인으로 작용하고 있음을 시사하는 것으로 보인다고 밝히고 있다. 이수정 등(2013)의 '외톨이 유형'과 윤정숙 등(2014)의 '현실 불만형'에 해

당하는 묻지마 범죄자가 지니는 공통된 특징 역시 피해의식으로 나타나고 있는데, 이 유형은 정신병력도 없으며 전과도 많지 않고 꽤 오랜 기간 사회생활을 하지 않으면서 사실상의 독거 상태에 놓여 있는 자들로, 망상까지는 아니더라도 사회를 향한 피해의식과 불만으로 가득 차 있는 경우가 많다고 알려져 있다(이수정, 2018). 어린 시절, 군대와 교도소에서 반복된 성폭행 피해 경험, 폭행을 당한 경험, 오랜 기간 수감생활과 실직, 가난 등 사회를 향한 억울함과 피해의식, 분노감 등이 뿌리 깊게 내재되어 온 정 씨의 경우, 이 유형에 속할 것이라 추측된다. 정 씨는 재판 과정 중 제출한 탄원서에서 "저는 세상을 원망하고 있습니다. ……삶이란 누군가에겐 축복이자 즐거움이지만 어떤 사람에겐 시험과 괴로움이며 고통이 되기도 합니다. ……누구라도 저처럼 인생을 살았더라면 저같은 살인마가 나올 겁니다."라고 호소하기도 하였다.

정 씨에 대한 보다 깊은 이해를 위해 심리검사 결과를 살펴보면(실제 검사를 실시하지 않아 해석에 다소 제한이 있을 수 있음), 2006년 당시 지능검사 결과 전체 지능지수 93(보통 수준), 언어성 지능 99(보통 수준), 동작성 지능 87(보통하 수준)로 언어성 지능에 비해 동작성 지능이 낮게 나타나고 있다. 평소 행동이 다소 느릿느릿하고 즉각적인 대응능력이 부족할 수 있으며, 주변 상황에서 중요한 것이 무엇인지, 어떤 것이 핵심적인 것인지 빨리 파악하지 못할 가능성이 있었을 것으로 추측된다. 그래서 적절한 때 적절한 반응을 하지 못하고 다른 사람들이 보기에는 불필요한 행동을 하거나 답답한 일면으로 표현되었을 수 있어 보인다. 또한 지능검사의 소검사 간 편차가 6점으로 (최저 6점~최대 12점) 인지적 불균형이 두드러지고 있으며, 낯선 상황이나 불안감이 자극되는 장면에서는 실제 능력을 발휘하지 못하고 위축되어 실수를 할 가능성이 있는데, 상대적으로 정 씨의 성취 및 인정 욕구는 높기에 스스로 경험하는 좌절감 및 자괴감이 매우 컸을 것으로 추측된다. 즉, 실제 본인이 보유하고 있는 능력보다는 현실에 적응하고 활용하는 능력이 미숙하여 다소 과소평가되어 왔을 수 있고, 스스로 이러한 불균형으로 괴리감이나 혼란스러움을 경험했을 소지도 있어 보인다.

한편, 투사적(로르샤흐) 검사에서 감정 조절에 미숙하여 스트레스 상황에서 이를 적절히 통제하지 못하고 분노 등 원초적 감정을 있는 그대로 나타내며, 공격적인 행동으로 갑작스럽게 나타낼 수 있는 반응들을 보이고 있다. 특히, 반응 내용에서 '악마' '거대한' '무시무시한 괴물이 죽이고 해치려고 한다'는 등 세상을 무섭고 안전하지 못한 곳으로 받아들이며, 본인이 잘 알지 못하는 상황이라고 느끼면 위축되고 두려움이 상승하여 주변 상황을 위협적으로 느끼고 불안감이 높아지는 것 같

사악한 본능 어디에서 오는가 _ Chapter 여섯

다. 이런 피해의식이 전반적으로 넓게 깔려 있는데, 무서운 세상에서 정 씨가 안전하게 느낄 수 있는 것은 자신이 주도적으로 범죄 행위를 하며 통제하는 그 순간일지도 모르겠다. 범행을 할 때만큼은 정 씨가 원하는 대로 피해자를 다룰 수 있고 자신이 주인공이 되었을 수 있다. 걸어가는 사람을 뒤에서 미행해서 갑자기 공격하거나 자고 있는 사람을 둔기로 쳐서 정신을 잃게 만들어 피해 대상을 자기 통제하에 두고 자신이 마음대로 할 수 있는 범행 순간은 누구보다 강한 사람이 되어 우월감을 경험할 수 있었을지도 모른다. 오로지 범죄 행위를 통해서만이 자기 존재감을 경험하고, 반복적인 성취감으로 자신감을 형성하면서 범죄가 생존의 이유 및 목적이 되어 갔을 수도 있다. 따라서 정 씨가 계속 주장했던 '완전범죄'를 성공하여 보여 주는 것이 자신에 대한 존재 이유와 자신감을 입증할 수 있기 때문에 세상 모두에게 자신이 어떻게 완전범죄를 할 수 있었는지, 얼마나 많은 범죄를 잡히지 않고 성공했는지를 과장되게 표현하고 있었을 가능성도 배제하기는 어려워 보인다.

정 씨는 2009년 11월 21일, 서울구치소에서 "사형제를 폐지할 생각이 없는 것 같다. 요즘 사형제도 문제가 다시…… 인생은 덧없는 것……."이라는 내용을 남기고 41세의 생을 마감하였다. 이러한 자살에는 우울감 혹은 자기 자신마저 살인의 대상으로 보았다는 등 여러 해석이 분분하다. 주의 깊게 살펴보아야 할 점은, 당시 2009년 11월 5일 영화 〈집행자〉가 개봉하였고, 11월 19일에는 '사형폐지법안'을 발의한 의원들이 간담회를 열어 사형제 위헌 판결을 요구하는 의견서를 제출하였으며, 2009년 12월에는 사형제 위헌과 관련된 헌법재판소 판결이 나올 것이라는 언론 보도들이 연달아 이어졌다는 점이다. 정 씨는 범행을 하면서도 자신의 범행에 대한 언론보도를 항상 확인하였고, 신문 스크랩이 집 안에서 다수 발견되었던 점 등 언론에서 사형에 대해 어떤 보도를 하는지도 항상 살펴보았을 수 있다.

정 씨가 불안감이 높고 상황을 통제하고자 하는 욕구가 크다는 점을 고려했을 때, 언제 닥칠지 모르는 사형 집행일을 아무런 대응도 하지 못한 채 기다려야 한다는 것은 그에게는 감당하기 어려운 두려움이었을 수 있다. 탄원서에서는 사형을 시켜달라는 이야기를 남기고, 죽기 전에는 사형제를 폐지하지 않을 것 같다는 다소 이중적인 태도를 보였지만, 정 씨의 입장에서는 알 수 없고, 모호하고, 막연히 기다려야 하고, 자신이 아무것도 할 수 없는 무기력한 상황에 대한 불안은 무척 견디기 힘들었을 시간일 수 있다. 이런 불안을 끝내기 위해 정 씨가 교도소에서 스스로 통제할 수 있었던 마지막 행동은 아마 자신의 남은 생을 마감하는 것밖에는 없었을 것도 같다.

Chapter
여섯

17
노인의 성,
아무도 없었던 바다

유난히 산들거리는 바람이 기분 좋은 오후, 네 아빠와 벤치에 앉아서 봄 햇살을 맞았어. 벌써 무릎 아래 노랗고 빨간 꽃들이 피기 시작했네. 아직 겨울 코트를 벗지 못했는데 언제 이렇게 꽃들이 피었을까. 봄이 온 것이 너무 기뻐서인지, 오랜만에 햇빛을 봐서인지, 눈이 따사로워서인지 가만히 앉아 있자니 눈가가 촉촉해지는구나.

너와 마지막으로 산책한 이후 이 길에 처음으로 나오는구나. 너도 알다시피, 여기는 운동하는 사람들, 오가며 지나다니는 사람들, 밥 먹고 산책하는 연인들과 가족들이 다니는 곳이야. 늘 시끌벅적하게 다니는 사람들이 많아서 멍하니 시간을 보내기 좋은 곳이지.

엄마 손을 잡고 작은 발을 바삐 움직이는 꼬마를 보고 있자니 우리 딸 생각이 나서 눈물이 난 걸까?

가만히 눈감고 그날 아침 행복 어린 너의 미소를 떠올려 본단다.

처음 사귄 남자친구와 바다 구경을 갈 거라고 아이처럼 신나서 부산스럽게 챙기던 너의 모습이 눈에 선하구나. 단둘이 100일 기념으로 함께 간다고 해서 엄마는 걱정이었어. 그 조급함에 몇 시 차를 타고 올 거냐고 계속해서 확인하니 네가 며칠 가는 여행도 아닌데 걱정하지 말라고 해맑게 웃어 주어 나도 모르게 헛웃음을 터뜨렸었는데…… 이런 조급함이 문제였을까.

저녁 막차 버스로 올라올 거라면서 차를 탄 후 다시 전화하겠다더니 아무 소식이 없어 저녁 내내 아빠와 함께 기다렸단다. 다음 주 월요일이면 개강 인데 도대체 왜 안 오는 건지 화도 났다가, 그런 일이 없던 아이인데 전화가 되지 않아 걱정도 되었다가, 혹시 남자친구와 싸우고 무슨 일이 일어난 것은 아닌지 조바심을 내다가 문득 가슴이 섬뜩해져서 경찰에 실종신고를 했어. 그런데 성인이기 때문에 신고가 되지 않는다고 해서 무엇도 하지 못하고 기다리기만 했던 그 하룻밤은 정말 온몸이 바싹 말라 가는 것만 같았어. 아직도 오지 않는 너를 기다렸던 그 밤의 일 분 일 초는 너무나도 선명하고 잔인하게 기억에 남아 있단다. 다음날 통신사에 조회해 보니 너의 휴대전화 통화 내역 중 119에 전화를 건 사실이 확인되었다는 말을 듣고서는 정신이 까마득해졌어.

처음엔 경찰을 얼마나 원망했는지 몰라. 그날 오후 6시에 네가 119에 신고 했을 때 바로 경찰이 확인했더라면 네가 살 수 있었을 텐데 하며 신고를 받아 주지 않은 경찰관을 원망했다가, 왜 네가 간 곳을 찾지 않았냐며 네 아빠를 원망했다가, 네가 간 곳이 어디인지 자세히 묻지 못한 나를 원망했다가, 너의 남자친구를, 오지 않는 너를…… 그렇게 원망만 하고 보낸 시간들이 길었어. 그러지 않고서는 견디기가 힘들었으니까.

그때 내 세상은 이미 너와 함께 끝났단다, 얘야. 혼자 널 아프게 한 게 너무나 미안했고, 엄마가 되어서 지켜 주지 못해서 날 용서할 수 없었고, 지금 이리 살아 숨 쉬는 것조차 죄스럽단다. 엄마가…… 정말 미안하다, 딸.

하루에도 수천 번, 수만 번 생각했어. 지금도 궁금하단다. 평소 낯가림이 심한 네가 왜 처음 보는 사람한테 바다 구경을 시켜 달라고 부탁했을까. 곧 막차 시간인데 그 늦은 시간에 바다 구경을 꼭 했어야 했나.

모든 게 믿기지가 않았어. 경찰이 하는 말도, 범인이 잡혔다는 말도, 영안실에서 그…… 너의…… 얼굴도.

무엇 하나 엄마한테는 비현실적이었어. 차마 견딜 수가 없어서 죄 없는 네 아빠한테 화를 내기도 했고, 여러 번 죽으려고도 했고, 그 사람이 수감되어 있는 교도소 앞에 가서 멍하니 서 있기도 했었어. 보고만 있어도 행복했던 어여쁜 딸을 그렇게 보내고 어떻게 살아가야 하는지 알 수 없었던 엄마에게는 모든 것이 참을 수 없는 고통이었어.

우리 귀한 딸. 무엇으로도 보상될 수 없는 이 빈자리를 그 사람이 과연 알 수는 있을까. 우리에게는 전부인 너를 왜, 너에게 왜 그랬을까. 손으로 만지기도 아까운 우리 아이를 어찌 그리 험하게 다루었을까. 성추행을 하려고 했다는 말을 듣고는 그 추악한 마음에 온몸이 벌벌 떨렸어. 손녀뻘인 아이에게 어떻게 그런…… 남자친구와 함께 있는 아이에게 그런 생각을 했을까. 너는 얼마나 놀랐을까. 누구도 도와줄 사람이 없는 바다 위 배에서 얼마나 막막하고 두려웠을까. 그 어두운 바닷물은 얼마나 차갑고 무서웠을까. 쉬어지지 않는 숨에 얼마나 답답했을까. 네가 겪었을 그 고통을 생각하다 보면 그날 그때로 다시 돌아가서 일상으로 돌아오는 것이 너무 힘들단다. 그 고통이 너무 힘들어서 잊어버리고만 싶고 차라리 정신을 놓아 버리고 싶기도 했었지.

이제 네가 떠난 지 15년이 흘렀단다. 그렇게 살아지지 않았던 세월이 또 이리 흘러왔구나. 너의 이름을 부르는 것은…… 아직 힘들구나.

이름을 부르면 저기서 네가 웃으며 올 것만 같은데, 부르면 네가 없는 것을 알게 되어 도저히 부를 수가 없어. 금방이라도 "엄마~~ 헤헤" 하고 웃으면

서 뒤에서 네가 안아 줄 것만 같고, 지나가다 누가 "엄마."라고 부르면 네 목
소리만 같아서 깜빡 속아 쳐다보기도 하고, 지나가는 네 또래를 보면 혹시
하면서 다시 한 번 쳐다보고…… 그런단다.
이렇게 현실 아닌 현실 속이라 그래도 살아지는 건지도 모르겠네. 잠깐의
착각 속에서나마 널 볼 수 있으니.

숨 쉬고 살아가는 것이 죄스러운 하루하루지만, 오늘은 볕이 너무나도 좋고
우리 딸이 우리 부부 옆에 있는 것만 같고, 또 꼬마 아이가 우리 딸이랑 너
무 닮아 귀여워서 빙그레 웃음이 났어.
너를 부르다가 말고 생각하다가 말고 기억하다 말았었는데, 오늘은 꾹꾹 눌
러 한 자 한 자 불러 보고 싶다.
내, 소중하고 귀한 딸. 곧 다시 만나면 그땐 마음껏 너를 안고 사랑한다고
말해 줄게. 이제부터 엄마랑 행복하게 살자고 힘껏 안아 줄게.

경찰서 안 작은 조사실에는 매우 왜소하고 마른 체격의 남성
이 앉아 있었다. 우리가 들어가자 가만히 눈을 감고 힘없이 고
개를 옆으로 떨구었고, 조용히 건넨 인사에도 별다른 반응이 없
었다. 잠시 피해자의 유족인지 착각이 들 정도였다. 조사를 시
작하자 예상했던 대로 만만치 않았다. 어렵사리 말문을 연 이후
에는 계속하여 우리의 질문과는 전혀 상관없는 본인이 과거에
경험했던 피해 사실을 장황하게, 맥락 없이 설명하였다. 그러
다 정작 사건에 대해 물어보면 아무 의욕 없고 지친 노인의 모
습으로 돌아와 헛구역질을 하면서 아픈 척을 하였고, 매우 작은

사악한 본능 어디에서 오는가 _ Chapter 여섯

목소리로 한 구절 한 구절씩 끊어서 말을 하였다. "약을 한 주먹 먹어서 밥맛도 없고 허리도 아프고 온몸이 다 아프니……."라고 온갖 아픈 척은 다 하다가도 범행 당시에 대해 질문하면, "싸움을 했어야 할 얘기가 있지~"라며 역정을 내기도 하였다. 마치 오랫동안 혼자서 고립되어 살아온 사람처럼 막무가내로 고집을 부리고 말이 전혀 통하지 않았고, 너무나 뻔뻔스럽게 태연한 모습이 인상적이었다. 범죄인은 누구나 저마다의 정의가 있다고 항변하고, 우발적으로 피치 못할 사정이 있었다며 자신의 행동을 합리화하려고 하지만, 이 노인은 그런 노력마저 없어 보였다. 조사 중, 커피를 많이 마셔서 속이 아프다, 무좀으로 아파 죽겠다, 배가 아파 죽겠다는 등 자신의 불편감이나 고통에 대해서만 반복하여 말하는 모습이었다.

70세 노인이었던 범인은 두 차례에 걸쳐 젊은 남녀 4명을 흉기로 내려찍고 바다에 빠뜨려 살해하였다. 첫 번째 범행에서 범인은 자신의 배에 대학생 남녀 커플인 피해자들을 태우고 가다 여자 피해자에게 성적 욕구를 느껴 추행을 하고자 마음을 먹고, 남자 피해자를 바다로 밀어 빠뜨리고 배에 올라오지 못하게 학갓대로 밀고 내리쳐 익사시켰고, 여자 피해자를 추행하려다가 저항하자 같은 방법으로 바다에 빠뜨려서 배에 오르지 못하게 하여 익사시켰다. 두 번째 범행에서 범인은 바다 구경을 온 여자 피해자 두 명을 다른 사람들이 목격하기 어려운 곳으로 유인하여 자신의 배에 태우고 바다에 나가서 가슴을 만지려다가 저항하자 바다에 빠뜨리고, 학갓대로 밀어 배에 오르지 못하게 하여 익사시켰고, 다른 여자 피해자 역시 바다에 빠뜨려 익사시켰다.

당시 고령의 노인이 젊은 남녀를 잇달아 살해한 사실이 밝혀지면서 우리 사회는 큰 충격에 빠졌었다. 이러한 범행의 이면에는 몇 가지 살펴보아야 할 점이 있다. 첫째, 노인의 성범죄와 관련된 부분이다. 다음 표는 최근 3년, 그리고 범행이 발생했던 2007년 전후 3년간 성범죄자 연령별 분포를 정리한 자료이다 (대검찰청 범죄분석, 2021). 최근 3년간의 자료는 2017년 전후 3년에 비해 61세 이상 고령에 의한 성범죄가 3.5%에서 6.9%로, 71세 이상은 0.8%에서 2.9%로 두 배 이상 상승하였음을 알 수 있다.

보통 노인에 대한 인식은 노화 과정에 따른 신체적 기능의 약화, 건강상 문제, 우울 및 고독감, 인지기능 감퇴, 사회적 역할의 위축 및 소외감을 경험하는 약자로서 보호받아야 하는 존재로 바라보는 시각이 많았다. 최근에야 우리나라가 고령 사회[*]에 진입하면서 노인범죄의 증가와 심각성에 대한 경각심을 가지게 되었지만, 당시만 해도 노인은 주로 범죄의 피해 대상이

	계	14~20세		21~30세		31~40세		41~50세	
	명	명	%	명	%	명	%	명	%
2020년	31,952	3,983	12.5	8264	25.9	6,080	19.0	5,279	16.5
2019년	33,551	4,664	13.9	8512	25.4	6,352	18.9	5,568	16.6
2018년	32,858	4,482	13.6	8313	25.3	6,234	19.0	5,768	17.6
평균	32,787	4,376	13.3	8,363	25.5	6,222	19.0	5,538	16.9
2008년	13,377	1,731	12.9	2922	21.8	3,330	24.9	2,880	21.5
2007년	9,632	905	9.4	2173	22.6	2,489	25.8	2,305	23.9
2006년	10,353	1,067	10.3	2293	22.2	2,907	28.1	2,273	22.0
평균	11,121	1,234	10.9%	2,463	22.2	2,909	26.3%	2,486	22.5

	51~60세		61~70세		71세 이상		미상	
	명	%	명	%	명	%	명	%
2020년	4,758	14.9	2,402	7.5	926	3.0	260	0.8
2019년	4,920	14.7	2,311	6.9	1,033	3.1	191	0.6
2018년	4,889	14.9	2,053	6.3	861	2.6	258	0.8
평균	4,856	14.8	2,255	6.9	940	2.9	236	0.7
2008년	1,282	9.6	470	3.5	143	1.1	619	4.6
2007년	923	9.6	307	3.2	65	0.7	465	4.8
2006년	867	8.4	358	3.5	65	0.6	523	5.1
평균	1,024	9.2%	378	3.4	91	0.8	536	4.8

＊ 국제연합에서는 65세 이상의 인구를 노인 인구라고 하며, 총 인구 중 노인 인구가 차지하는 비율에 따라 '연소인구 사회'(4% 미만), '성숙인구 사회'(4~7% 미만), '고령화 사회'(7% 이상), '고령 사회'(14% 이상), '초고령 사회'(20% 이상)로 구분하고 있다. 우리나라의 경우 2000년 7월을 기점으로 노인 인구 7%를 넘게 되어 고령화 사회로, 그리고 2022년 8월의 노인 인구비율은 17.7%로 이미 고령 사회에 진입하였다.

되는 경우가 많았고, 70세 이상의 노인이 성범죄자인 경우는 흔치 않은 일이었다. 이 사건은 노인을 사회적 약자가 아닌 범죄 주체로서 바라볼 필요가 있다는 것을 인식시킨 계기가 되었다.

통상 스트레스 요인이라고 알려져 있는 배우자의 사망, 실직, 건강 문제, 성적 기능 약화 등의 문제는 연령의 증가와 자연스럽게 함께 병행되는 문제들이고, 이러한 요인들이 노인 성범죄의 중요한 요인(Rayel, 2000)으로 작용하는 것은 더 이상 놀랄 일은 아닌 것으로 보인다. 특히, 노인은 신체적 기능의 약화로 강제력을 사용할 수 있는 힘이 부족하여 자신보다 연약한 대상을 피해자로 선택하는 경향이 있다(Mardhall, 2015). 연령이 어리거나 장애가 있거나 술에 취해 있어 합리적 판단이 어렵거나 자신보다 신체적 능력이 부족한 대상자를 연약한 대상이라고 볼 수 있는데, 이 사건의 경우 젊은 성인 두 명이라 할지라도 환경적 제약으로 불리한 상황에 처해 있어 연약한 대상의 범주로 고려할 여지가 있어 보인다.

두 번째로 짚어 볼 부분은 바로 이 환경적 제약에 대한 것이다. 범행이 발생한 바다 위 선박이라는 곳은 위험에 당면했을 때 신속한 이동이나 도주가 어려운 무인도와 같은 '고립된 상태'에 놓이게 만드는 장소이다. 배에 탑승하여 육지에 입항하기 전까지 그 어떤 외부로부터의 지원이나 구호의 손길을 받을 수 없을 뿐만 아니라 선박의 구조나 바람과 너울, 조류의 흐름,

조석, 물때 등 바다에 대한 지식이 전무한 피해자들은 작은 흔들림에도 민감하고 상황을 예측할 수 없기 때문에 두려움을 느낄 수밖에 없는 낯선 환경일 것이다. 거의 모든 일상을 선박에서 보내는 범인에게는 익숙하고 편안한 환경이겠지만, 피해자들에게 망망한 바다는 극심한 공포의 장소였을 수 있다. 운행하는 배 위에서 능숙하게 움직이는 범인에 비해 피해자들은 제대로 서거나 이동하기조차 어려운 환경이었을 것이고, 범인은 이런 환경적 이점을 활용하여 남성 피해자를 우선 바다에 빠뜨려서 배 위에 올라오지 못하도록 학갓대를 이용하여 밀어내었고, 나머지 피해자들도 바다에 빠뜨려 익사시키는 등 불리할 수 있는 체격의 한계를 극복한 것으로 보인다. 노인으로서의 취약성과 우월성, 범행 장소에 대한 이점을 교묘히 활용하여 피해자들은 속수무책으로 당할 수밖에 없었을 것이다.

더불어 피해자의 상황에 대한 이해가 필요한데, 평소에는 누구나 적절히 대응할 수 있는 일들이지만 돌발적이고 위협적인 범행 상황에서는 심리적으로 위축되고 자신의 통제력과 효능감에 대해서 낮게 지각하여 적절히 대처하지 못할 가능성이 크다. 사람들은 예측하지 못한 상황에 놓이는 경우, 그리고 상황의 장악력이 상대에게 있다고 지각되는 경우, 평소보다 쉽게 통제력을 상실하고 포기할 가능성이 높아진다. 그래서 너무나도 쉽게 범인의 말에 속아 넘어가고, 쉽게 포기하기도 하고 대항하거나 도망가지 못하고 쉽게 동조하기도 하는 등 보통의 사람들이 일견 이해하기 어려운 행동들을 보이기도 하는 것이다. 나이가 어릴수록 상대를 믿고 따르는 경향이 강한 편이며, 혼자 있을 때보다 누군가와 함께 있을 때 상황의 해결에 대한 책임이 분산되는 경향이 있어 결과적으로 범죄자의 말에 순응하는 상황이 발생하게 되기도 한다. 일례로, 초등학교 6학년 4명이 성인 남성의 언어적 위협에 아무런 저항 없이 길거리에서 모텔까지 따라가 4명 모두 성피해를 입은 사례도 있다. 이런 피해자들의 상황이 범인에게 고령의 나이를 극복할 수 있는 또 하나의 키가 되었던 것으로 보인다.

범인은 5남 2녀 중 다섯째로 태어났고, 어린 시절 자신만 어머니가 달라 계모의 손에 성장하면서 궂은일을 도맡아 하며 구박을 많이 받고 자랐다. 초등학교 2학년을 채 다니지 못하여 글을 읽고 쓸 줄 모르며, 집에서 농사일과 바다일을 도우며 생활하던 중 우연히 채집한 키조개를 아버지께 드렸는데 그것을 먹고 아버지가 사망하시자 집안에서 더욱 고립되어 생활하였다. 이후 배우자를 만나 결혼하여 독립하였고, 30세경 우측 귀의 청각 상실로 남들과 자유롭게 의사소통을 하는 데 다소 제약이 생겼다. 사건 발생 1년 전부터 성기능 약화로 아내와의 정상적인 성관계가 어려웠고, 월수입이 60~70만 원으로 줄어들자 아

사악한 본능 어디에서 오는가 _ Chapter 여섯

내의 구박과 잔소리가 심해져서 스트레스를 많이 받아 왔던 상황이었다. 어린 시절부터 계모와 형제자매들의 구박을 받았고, 자신만 학교에 보내지 않고 집에서 일을 시켰으며, 자신 때문에 사망한 아버지와 그에 대한 가족들의 비난이 심했다고 하는 등 피해의식이 뿌리 깊이 박혀 있었다. 더불어 오랜 기간 바다 위에서 혼자 선상 생활을 해 왔었고, 문맹이기에 글을 통해 타인과 생각을 교류하는 데 어려움이 있고, 청각 상실로 자유로운 의사소통이 원활하지 않아 혼자만의 뒤틀린 세계에서 오랫동안 지내 왔다.

이러한 소통의 부재로 노인은 범행 사실을 진술할 때에도 막무가내식으로 모른다고 부인하거나, 말이 되지 않는 범죄 상황을 연출하거나, 지나치게 여러 번 진술을 번복하는 모습을 나타내기도 하였다. 1차 범행에 대해 최초 체포 당시 피해자를 배에 태운 적 없다고 말했다가, 바람이 심하게 불어 남성 피해자가 배에서 떨어지자 여성 피해자가 왜 구해 주지 않았냐고 따져서 겁이 나서 바다로 밀었다고 진술했다가, 추행하려고 하다가 반항하자 죽였다고 했다가, 항소심에서는 피해자들과 술을 마신 후 취하여 바다에 빠진 피해자들을 구하지 못했다고 하는 등 최소 4번 이상 진술을 번복하였다. 이런 과정에서 피해자들에 대한 죄책감이나 반성, 뉘우침은 찾아보기 어려웠고, 피해자들이 그리 되어 마음이 찝찝하다는 정도의 반응을 보였을 뿐이다.

사실 우리는 범죄를 저지르는 사람에 대한 환상을 가지고 있는지도 모른다. 범죄자란 대단히 냉혹하고 무심하고 무서운 무언가가 있는 사람이며, 무시무시한 과거가 있고 파란만장한 풍파를 경험하였고, 누가 봐도 범죄자라고 알 수 있을 만큼 두드러진 특징이 있을 것이라고 기대하는지도 모른다. 그렇게 추측할 수 있고 알아차릴 수 있어야 세상을 좀 더 안전하게 살아갈 수 있기 때문일 것이다. 그렇기에 노인, 소년, 여성 등 연약하다고 분류되는 이들의 범죄에 유독 대중의 관심이 집중되고, 더 큰 충격을 받는 것일지도 모르겠다.

이 사건은 범죄와 관련된 욕망은 나이와 상관없이 나타날 수 있고, 누군가와 같이 있더라도 범죄의 표적이 될 수 있으며, 누구나 사건 정황에 따라서 쉽게 취약해질 수 있다는 것을 알려 주고 있다. 노인이라고 해서 안전하다고 생각해서도 안 되며, 두 명이 함께 있다고 해서, 힘이 센 젊은 남성이라고 해서 범죄로부터 안전할 수 있다는 착각도 버려야 한다. 세상은 우리 생각보다는 조금 더 위험할 수도 있다.

사악한 본능 어디에서 오는가 _ Chapter 여섯

18

변태성욕,
살인을 추억하다

서울 A 구의 주택가에서 속옷 절취사건이 빈번하게 발생하였다. 어느 날 밤 한 여성이 자신의 집 베란다에 걸려 있는 팬티를 훔쳐 가는 남성을 발견하고 경찰에 신고하였다. 장시간의 추적 끝에 체포된 그의 가방 안에서는 몇십 점의 여성 속옷과 여러 개의 열쇠가 발견되었다. 열쇠는 각각 모양이 다른 현관문을 여는 형태였는데, 처음 수사진은 속옷을 절취하기 위해 열쇠를 훔치고 보관했던 것으로 생각했다. 그러다 가방 구석에서 발견된 USB를 열어 보자 그 안에서 지나가는 여성들의 뒷모습이 찍힌 사진들이 다수 있었고, 한 폴더 안에는 나체로 누워 있는 여성이 찍힌 사진이 발견되었다. 그에게 어떤 사진인지 물어보자, 여자 친구가 자는 모습을 찍은 사진인데 왜 남의 사생활에 대해서 물어보냐며 격렬하게 반응하였다. 그렇다고 넘어가기엔 무언가 자연스러운 사진이 아니었고, 의구심이 남아 있던 수사관들은 관내 실종, 변사, 미제 사건들을 검색해 보기 시작했다. 과학수사팀의 협조를 통해 1년 전, 2년 전의 사건들을 하나하나 비교해 가던 끝에 마침내 사건 현장과 유사한 사진을 발견하였다. 물론 그 남성이 가지고 있던 사진과는 많이 다른 모습이었다. 사건 현장에서의 피해자는 온전한 모습이 아니었기 때문이었다. 8년 전 미제 살인사건의 실마리를 마침내 찾은 것이다.

43세의 작은 키, 왜소하지만 다부진 체격의 김 씨는 검거 당시 막노동을 하고 있었으며, 3년 동안 사귀던 동거녀와 헤어진 이후였다. 부모는 모두 세상을 떠났고, 다른 가족들과 절연한 지 오래 되었고, 그나마 현재 동거녀와 가장 오래 만났다고 하였다. 반 년 전 절도 사건으로 징역 6개월 실형을 살고 출소하였는데, 그 이전에도 절도 사건으로 검거된 적이 있었다. 그의 전과는 몇 번의 절도, 강제추행, 폭행사건이었고, 대체로 범행과 범행 사이의 간격이 길었으며, 실형은 6개월 수감 생활이 전부였다. 김 씨는 막노동을 쉴 때는 낮 시간대에 빈집에 침입하여 여성용 팬티와 브래지어 등을 절취하고 자신의 집으로 가져와 자위행위를 하며 성욕을 만족시켰다고 한다. 경찰서에서 속옷과 관련된 절취 행각에 대해서는 "부끄러운데요……."라고

사악한 본능 어디에서 오는가 _ Chapter 여섯

말을 하지만, 그 표정이나 태도는 태연하였고 상당히 자세하게 범행에 대해 말하였다. 그러다가 정작 USB에서 발견된 사진과 관련된 이야기를 할 때에는 관련 없는 이야기를 듣는 것처럼 모른 척하고 앉아 있다가 눈을 감고 자는 흉내를 내기도 하였다. 이렇게 며칠을 부인하고 수사진과 실랑이를 하다가 사건 현장의 출입문 사진과 김 씨가 가지고 있던 열쇠 모양이 일치한다는 점, USB 속 사진에서 이미 피해자의 사후 경직이 나타나기 시작했다는 점 등을 근거로 추궁하자 결국 자백을 하게 되었다. 이후 김 씨의 집에서 용량이 큰 컴퓨터 외장하드 3개가 발견되었는데, 그 안에는 각종 스너프, 아동 대상 포르노 혹은 가학적인 포르노가 날짜별로 정리되어 있었고, 자신이 직접 길거리를 다니다가 찍은 여성들의 사진, 그리고 USB에서 발견된 사진과 같은 형태의 나체 사진도 몇 장 발견되었다. 결론적으로 말하자면, 김 씨는 USB 사진의 피해자 이외에는 자백을 하지 않았고, 더 이상의 여죄를 밝히지는 못했다.

김 씨를 만난 것은 경찰에서 검찰로 사건이 송치되기 2일 전이었다. 김 씨는 면담자를 보자 경계하는 표정으로 매우 냉랭하게 면담 거절의 의사를 표현하다가 이 면담을 통해 당신에게 도움이 될 수 있다는 주변의 이야기를 듣더니 갑자기 태도가 급변하며 과도하게 친절하게 대하면서 "너무나 죄송하니, 다시 한

번 더 찾아와달라."라고 말하였다. 또한 사건 이야기를 하던 중 갑작스럽게 흥분하며 감정을 주체하지 못하고 파르르 떨며 금방이라도 무언가 행동을 할 것 같은 모습을 보였다. 그러다가도 순식간에 차분해져서 자신의 이야기를 다시 하는 등 변덕스럽고 충동적인 모습이 관찰되었다.

사건은 김 씨의 관음증으로부터 시작되었다. 김 씨의 관음증은 10대 때부터였는데, 형편상 고등학교에 진학하지 않았기 때문에 다른 일이 없거나 무료할 때면 상가 화장실이나 작은 휴게소 여자 화장실 창고칸에서 기다리고 있다가 문틈으로 몰래 옆 칸을 쳐다보았다. 그러다가 길 한 모퉁이에 서서 지나가는 여성들을 쳐다보고 있기도 했고, 다른 사람들이 모르게 여성의 다리와 엉덩이 부위를 중심으로 사진을 찍기도 했다. 인터넷 사이트에서 돌아다니는 음란물을 하나둘씩 다운받았고, 특히 성적으로 잔인하고 가학적인 형태나 아동을 대상으로 하는 소아 관련 음란물도 가리지 않고 시청하였다. 그러다 옆집 아주머니가 떨어뜨리고 간 속옷을 주워서 집에 가져간 적이 있었는데, 그 아주머니를 상상하면서 자위를 하니 음란물과는 또 다른 흥분을 경험하게 되었다. 사진과 속옷이라는 물건이 있으면 더욱 자극이 되고 흥분된다는 것을 알았다.

그날도 여느 때와 마찬가지로 늦은 저녁시간에 길거리를 배

회하던 중 한 여자가 술에 취해 귀가하는 것을 발견하고 따라
가면서 지켜보았다. 며칠간 거의 같은 시간에 매일 술을 마시
고 들어가는 여자의 모습을 발견하고 하루는 집 앞까지 따라가
게 되었다. 길거리에 바로 현관문과 화장실이 있는 집이었는
데, 여자는 들어가자마자 노래를 흥얼거리며 화장실에 들어가
샤워를 하였다. 옷 벗는 소리, 샤워 물소리와 섞여서 들려오는
노랫소리가 생생하게 들렸고, 창문이 높아 훔쳐보지는 못했지
만, 참을 수 없는 충동이 들었다. 이후 며칠을 그 여성을 따라
다니다가 집 앞에서 기다리는 것을 반복하였고, 어느 날 평소
보다 더 취한 모습으로 거리를 걷다가 문을 잠그지 않고 들어
가는 것을 보았다. 그날은 평소처럼 샤워를 하지도 않았고 아
무 소리도 들리지 않았다. 한참 동안 밖에서 기다리다가 몰래
문을 열고 들어가 보니 옷도 벗지 않고 침대에 누워 자고 있었
다. 잠든 여자의 모습이 너무 예뻐 보여서 한동안 멍하니 바라
보다가 옷을 벗기면서 여기 저기 만져 댔다. 잠에서 깬 피해자
가 놀라 소리를 지르자 목을 졸라 살해하였고, 장시간 그 집에
서 머물며 사체를 끔찍하고 모욕적으로 훼손하였으며, 그 사진
을 찍어 보관하였다.

다른 사람을 몰래 지켜보거나 속옷을 모으는 등의 김 씨
의 행동들은 미국정신의학회(American Psychiatric Association:

APA)에서 공식적으로 사용하는 정신장애 진단분류체계인『정신질환의 진단 및 통계 편람(DSM-5)』에서 변태성욕(paraphilic disorders)이라고 정의되고 있다. 변태성욕장애는 비정상적인 행위(왜곡된 성적 교제행위, 통증과 고통을 수반하는 고통성애장애)에 대한 선호를 보이는 집단과 비정상적인 대상에 대한 성적인 선호를 보이는 집단으로 크게 나누어 볼 수 있다. 변태성욕장애는 개인에게 현재 고통이나 손상을 일으키거나 성적 만족이 타인에게 위해나 그 위험을 수반하는 변태성욕을 말한다. 김 씨의 경우, 비정상적인 행위와 대상 모두에서 성적 선호를 나타내고 있으며, 이러한 성적 선호가 타인에게 위해를 가하는 범죄 행위로까지 이어지고 있고, 여러 변태성욕이 함께 존재하고 있다. 변태성욕에 대해 구체적으로 살펴보면 다음과 같다.

관음장애는 옷을 벗고 있는 사람을 몰래 관찰하는 행위를 통해 반복적이고 강렬한 성적 흥분이 성적 공상, 성적 충동 또는 성적 활동으로 나타나며, 적어도 6개월 이상 지속되어야 한다. 또한 동의하지 않는 사람에 대해 성적 충동에 따라 행동하거나 이러한 성적 충동 및 공상이 사회적, 직업적 또는 다른 중요한 기능 영역에서 임상적으로 현저한 고통이나 손상을 초래할 때 진단할 수 있다. 이것은 그 사람이 이러한 증상을 부인하며 고통받고 있지 않다고 부인하는 사람들, 예를 들어 자신이 관찰했던 것은 전부 우연이며 성적인 것 때문에 그런 것은 아니라

사악한 본능 어디에서 오는가 _ Chapter 여섯

고 말하는 사람들도 포함하여 진단할 수 있다.

성적 가학장애는 다른 사람의 신체적 또는 심리적 고통을 통해 반복적이고 강렬한 성적 흥분이 성적 공상, 성적 충동 또는 성적 행동으로 나타나며, 적어도 6개월 이상 지속되어야 한다. 동의하지 않는 사람에게 이러한 성적 충동에 따라 행동하거나, 이러한 성적 충동 혹은 성적 공상이 사회적·직업적 또는 다른 중요한 기능 영역에서 현저한 고통이나 손상을 초래할 때 진단할 수 있다.

물품음란장애는 무생물의 물체를 이용하거나, 성기가 아닌 신체 부위에 상당히 특정한 집착을 함으로써 반복적이고 강렬한 성적 흥분이 성적 공상, 성적 충동 또는 성적 활동으로 나타나며, 적어도 6개월 이상 지속되어야 한다. 여성의 속옷일 수도 있고, 발이나 머리카락과 같은 신체 일부일 수도 있으며, 하이힐일 수도 있다.

DSM-5에서는 이 외에도 노출장애(성기를 노출하는 행위), 마찰도착장애(동의하지 않는 개인에게 접촉하거나 문지르는 것), 성적피학장애(굴욕을 당하거나 묶이거나 고통을 당하는 것), 소아성애장애(아동에게 성적으로 집착하는 것), 복장도착장애(성적 흥분을 일으키는 옷 바꿔 입기), 달리 명시된(음란전화, 시체성애, 동물성애 등), 명시되지 않는 변태성욕장애의 종류들로 변태성욕을 구분하고 있다.

의학적 정의 이외에 법률적으로는 「치료감호 등에 관한 법률」 제2조(치료감호대상자) 제1항 제3호에서 소아성기호증(小兒性嗜好症), 성적가학증(性的加虐症) 등 성적 성벽(性癖)이 있는 정신성적 장애인으로서 금고 이상의 형에 해당하는 성폭력범죄를 지은 자로서 정의하고 있다. 또한 건강보험심사평가원에서는 성선호장애라는 명칭으로 관련 장애를 분류하고 있는데, 물품음란증, 노출증, 관음증 등 변태성욕에서의 종류와 그 개념은 같은 의미이지만 명칭을 달리 하고 있다. 요약하면, 변태성욕, 정신성적 장애인, 성선호장애, 때로는 이상성욕자들로서 통용하여 사용하고 있는 것으로 보인다.

변태성욕의 각 장애에 대한 진료 인원 현황을 다음 표에서 살펴보면, 2017년 383명, 2018년 391명, 2019년 411명, 2020년 429명, 2021년 445명, 2022년 7월 기준 306명으로 매년 점차 증가하는 추세를 보이고 있다. 또한 최근 온라인에서 성과 관련된 여러 가지 굴욕적인 내용을 지시하는 '주인-노예 놀이' 등과 같은 변태성욕의 여러 유형이 혼합된 형태도 새로이 나타나고 있는 것으로 보인다.

김 씨는 자신의 관음증이나 속옷 절취 및 가학적인 음란물 시청 등과 같은 행동에 대해 표면적으로는 자신의 행동을 부끄럽다고 말하고 있지만, "성에 대해 변태적이라 생각하지는 않

	2017년	2018년	2019년	2020년	2021년	2022년 7월
합계	383	391	411	429	445	306
물품음란증	21	22	19	14	15	14
물품음란성 의상도착증	16	13	11	11	13	9
노출증	83	63.	88	87	95	63
관음증	110	106	97	112	108	74
소아성애증	10	21	22	25	19	14
가학피학증	3	3	2	3	2	2
성선호의 다발성 장애	3	6	3	3	3	3
기타 성선호	40	38	38	35	29	16
상세불명의 성선호장애	97	119	131	139	161	111

출처: 건강보험심사평가원 제출자료 신현영 의원실 재구성(2022).

는다. 통념적이지 않은 것이고, 만약 다른 사람들이 이러한 행위들을 많이 한다면 이것 또한 정상적인 행위가 되는 것 같다."라며 자신을 정당화하고 있었다. 자신의 성욕구를 충족하기 위해 타인이 겪어야 할 고통과 괴로움, 불쾌감과 그 피해에 관해서는 전혀 관심이 없었고, 어떤 위해를 가하더라도 본인의 욕구를 만족시킬 수 있다면 괜찮다고 생각하고 있었고, 특히 피해자에 대한 공감능력이 왜곡되어 있었다. 이는 성폭력 범죄자들에게서 관찰되는 몇 가지 요인들 중의 하나로 보인다.

성폭력 범죄자들은 성적 일탈성, 성적 만족에 대한 강한 충동과 일반적인 자기조절 능력의 부족, 충동성, 불안정한 생활방식, 친밀한 관계 형성의 어려움, 피해자에 대한 공감 결여, 인지적 왜곡, 후회 부족, 반사회적 태도, 부정적인 사회적 관계 등을 보인다(Hansons & Harris, 2000). 김 씨 역시 대부분의 항목에서 이와 일치하는 경향을 보이고 있는데, 특히 타인을 공감적으로 이해하지 못하고, 진정한 관심과 애정을 느끼지 못하며, 자신의 욕구충족을 위한 피상적이고 착취적 관계 이외에 진솔하고 상호호혜적인 친밀한 관계는 맺기 어려워 보이는 등 공감능력상 결함이 두드러지는 것으로 보인다. 범죄 행동에서 피해자를 '단지' 살해한 것만으로 범행을 종료한 것이 아니라 사체를 모욕하고 훼손하는 과정에서 마치 자동차나 오디오와 같은 도구처럼 피해자를 다루고 있었다. 가사는 알아도 음악은 모르는 것처럼, 타인의 고통에 무관심하고 감정을 이해하지 못하기 때문에 일반인이 끔찍하게 여기는 이해할 수 없는 행동을 서슴지 않고 할 수 있었을 수도 있다. 게다가 김 씨가 표현하고 있는 죄책감 역시 매우 피상적인 수준으로 "그 여자 분이 잠을 깨지만 않았었다면, 저한테 그런 얘기만 안 했었더라면 괜찮았을 텐데요."라는 등 피해자의 행동 때문에 자신이 그런 일을 하게 된 것이라며 그 책임을 돌리고 있다. "약한 여자들은 절대 보호해 주어야 하는 존재이며, 모든 여성에게 친절하고 잘 대해 주고 있다."고

사악한 본능 어디에서 오는가 _ Chapter 여섯

도 진술하며, 자신은 약한 여성을 보호하는 강하고 착한 남성이지만, 여성에 대한 가학적인 동영상을 보유하는 것과 변태적 성욕구를 충족시키기 위해 여성의 속옷을 절취하고, 사진을 찍고, 몰래 자위행위를 하는 것과는 전혀 별개의 문제라고 말하고 있다. 또한 자신은 잘못하지 않았는데 여성이 소리를 지르고 이상한 말을 했기 때문에 죽일 수밖에 없었던 것이라고 변명하고 있었다. 즉, 김 씨는 수감생활과 반복된 범행을 통해 경찰, 검찰, 법원 등 형사사법기관에서 자신이 어떻게 답변해야 하는지 잘 알고 있어 '후회'나 '죄책감' 그리고 그에 걸맞은 표정이나 태도를 잘 연기하고 있는 듯 보이지만, 피해자들과 그 가족들에 대한 진심어린 연민이나 후회의 감정은 전혀 없어 보였다. 피해자의 유족들이 어떻게 생활하고 있는지, 그 고통과 슬픔에 대해 죄송해하기보다는 자신이 이번 범행으로 또다시 교도소에 수감되어야 하는 것, 거기에서의 불편한 생활을 어떻게 보내야 할지, 형량을 얼마나 받을지 등 자신이 처해 있는 상황에 대한 불편감에 더 집중하는 것으로 보였다.

김 씨의 말에 따르면 그의 어린 시절은 다소 불우했다. 경제적인 형편이 어려워 초등학교를 졸업하고 중·고등학교는 검정고시로 졸업하였고, 이후 공장이나 대형마트, 막노동 등 살기 위해서 여러 가지 일을 해 왔다. 아버지는 무능하고 어머니는 무관심하여 가정으로부터 따뜻함을 한 번도 경험해 보지 못했다. 아버지는 매일 술을 많이 드시고 들어와 가족들을 때렸고, 어릴 때 아버지에게 폭행당한 일로 머리에 3cm가량 땜빵이 생겨 머리카락으로 가리고 다녔었고, 지금도 팔 길이가 다를 정도로 많이 맞았다. 유달리 자신에게 가혹했던 것 같은데, 때로는 한겨울에 팬티만 입힌 채 집 밖에서 몇 시간이고 서 있게 하는 바람에 모든 동네 사람들이 자신을 쳐다보고 지나갔고, 동정하는 그 시선이 너무 싫고 수치스러웠다. 경제적으로도 무능력해서 한 방에 6명의 가족이 모두 함께 생활을 하였고, 때로는 배가 고파 길바닥에 떨어진 음식을 주워 먹기도 했으며, 학교 수업료를 내지 못하여 선생님에게 체벌을 당하기도 했고, 준비물을 준비하지 못해 친구들에게 놀림과 무시를 당하며 자랄 정도로 경제적으로 매우 궁핍한 생활을 하였다.

어머니에 대한 기억으로는, 어머니는 희생적인 편이었고, 아버지와의 관계에서 늘 소심하고 주눅 들어 있었던 것 같다. 그리고 언제인지는 모르지만, 어린 시절 학교를 일찍 마쳐 집에 도착하였을 때 어머니가 삼촌과 성관계를 하고 있는 것을 목격했다. 당시 들키지 않으려고 숨을 죽이고 문 틈 사이로 몰래 지켜보았는데, 기분이 이상했고 찌릿하면서도 역겨웠다. 어머니가 어머니처럼 보이지 않았고, 또 삼촌하고 저런 일을 해도 되는지 이상했고, 아버지한테 혼날까 봐 걱정도 되었고, 여러 가

사악한 본능 어디에서 오는가 _ Chapter 여섯

지 복잡한 감정이 들면서도 묘하게 그 장면이 자꾸 생각이 났었다. 아마도 김 씨는 성과 관련된 왜곡되고 강렬한 첫인상을 경험하였고, 친밀한 대상들 간의 일탈적인 관계, 애정과 분노감의 양가감정, 애정 어린 대상에 대한 불신 등 혼란감을 경험하였을 수 있어 보인다.

한편, 친한 친구가 한 명 있었는데, 초등학교 때부터 동네에서 친하게 지내던 그 친구에게 자신의 모든 것을 다 줄 정도로 친하다고 생각했지만, 정작 그 친구는 결혼 후에 만나자고 해도 잘 만나 주지 않아서 이제는 친한 친구라고 생각하지 않는다는 등 타인의 상황이나 여러 주변 환경을 고려하지 못하고 자신의 요구를 들어주지 않으면 친하지 않다는 일차원적인 사고와 완고하고 극단적인 경향을 보여 주고 있다. 자신이 잘 아는 사람과 모르는 사람을 명확히 분리하면서 아는 사람은 어떠한 위해도 끼치지 않고 잘 대해 주지만, 모르는 사람은 아무 관계가 없다며 극단적인 관계성을 언급하기도 하였다. 이처럼 김 씨는 타인에게 완전히 무관심하고 혼자만의 세계에서 살아가는 사람이라기보다 자기가 남에게 어떻게 보이는가, 수용될 수 있는가 여부에 관심이 집중되어 있으며, 필사적으로 친밀한 관계를 원하면서도, '나는 사랑받을 만하지 못하다.' '사람들은 나를 싫어하거나 거절하거나 공격할 것이다.'와 같은 잘못된 신념을 가지고 있어 관계의 견고함이 쉽게 깨어지기 쉬웠던 것으로 보인다. 타인이 독립적인 고유의 인격을 소유한 존재가 아니라, 잠재적으로 자신을 거부하거나 받아들여 줄 사람, 혹은 자신에게 사랑을 줄 사람인지 등의 자기대상 충족기능을 가진 자기의 연장선으로 지각하였던 것도 같다. 때문에 심한 양가감정을 느끼고, 지나친 자기공개와 같은 행동으로 너무 빨리 가까워지려고 하거나, 사소한 단서도 금세 거절의 의미로 받아들이고 배신감을 느끼고 위축되는 등 극단적이고 피상적인 관계 양상이 반복되어 왔던 것으로 보인다. 오랜 기간 사회생활에서 소외되고 고립되어 왔던 것 같고, 애정에 대한 갈망은 있지만 이를 충족시키는 방법은 매우 부적절했던 것으로 보인다. 이에 누구에게도 거절당하지 않고 자신의 욕구를 충족시키기 위해 관음증, 페티시즘, 음란물 시청, 몰래 촬영, 각종 물건의 절취, 수집 및 보관 등으로 자신만의 세계에서 성적 판타지를 꿈꾸며 충족시켜 왔던 것 같다. 정상적인 성관계를 할 때보다 몰래 지켜보거나 훔쳐 온 속옷을 보거나 만질 때 더 흥분되었고, 사정하는 것이 허무해지면서 변태적 성행위의 강도가 점점 강해졌고, 그 흥분을 유지하기 위해 수집품을 모으는 등 점점 변태성욕장애로 진행되어 갔고, 더 나아가 자신의 성적 만족을 위해 타인에게 위해를 가하는 행동까지 서슴지 않는 범죄행동에까지 이르렀던 것으로 보인다.

특히, 다소 강박적으로 여러 물건들을 수집하고 보관하는

사악한 본능 어디에서 오는가 _ Chapter 여섯

행위를 통해 범행 당시의 성적 흥분과 환상을 재현하는 도구로 사용하면서 성적 판타지를 더욱 강화하고 유지시켰던 것 같다. 포르노 동영상을 외장하드에 잔뜩 모아 놓고, 날짜와 주제별로 정리해 두었고, 지나가는 여성들의 사진을 찍고 모으는 등 어떤 자료도 버리지 않았다. 이런 판타지를 마침내 '살인'이라는 범죄로 실행하였고, 범행현장에서 가져온 속옷이나 열쇠를 보면서 환상을 재현해 왔던 것으로 보인다. 매우 자극적이고 극도의 흥분을 추구하다가 급기야는 살인에까지 이르는 범죄를 일으켰지만 지금은 물리적인 어떤 자극도 제공되기 어려운 환경에서 자신의 기억 속에서 욕구를 해결해야만 하게 된 것이다.

일탈적 성행위는 유형과 정도에 따라 다르지만, 대체로 여러 가지 유형을 복합적으로 보이는 경우가 많으며, 표면적으로 잘 드러나지 않을 수 있다. 속옷 절취범과 같이 강간이나 강제추행이 없는 절도 전과만 있다고 해서 이를 성범죄자가 아니라고 하기는 어렵다. 또한 처음부터 살인을 하는 범죄자도 있지만, 김 씨처럼 속옷 절취부터 시작하여 성적 살인에 이르기도 한다. 이에 경미한 사건이라도 어떤 내용인지 확인하고 죄명이 아닌 동기에 따라 범죄자를 관리하는 방안에 대해서도 한 번쯤 고민해 볼 필요는 있어 보인다.

참고문헌

강은영, 박형민(2008). 살인범죄의 실태와 유형별 특성. **한국형사정책 연구 연구총서**, 8-11.

강창권(2005). 한국의 토막살인 범죄사건의 분석, 경북대학교 과학수 사학과 석사학위논문.

건강보험공단(2017). 조현병 질환 인구 10만 명당 진료인원(연령별·성별 구분) 현황.

공은경(2010). 성적살인범죄자의 프로파일링을 위한 범죄현장 행동 유 형분류 및 유병별 동기·심리 차이분석. 경기대학교 범죄심리학 과 박사학위논문.

공은경(2011). 성적살인범죄자의 프로파일링을 위한 범죄현장 행동 유 형 분류 및 유형별 동기심리 차이분석. 경기대학교 박사학위 논문.

공정식, 이수정(2006). 사체오욕을 행한 살인범죄자의 심리적 특성에 관한 연구. **교정연구**, 제33호, 169-196.

국가법령정보센터. 형법. www.law.go.kr

권준수(2020). 국내 조현병 환자에서 충동적, 계획적 공격성 집단의 특 성 비교 및 기계학습분석을 이용한 공격성 하위 유형 분류 예측모

델 개발 연구. 서울대학교 대학원 석사학위논문.

김성희, 이수정(2022). 친밀한 파트너 살인의 특성에 관한 연구: 헤어진 파트너 대상 스토킹을 중심으로. 교정연구, 3(2), 117-151.

김세원(2021). 청소년기 아동학대 피해 경험과 초기 성인기의 발달 결과. 한국청소년문화연구소. 청소년문화포럼, 제65권, 33-62.

김윤희(2010). 살인사건의 시체에 나타난 손상패턴에 관한 연구: 살인범의 특성에 따른 공격도구·부위·횟수 분석. 경기대학교 범죄심리학과 석사학위논문.

김잔디(2022). 스토킹처벌법상 스토킹범죄의 성립요건: 반복의 판단기준을 중심으로. 이화젠더법학, 14(1), 45-70.

김정연(2021). 온라인 그루밍 처벌 규정의 도입 의의와 과제. 형사정책, 33(2), 121-150.

김지영, 강우예(2013). 매맞는 여성 증후군에 대한 재조명: 학대로 인해 남편을 살해한 여성에 대한 법심리학적 접근. 한국범죄심리연구, 9(2), 25-47.

김태경(2021). 아동 성적 길들이기 양상의 이해: 피해아동의 진술을 중심으로. 상담심리교육복지, 8(1), 9-23.

네이버 어학사전. 스토킹. (2022. 10. 10. 검색)

대검찰청(2021). 2021 범죄분석.

박종삼(1995). 한국기독교와 사이비이단운동: 사이비이단 발생에 대한 사회과학적 접근. 한국기독교 연구논총, vol. 8, 351-386.

박지선(2016). 조현병환자의 범죄에 대한 고찰: 범행 특성 및 범죄 전력을 중심으로. 한국심리학회지, 법, 1-14

박형민(2013). 무차별 범죄(Random Crime)의 개념과 특징: 불특정인을 대상으로 한 범죄. 한국공안행정학회보, 22(1), 225-258.

보건복지부(2021). 아동학대 주요 통계.

참고문헌

보건복지부(2022). 2021년 아동학대 주요 통계. 보건복지부 홈페이지 연구/조사/발간자료. (2022. 8. 31. 등록)

신명희 외 8인(2013). 발달심리학. 학지사.

신현주(2019). 아동·청소년 그루밍 성범죄에 대한 이해와 예방대책에 관한 연구. 치안행정논집, 15(4), 121-142.

신현주(2020). 아동·청소년 대상 온라인 그루밍 성범죄 피해 방지 및 지원 방안에 관한 연구. 아동복지전문연구지 동광, 115, 84-111.

여성가족부(2022). 여성폭력 통계.

여성가족부(2022. 3. 23.). '아동·청소년 대상 성범죄 발생 추세와 동향 분석' 발표 자료.

오윤성(2020). 한국에서의 살인사건 간 연쇄살인 연관성 분석: 신정동 살인사건과 노들길 살인사건을 중심으로. 한국민간경비학회, 통권 54호, 69-108

유영권(2007). 사이비·이단 교주와 신도들의 심리이해. 신학과 실천, 제13호, 79-106.

윤선영, 김나란, 임은지, 이수정(2017). 묻지마 범죄자의 심리특성과 피해의식. 한국범죄학, 11(2), 29-66.

윤선영, 이수정(2018). 묻지마 범죄자의 유형화 분석 연구. 한국경찰연구, 17(2), 201-230.

윤정숙(2020). 그루밍 성범죄의 특성 및 처벌. 젠더법학, 12(1), 1-22.

윤정숙, 박지선, 안성훈, 김민정(2014). 묻지마 범죄자의 특성 이해 및 대응방안 연구. 형사정책연구원 연구총서, 1-179.

윤정숙, 이태헌, 김현숙(2019). 아동·청소년 성범죄에서 그루밍(grooming)의 특성 및 대응방안 연구. 한국형사정책연구원 연구총서, 19-BB-04.

이대복(2000). 한국교회 100주년 기념 이단 종합연구. 기독교이단문제

연구소.

이봉건 역(2013). 이상심리학(제11판). 시그마프레스.

이수정(2006). 가정폭력에 기인하여 배우자를 살해한 여성 재소자의 심리특성에 관한 연구. 한국심리학회지: 사회 및 성격, 20(2), 35-55.

이수정(2015). 최신 범죄심리학. 학지사.

이수정(2016). 최신범죄심리학(3판). 학지사.

이수정(2018). 묻지마 범죄자들의 특성과 적절한 처우 집행을 위한 제언: 빅데이터 분석을 통한 대중적 인식을 중심으로. 한국중독범죄학회보, 8(4), 99-118.

이수정(2022). 가스라이팅 및 스토킹의 심리적 기재에 관한 비교. 한국경찰연구, 21(2), 211-236.

이수정, 이현성, 이정헌(2013). 묻지마 범죄자에 대한 심리학적 하위유형 연구. 보호관찰, 13(2), 136-186.

이윤호(2017). 연쇄살인범 그들은 누구인가. 도도.

이은영(2005). 연쇄살인범 유영철의 편지 분석, 39-61.

이주희, 이선화(2020). 아동학대 가해 부모의 재학대 예방을 위한 부모교육 경험에 관한 현상학 연구. 한국사회복지질적연구, 14(2), 5-32.

인터넷 검색. 형법. 국가법령정보센터(www.law.go.kr).

임혜은, 한세영(2022). 아동학대 경험이 경험회피, 사회불안 및 분노억제를 통해 청소년의 전위된 공격행동에 미치는 영향: 성차를 중심으로. 인간발달연구, 29(1), 251-273.

전수아, 권하늬, 정한나, 김수영(2021). 아동 · 청소년 대상 온라인 그루밍 성범죄에 관한 연구. 사회복지연구, 52(1), 97-138.

정행업(1999). 세계교회사에 나타난 이단논쟁. 한국장로교출판사.

최문정(2015). 토막 살인범죄자의 행동 특성에 관한 사례연구. 광운대학교 범죄학과 석사학위논문.

최순영(2009). 인간의 사회 · 성격 발달심리. 학지사.

최순영, 김수정(1996). 인간의 사회적 성격적 발달. 학지사.

최진영(2022). 아동학대가 우울 및 비행에 미치는 종단적 영향: 다변량 잠재성장모형의 적용. 청소년학 연구, 29(2), 59-88.

추연구(2019). 학대가 발달장애아동에게 미치는 영향. 발달장애연구, 29(4), 117-138.

탁미라(2013). 반응성 애착장애 아동의 모-자 상호작용 향상을 위한 미술놀이 치료 프로그램 개발 연구. 한양대학교 교육대학원 석사학위논문.

한민경(2021a). 법정에 선 스토킹: 판결문에 나타난 스토킹 행위의 유형과 처벌을 중심으로. 원광법학, 27(1), 65-92.

한민경(2021b). 스토킹 신고에 대한 경찰의 대응: 112 신고자료 분석. 형사정책, 33(1), 39-65.

한숙희, 정희진, 조아미(2020). 아동 · 청소년 대상 성범죄 그루밍(grooming, 길들이기) 판례분석. 청소년문화포럼, 62, 146-171.

한완상(1992). 사회병리 현상과 이단.

American Psychiatric Association. (2013). 정신질환의 진단 및 통계편람 제5판 (*Diagnostic and statistical manual of mental disorders*, 5th edition). (권준수 외 공역). 학지사.

APA(1995). *Diagnostic and statistical manual of mental disorders*. 정신 장애의 진단 및 통계 편람(4판). 하나의학사.

Beasley, J. O. (2004). Serial Murder in America: Case Studies of Seven Offender. *Behavioral Sciences and the Law, 22*, 395-414.

Brill, A. A. (1941). Necrophilia. *Journal of Criminal Psychopathology*,

3, 50-73.

Douglas, J. E., Burgess, A. W., Burgess, A. G., & Ressler, R. K. (1992). *Pocket guide to the crime classification manual*.

Douglas, J. E., Burgess, A. W., & Resller, R. K. (2012). *Crime classification manual*. Lexington Books.

Douglas, J. E., Ressler, R., K., Burgess, A. W., & Hartman, C. R. (1986). Criminal profiling from crime scene analysis. *Behavioral Sciences and the Law, 4*, 401-421.

Ferguson, T. J., S tegge, H., & D amhuis, I. (1991). Children's understanding of guild and shame. *Child Development, 62*(4), 827-839.

Finkelhor, D., & Browne, A. (1985). The traumatic impact of child sexual abuse: A conceptualization. *American Journal of Orthopsychiatry, 55*(4), 530-541.

Fromm, E. (1973). *Malignant aggression: Necrophilia in the Anatomy of Human Destructiveness*. Rinehart and Winston.

Gerdes, L. (2000). *Serial Killers*. Green haven Press Inc.

Hanson, R. K., & Harris, A. J. R. (2000). *The Sex Offender Need Assessment Rating (SONAR): A method for measuring change in risk levels*. Solicitor General Canada.

Harter, S. (1983). Children's understanding of multiple emotions: A cognitive-developmental approach. *The relationship between social and cognitive development*, 147-194.

Holmes, R. M., & Holmes S. T. (1996). *Profiling violent crimes: An investigative tool*. Sage Publication, Inc.

Jovan Rajs et (1988). Criminal mutilation of the human body in

Sweden: A thirty-year medico legal and forensic psychiatric study. *Substance Use & Misuse, 32*(14), 2163-83.

Kendall-Tackett, K. A., Williams, L. M., & Finkelhor, D. (1993). Impact of sexual abuse on children: A review and synthesis of recent empirical studies. *Psychological Bulletin, 113*(1), 164.

Lester, D. (1995). *Serial Killer: The Insatiable Passion.* Philadelphia: The Charles Press, Publishers.

Marshall, W. L., & Hollin, C. (2015). Historical developments in sex offender treatment. *Journal of Sexual Aggression, 21*(2), 125-135.

Mott, N. L. (1999). Serial murder: Patterns in unsolved cases. *Homicide Studies, 3*(3), 241-255.

Osby, U., Correia, N., Brandt, L., Ekbom, A., & Sparen, P. (2000). Mortality and causes of death in schizophrenia in Stockholm Country, Sweden. *Schizophrenia Research, 45,* 21-28.

Rayel, M. G. (2000). Clinical and demographic characteristics o f elderly offenders at a maximum-security forensic hospital. *Journal of Forensic Sciences, 45*(6), 1193-1196.

Rosman, J. P., & Resnick, P. J. (1989). Sexual attraction to corpses: A psychiatric review of necrophilia. *Bulletin of American Academy of Psychiatry and Law, 17*(2), 153-163.

Salter, A. (1995). *Transforming Trauma: A Guide to Understanding and Treating Adult Survivors of Child Sexual Abuse.* Sage.

Simons, C. L. (2001). Antisocial personality disorder in serial killers: The thrill of the kill. *The Justice Professional, 14*(4), 345-356.

Smith, S. & Braun, C. (1978). Necrophilia and lust-murder: Report of a rare occurrence. *Bulletin of Academy of Psychiatry and Law, 6,* 259-268.

Stein, T. J. (1984). The child abuse prevention and treatment a ct. *Social Service Review, 58*(2), 302-314.

Walker, L. E. (1984). *The battered woman syndrome.* Springer.

Walker, L. E. (1989). *Terrifying love.* Harper Collins.

Walker, L. E. (2016). *The battered woman syndrome.* Springer publishing company.

Watkins, W. G., & Bentovim, A. (1992). *The sexual abuse of male children and adolescents: A review of current research.* Child Psychology & Psychiatry & Allied Disciplines.

E채널 〈용감한 형사들 2〉 19회(2023. 03. 10. 방영). 용인 전여친 토막 살인사건, 끝까지 자백하지 않는 범인.

동아일보(2020. 08. 05.). '옛 내연녀 토막살인' 유동수 얼굴 공 개… "할 말없다". https://www.donga.com/news/article/ all/20200805/102307031/1

디지틀조선 TV(2020. 09. 17.). '숨이 안 쉬어져요', 가방 살해 사건과 평택 원영이 사건의 닮은 점. http://www.dizzotv.com/site/data/ html_dir/2020/09/17/2020091780083.html (2022. 12. 12. 검색)

메디컬투데이(2022. 10. 18). 소아성애증 치료 연간 25명뿐… 아동 성범죄자의 1%도 안 돼. https://mdtoday.co.kr/news/view/ 1065574843163146 (2023. 05. 17. 검색)

법률방송 뉴스(2020. 07. 10.). 창원 스토킹 살해사건 공소장에서 빠 진 '스토킹 처벌법' 20년 넘게 발의만. http://www.ltn.kr/news/ articleView.html?idxno=29003 (2022. 10. 23. 검색)

시사 인(2019. 06. 19.). 스토킹 처벌법이 신림동 강간미수 사건 막는다. http://www.sisain.co.kr/news/articleView.html?idxno=34865 (2022. 11. 20. 검색)

연합뉴스(2006. 07. 07). 깡통 CCTV가 살인 희생자 늘렸다. https://n.news.naver.com/mnews/article/001/0001350969?sid=102

연합뉴스(2006. 07. 11). 군포 연쇄살인 용의자 현장검증. https://n.news.naver.com/mnews/article/001/0001905288?sid=115

연합뉴스(2022. 10. 19.). 스토커 초기부터 전자발찌 채운다. 온라인스토킹도 처벌. https://www.yonhapnewstv.co.kr/news/MYH20221019020100641?input=1825m (2022. 11. 20. 검색)

연합뉴스(2022. 10. 30.). 스토킹 전수점검. 고위험 스토커 45명 구속 유치. https://www.yna.co.kr/view/AKR20221029040200004?input=1195m (2022. 11. 20. 검색)

연합뉴스(2023. 01. 09.). '아동 · 청소년 성착취물 첫 실태조사, 그루밍 성범죄 처벌 확대. https://www.yna.co.kr/view/AKR20230109060051530?input=1195m (2023. 01. 15. 검색)

일요신문(2020. 08. 05.). '용인 토막살해' 유동수 빼박 증거에도 뻔뻔… 검찰에선 다를까. https://ilyo.co.kr/?ac=article_view&entry_id=376673

조선일보(2021. 04. 28.). 검 · 경 · 전문가 '김태현은 사이코패스 아니다' 왜? https://www.chosun.com/national/national_general/2021/04/28/ZNTLPPM6VFEJJKFSSM3JST3KNQ/?utm_source=naver&utm_medium=referral&utm_campaign=naver-news (2022. 11. 19. 검색)

중앙일보(2021. 07. 16.). 옛 연인 살해 · 시신훼손 유동수, 1심 35년 → 2심 무기징역 왜?.

충청일보(2015. 11. 01.). 아동학대의 나비효과. https://www. ccdailynews.com/news/articleView.html?idxno=834270

쿠키뉴스(2016. 11. 07.). 사이비종교에 빠진 이유, 전문가들 '내면 결핍이 이유'. https://www.kukinews.com/newsView/ kuk201611070001

현대종교(2021. 02. 16.). 이단교주와 그루밍 성착취. http://www. hdjk.co.kr/m/content/view.html?section=22&no=17873

KBS NEWS(2022. 02. 14.). 아동학대. 1,406명의 가해자들, 학대 이유 '너무도 사소했다'. https://news.kbs.co.kr/news/view. do?ncd=5394132 (2022. 12. 10. 검색)

The Fact(2022. 10. 4.). 스토킹범죄자 구속영장 30% 이상 검찰 법원서 막힌다. news.th.co.kr/read/life/1969073.htm (2022. 10. 05. 검색)

TV조선뉴스(2022. 09. 23.). 스토킹으로 실형 산 남성이 같은 여성 또 스토킹하다 구속. http://news.tvchosun.com/site/data/html_ dir/2022/09/23/2022092390148.html (2022. 10. 03. 검색)

YTN 뉴스(2016. 03. 11.). 키스 거절 홧김에 노래방 도우미 살해. https://www.ytn.co.kr/_ln/0103_201603111421064999

저자 소개

이수정(Lee Soojung) | suejung@hanmail.net
연세대학교 대학원 사회심리학 전공(심리학 박사)
미국 아이오와대학교 심리측정 전공(석 · 박사과정 수료)
현) 경기대학교 진성애교양대학 교양학부 교수
   법원전문심리위원
   대검찰청 전문수사자문위원
   경찰청 과학수사자문위원

〈주요 저서〉
이수정 · 이은진의 범죄심리 해부노트(공저, 김영사, 2022)
이수정 · 이다혜의 범죄심리 프로파일(공저, 민음사, 2020)
사이코패스는 일상의 그늘에 숨어 지낸다(공저, 중앙 M&B, 2016)

공은경(Kong Eunkyung) | wanggirl0@gmail.com
경기대학교 일반대학원 범죄심리 전공(심리학 박사)
현) 경기대학교 범죄심리학과 겸임교수
   경기남부경찰청 과학수사과 프로파일러

〈주요 논문〉
프로파일링 효용성의 수사실무적 평가: 프로파일링 수사기법 사용자를
   중심으로(공동, 2020).
성적살인범죄자의 프로파일링을 위한 범죄현장 행동 유형 분류 및 유형
   별 동기심리 차이분석(2011)

김경옥(Kim Kyeongok) | kokim20134@gmail.com
경기대학교 대학원 범죄심리 전공(심리학 박사)
전) 서울지방경찰청 과학수사계 프로파일러
　　대검찰청 법과학분석과 진술분석관

〈저서〉
사이코패스는 일상의 그늘에 숨어 지낸다(공저, 중앙 M&B, 2016)

남궁혜정(Namgung Hyechong) | hyangginamu2013@gmail.com
경기대학교 대학원 범죄심리 전공(박사 수료)
현) 마음지기 심리상담센터 센터장

〈논문〉
범죄자용 피해의식 척도 개발 및 타당화(공동, 2022)

이은주(Lee Eunjoo) | epsy1@hanmail.net
경기대학교 대학원 범죄심리 전공(심리학 박사)
현) 경기대학교 사회과학대학 겸임교수
　　구성커뮤니케이션즈(주) 대표이사

〈주요 저역서 및 논문〉
3~7세 부모를 위한 365 훈육코칭 일력(저, 종이향기, 2024)
임상심리 필기와 실기(6판, 예문사, 2024)
불안과 우울 치료를 위한 CBT 워크북(역, 하나의학사, 2022)
한국판 아동·청소년 정서 행동 적응검사(K-EBA)의 타당화를 위한
사전연구(2022)

정혜정(Chung Hyechung) | midjung@hanmail.net
경기대학교 대학원 범죄심리 전공(심리학 박사)
전) 경찰청 범죄정보지원계 프로파일러
　　법무부 심리치료과 수용자 심리치료 기획 담당
현) 서울중앙지방법원 양형조사관

〈저서〉
RSVP 성폭력 위험성평가 프로토콜(공저, 인싸이트, 2022)

사악한 본능
어디에서 오는가
범죄심리학자 6인이 기록한 이십 년간의 사건 회고록

2023년 6월 30일 1판 1쇄 발행
2024년 3월 25일 1판 2쇄 발행

지은이 • 이수정 · 공은경 · 김경옥 · 남궁혜정 · 이은주 · 정혜정
펴낸이 • 김진환
펴낸곳 • ㈜ **학지사**

　　　　　04031 서울특별시 마포구 양화로 15길 20 마인드월드빌딩
대표전화 • 02-330-5114　　팩스 • 02-324-2345
등록번호 • 제313-2006-000265호

홈페이지 • http://www.hakjisa.co.kr
페이스북 • https://www.facebook.com/hakjisabook

ISBN 978-89-997-2915-7 03180

정가 15,000원

출판미디어기업 **학지사**

간호보건의학출판 **학지사메디컬** www.hakjisamd.co.kr
심리검사연구소 **인싸이트** www.inpsyt.co.kr
학술논문서비스 **뉴논문** www.newnonmun.com
교육연수원 **카운피아** www.counpia.com